学前儿童科学教育活动指导

赵一仑 主编

国家开放大学出版社·北京

图书在版编目（CIP）数据

学前儿童科学教育活动指导 / 赵一仑主编. -- 北京：国家开放大学出版社，2021.7（2025.1 重印）
ISBN 978-7-304-10903-5

Ⅰ.①学… Ⅱ.①赵… Ⅲ.①学前教育-科学教育学-开放教育-教材 Ⅳ.①G613

中国版本图书馆 CIP 数据核字（2021）第 140815 号

版权所有，翻印必究。

学前儿童科学教育活动指导
XUEQIAN ERTONG KEXUE JIAOYU HUODONG ZHIDAO
赵一仑 主编

出版·发行：国家开放大学出版社
电话：营销中心 010-68180820　　　　　总编室 010-68182524
网址：http://www.crtvup.com.cn
地址：北京市海淀区西四环中路 45 号　　邮编：100039
经销：新华书店北京发行所

策划编辑：陈 蕊　　　　　　　　　版式设计：何智杰
责任编辑：朱翔月　　　　　　　　　责任校对：冯 欢
责任印制：武 鹏 马 严

印刷：唐山嘉德印刷有限公司
版本：2021 年 7 月第 1 版　　　　　2025 年 1 月第 4 次印刷
开本：787mm×1092mm　1/16　　　印张：13.75　　字数：259 千字

书号：ISBN 978-7-304-10903-5
定价：35.00 元

（如有缺页或倒装，本社负责退换）
意见及建议：OUCP_KFJY@ouchn.edu.cn

Preface 前 言

近年来，随着美国《新一代科学教育标准》和我国《3—6岁儿童学习与发展指南》相继出台，STEM（科学、技术、工程、数学）教育成为各国应对未来快速变化的有效手段，其强调跨学科概念和工程实践的理念对学前儿童科学教育具有重要意义和实践指导价值。《学前儿童科学教育活动指导》教材的编写积极迎合国际科学教育变革的大趋势，以《幼儿园教育指导纲要（试行）》和《3—6岁儿童学习与发展指南》的精神为指引，充分体现《幼儿园教师专业标准（试行）》《中小学和幼儿园教师资格考试标准（试行）》的指导思想，努力吸收国际科学教育研究的新成果，在内容选择和结构编排上以学前儿童在实践中的教育生活为出发点，注重基础性、科学性、实践性，融合大量的案例，增强了教材的情境性和可操作性，以实践的逻辑替代原有的学科逻辑，注重弥合理论与实践的鸿沟，力求做到"学生中心、产出导向"。

本教材体现以下主要特点：

1. 内容的基础性和前沿性

本教材从学前教育专业教学实际和课程设置出发，结合开放大学学前教育专业专科学生的实际情况和未来职业需求，既注重科学素养的基本内容，也力求反映该领域的国际发展趋势，不仅强调对原有科学核心概念的认识，而且加强学生面向未来基于跨学科的问题解决等4C（批判性思维、沟通能力、团队协作、创造与创新）能力的理解和掌握，提高学生的实践创新能力。

2. 形式的多样性和创新性

本教材一改传统的章节体系，以单元模式编写。每个单元均设有导言、学习目标、思维导图、单元小结、拓展阅读、巩固与练习等环节，既有体系化知识理论的指导性，又有实践技能的可操作性。在内容呈现方面，尽量做到图文并茂，变教材为学材，采用嵌入式二维码等方式提供丰富的内容，以便学生时时处处可获学习资源，方便学生学习和使用。

3. 资源的立体性和共享性

本教材提供了强大的数字资源支持，这些资源以二维码等方式呈现。学习形式主要有文字阅读、视频赏析、语音讲解、图片观察、微课讲解等，从而实现线上线下资源的有效整合，能增进学生对相关理论和实践知识的理解。注重构建具有动态教学反馈机制的在线教学资源网，打破时空的限制，为学生提供个性化的共享学习空间，突出资源的实用性与可操作性。

本教材主要供开放大学学前教育专业专科学生使用，也可作为中等职业学校学前教育专业学生的教材和在职幼儿园教师继续教育的培训教材。本教材包括六个单元，建议54个学时。

本教材整体框架由浙江师范大学杭州幼儿师范学院赵一仑确定。具体编写分工如下：第一单元，由浙江师范大学杭州幼儿师范学院赵一仑编写；第二单元，由浙江师范大学杭州幼儿师范学院王磊编写；第三单元，由台州广播电视大学韩丹丹、项日出编写；第四单元和第六单元，由浙江开放大学萧山学院章媛编写；第五单元，由杭州市蓓蕾学前教育集团金环、浙江师范大学杭州幼儿师范学院赵一仑编写。浙江师范大学杭州幼儿师范学院赵一仑进行了统稿工作。全体编写人员精诚合作，为本教材的编写付出了巨大的努力。在编写过程中，我们参考和引用了国内外专家、学者的部分观点和资料，还引用了部分幼儿园科学教育的案例，在此向相关作者表示衷心的感谢。

本教材的写作、出版自始至终得到了浙江开放大学的大力支持，谨此致谢！

由于时间仓促，加之编者水平有限，本教材难免存在疏漏之处，恳请读者在使用的过程中提出宝贵意见，以便再版时修订。

《学前儿童科学教育活动指导》编写组

2021年4月

Contents 目 录

第一单元　学前儿童科学教育与儿童发展 ·················· 1
  第一节　学前儿童科学教育 ·················· 3
  第二节　学前儿童的科学学习与发展 ·················· 15

第二单元　学前儿童科学教育的目标与内容 ·················· 26
  第一节　学前儿童科学教育的目标定位 ·················· 28
  第二节　学前儿童科学教育的目标分析 ·················· 31
  第三节　学前儿童科学教育内容的理论解读 ·················· 43
  第四节　学前儿童科学教育内容选择的范围 ·················· 47

第三单元　学前儿童科学教育实施的途径和方法 ·················· 61
  第一节　学前儿童科学教育实施的含义和取向 ·················· 64
  第二节　学前儿童科学教育的途径 ·················· 66
  第三节　学前儿童科学教育的方法 ·················· 93

第四单元　学前儿童科学教育活动的设计与指导 ·················· 105
  第一节　学前儿童科学教育活动设计与指导概述 ·················· 107
  第二节　生命科学活动的设计与指导 ·················· 113
  第三节　物质科学活动的设计与指导 ·················· 125
  第四节　地球科学活动的设计与指导 ·················· 135
  第五节　工程与技术活动的设计与指导 ·················· 142

第五单元　学前儿童科学教育的环境创设与课程资源建设 ·················· 157
  第一节　学前儿童科学教育的环境创设 ·················· 159

第二节　学前儿童科学教育的课程资源建设 …………………………… 170

第六单元　学前儿童科学教育活动的观察与评估 ……………………… 178
　　第一节　学前儿童科学教育活动的观察与记录 ………………………… 180
　　第二节　学前儿童科学教育活动的评估 ………………………………… 187

参考文献 ………………………………………………………………………… 205

二维码资源目录

序号	资源名称	单元	页码
1	文本：科学的特点	1	3
2	动画：科学本质观简述	1	4
3	文本：科学教育的发展史	1	5
4	文本：日常概念	1	17
5	文本：科学概念	1	17
6	文本：概念转变	1	20
7	文本：幼儿的探究与科学家的探究比较	1	21
8	文本：皮亚杰的知识分类	1	22
9	文本：幼儿的提问研究	1	22
10	文本：美国宾夕法尼亚州学前儿童科学核心素养的指标框架、培育策略及其启示	2	29
11	文本：朴素理论	2	32
12	文本：迷思观念	2	32
13	文本：浅议科学活动中培养幼儿的观察力	2	34
14	文本：中班科学小实验——有趣的斜坡	2	35
15	文本：幼儿科学小实验——哪个跑道更快	2	35
16	文本：大班单元主题活动——消逝的恐龙	2	41
17	文本：小班科学活动——好玩的落叶	2	42
18	文本：大班科学活动——地下的秘密王国	2	42
19	PPT：幼儿园木工坊中的STEM活动——大班幼儿制作金字塔	2	56
20	文本：幼儿园教育活动实施的取向	3	64
21	文本：大班幼儿科学教育活动——玩电线	3	65
22	文本：大班幼儿科学教育活动——滚动	3	65

序号	资源名称	单元	页码
23	文本：幼儿科学教育的实施途径	3	66
24	文本：中班科学活动——磁铁小人	3	75
25	文本：科学集体活动和区域活动的关系	3	76
26	文本：偶发性科学活动的含义和特点	3	83
27	文本：幼儿探究活动解析——不同纸张的风车	3	95
28	文本：幼儿探索沉浮——教师通过分层提供材料引导	4	112
29	文本：景洪市望天树幼儿园幼儿在园内探索自然	4	122
30	文本：五个有趣的科学小实验	4	133
31	文本：趣味二十四节气儿歌，让孩子认识节气	4	139
32	文本：幼儿常见的主题制作活动以及所需的工具材料	4	144
33	文本：幼儿园集体教学中常犯的12个错误	4	146
34	文本：幼儿园如何开展STEM教育	4	153
35	文本：搭建区的STEM案例——能站稳的蛋宝宝	4	153
36	文本：泳池探秘	4	154
37	动画：环境创设的原则	5	159
38	文本：班级科学区与自然角结合案例	5	161
39	文本：自然角优秀案例——彼得兔的花园成长记	5	162
40	文本：幼儿园适宜种植的部分植物表	5	162
41	文本：动物饲养角优秀案例	5	163
42	文本：气象观测仪器安装要求	5	163
43	文本：成都市天府幼儿园万家湾分园环境创设	5	164
44	文本：成都市金牛区机关第三幼儿园沙水区的利用	5	165
45	文本：安吉县实验幼儿园材料选择	5	165
46	文本："野外垂钓区"的变化	5	166
47	文本：没有一处无用的环境	5	167
48	文本：中班教学活动——沉浮	5	167
49	文本：影子有颜色吗	5	169
50	文本：昂贵的岩石博物馆	5	172
51	文本：常见的科学探究材料	5	175
52	文本：利用社区资源幼儿可能获得的学习机会	5	176
53	文本："捏"橡皮泥	6	180
54	动画：观察与记录的内容	6	182
55	文本：小班科学区域活动——给小动物找妈妈	6	182
56	文本：一日生活中的科学活动——"吹泡泡"的观察记录指导	6	183

序号	资源名称	单元	页码
57	文本：C园某大班小朋友的科学经验观察与记录	6	183
58	文本："学前儿童观察评价系统"的使用	6	183
59	文本：师幼互动的观察案例对比	6	184
60	文本：轶事记录法案例	6	185
61	文本："学前儿童观察评价系统"档案袋记录法	6	185
62	文本：事件取样案例	6	185
63	文本：时间取样案例	6	186
64	文本：学前儿童好奇心等级量表	6	186
65	文本：频率记录法案例	6	187
66	文本："街心花园"幼儿自评观察与记录	6	190
67	文本：中班科学教育活动——各种各样的桥	6	191
68	文本：科学活动——动物牙齿大调查	6	192
69	文本：科学活动——铁钉变磁铁	6	193
70	文本：大班科学活动——蚯蚓的秘密教案节选	6	195
71	文本：小班科学活动——排一排活动过程评估	6	195
72	文本：量化评价和质性评价	6	198
73	文本：关于"虫子"的谈话提纲	6	199
74	文本：科学教育教师访谈提纲案例	6	199
75	文本：问卷范例格式参考——大班（上）科学优势组幼儿表现教师评定问卷	6	199
76	文本：问卷测试时易犯的错误	6	200
77	文本：几种发展核检表	6	200
78	文本：学习故事评价三结构要素详解	6	201
79	文本：有趣的智高玩具	6	201
80	文本：马赛克方法的多种渠道	6	202

第一单元 学前儿童科学教育与儿童发展

导 言

　　一天午饭后,孩子们看见幼儿园所在小区内几棵挺拔的银杏树已满树金黄。一阵风吹过,许多金黄色的"小扇子"从树上飘落下来。孩子们惊呼起来:"叶子金黄金黄的,好美。""叶子像小扇子。""叶子飘下来像蝴蝶在飞。"……看到孩子们对银杏叶的喜爱溢于言表,老师带领他们走到银杏树下,孩子们一边捡银杏叶一边交流自己的发现:"我以前没有注意到它,现在看到了,因为它变黄了,飘了下来,很美。""看,有的叶子掉了,有的还在树上。""我的叶子比你的大。""我的叶子也很大,不过它们好像颜色有点不一样呢!""我的这片叶子颜色是金黄的。""我的也是黄的,但是比你的要淡一点。""我想知道这些叶子是怎么变黄的。""我想知道这些叶子有什么不同。"[①]

　　……

　　这样的场景你是不是很熟悉呢?你觉得这是学前儿童的科学教育吗?你能说说什么是学前儿童科学教育吗?你认为儿童学习科学有什么独特之处?你能看到儿童的发展吗?本单元将学习这些内容。

[①] 章丹. 银杏叶引发的探究. 幼儿教育(教育教学), 2018(5): 47. (案例有改编)

学习目标

了解：学前儿童科学教育的发展历程及其与儿童发展的关系
一般掌握：学前儿童科学教育的基本概念
重点掌握：理解3—6岁幼儿学习科学的心理特点
学习重点：幼儿学习科学的心理特点
学习难点：幼儿的科学朴素理论

思维导图

学前儿童科学教育与儿童发展
- 学前儿童科学教育
  - 什么是科学
  - 什么是科学教育
  - 什么是学前儿童科学教育
  - 学前儿童科学教育的历史发展
- 学前儿童的科学学习与发展
  - 学前儿童学习科学的理论基础
  - 学前儿童的科学朴素理论
  - 学前儿童学习科学的特点
  - 学前儿童科学教育对儿童发展的意义与价值

第一节　学前儿童科学教育

为了探讨学前儿童科学教育，首先要了解与其相关的一系列基本概念的含义，包括科学、科学教育以及学前儿童科学教育等，以明确我们所讨论的对象。学前儿童科学教育是科学教育的一个分支，而科学教育又是与科学有关的诸多活动之一，因此，我们首先讨论什么是科学。

一、什么是科学

我们现今科学教育中的诸多问题归根结底常常是对科学和科学本质缺乏认识或认识错误造成的，教师对科学性质的认识程度比其拥有的科学知识更影响教育效果。[1] 可见，对于科学本质、内涵的认识对科学教育，包括学前儿童科学教育来说有着根本性的影响。

将像前述案例中的孩子们所表现出来的想要认识世界的欲望与仔细搜集、验证以及分享信息的方式组织结合在一起时，我们就称为"科学"。但如若要真正弄清楚"科学究竟是什么"，是十分困难的。从历史发展来看，人们对科学的认识大体经历了这样一个发展过程：从把科学看作知识体系，到把科学视为结果与过程相统一、认知与价值相统一的过程。

1. 科学是知识体系

科学是知识，这是最普遍的一种理解，与词源相类似，即科学是从中世纪拉丁文"scientia"演变而来的，其原意是"学问""知识"，这是以一种静态的、注重结果的视角看待科学。科学知识具有真理性、实证性和可重复性的特点。随着科学本身的发展，科学知识不断分化与深化，形成

科学的特点

---

[1] 庞丽娟．"国际科学教育新视野"译丛总序//夏洛，布里坦．儿童像科学家一样：儿童科学教育的建构主义方法．高潇怡，梁玉华，孙瑾，译．北京：北京师范大学出版社，2006.

了由不同层次的不同学科组成的庞大的"知识体系","知识"的表述逐渐让位于"知识体系"。例如，我国1999年版的《辞海》中称"科学"为"运用范畴、定理、定律等思维形式反映现实世界各种现象的本质和规律的知识体系"。科学有广义和狭义之分。广义的科学可以分为自然科学、社会科学、数学科学、思维科学、系统科学、人体科学、军事科学、文艺理论等多个门类。狭义的科学则是指自然科学，即揭示自然的本质和规律的知识体系。在幼儿园的领域课程中，科学领域教育主要是指自然科学和数学教育。

2. 科学是探究过程

"由于把科学归结为知识常常难以表达其动态特性，反而容易被误认为是永恒正确的真理，因而越来越多的学者提倡广义的科学定义或大科学观，主张把科学看成是人类的一种认识活动、一种产生知识的探究过程。"[①] 科学是知识或知识体系，但显然不是所有的知识都是科学，只有经过某种特定的、经得起考验的"方法""程序"所获得的知识才能称为科学。这说明科学探究的过程与结果之间是相互依托、密不可分的。因此，完整的科学应是探究过程与探究结果的统一。这突破了对科学的静态理解，把科学看作一种动态的体系，即人类现有的科学认识成果是在长期历史发展中经过不断的尝试探索，经历无数的证实与证伪而逐步建立和发展起来的。科学不仅仅是现成的知识体系，更是一种不断否定和修正的探究过程，它包括观察和发现、假设和检验、推理和形成结论、解释和预测等环节。

3. 科学是态度价值观

不论是科学探究的结果，还是科学探究的过程，涉及的都是科学的认识层面，但就如人类的所有活动都离不开人的情感、态度、价值观一样，科学也不可能是"纯粹"的认识活动。尽管科学曾被认为是"客观的""价值中立的"，但随着对科学本质认识的深化，人们日益认识到，"科学的形成、发展和变化是渗透社会、价值及个体因素影响的，科学是具有'社会性''价值性''境域性''可错性'的"[②]。但与此同时，科学也不是被动地受群体或个体价值的影响，在自身长期发展的过程中，科学也形成了一套独特的价值系统。这套价值系统和科学探究的过程、科学知识体系一起构成了科学的完整内涵。例如，科学教育研究者阿布鲁斯卡托就认为，"科学是人们在运用一组过程做出有关自然界的发现时所建立起来的知识体系，而生产这一知识体系的人们进行的工作是以某些特殊的价值和态度为特征的"，并把这套价值概括为求真、自由、怀疑、秩序、

[①] 楚江亭. 科学内涵的解读与科学教育创新. 教育研究，2010（3）：57-62.
[②] 楚江亭. 科学内涵的解读与科学教育创新. 教育研究，2010（3）：57-62.

原创、交流六个方面。①

综上所述，科学是人们对客观世界的一种正确认识和知识体系，同时也是人们探索世界、获取知识的过程，还是一种看待世界的方法和态度。科学的本质在于探究：科学过程的核心在于探究，科学态度的核心在于探究精神，科学知识正是科学探究的具体结果。②

> **小贴士**
>
> 美国"2061"计划中的科学态度：
> 1. 好奇心：善于提出问题，并且积极地去寻求答案。
> 2. 尊重实证：思路开阔，积极主动地去考虑不同的，甚至有冲突的证据。
> 3. 批判地思考：权衡、观察和对观察到的事实进行评价。
> 4. 灵活性：积极主动地接受经证实的结论和重新考虑自己的认识。
> 5. 对变化的世界敏感：有尊重生命和环境的觉悟。
> 6. 从强调"实际课程"到强调"实际课程"与"空无课程"并重。
> 7. 从只强调学校课程到强调学校课程与校外课程的整合。
> 资料来源：张华．课程与教学论．上海：上海教育出版社，2000：68-72.

二、什么是科学教育

什么是科学教育？翻开相关书籍，我们可以发现众多各不相同的解说。这是因为科学教育从产生至今经历了不断的发展变化，每一个时期都在深层次上体现了科学观、科学教育观方面的演变。综合考察科学教育产生和发展的历史，科学的发展推动社会发展和进步，自第二次世界大战结束以来世界科学教育改革出现过三次浪潮。③

20世纪50年代末至60年代出现了第一次改革浪潮，又称为"作为学科知识的科学"时期。这一时期的科学教育目标是培养未来的科学家，强调分科教育，要求让所有学习者掌握科学学科的基本结构——学科的基本概念、原理，以及学科探究的基本方法，体验并了解科学家所知道的科

科学教育的发展史

---

① Abruscato. Teaching children science：A Discovery Approach. 6th ed. Boston：Pearson Education Inc.，2004：10，13.
② 张俊．幼儿园科学教育活动指导．北京：人民教育出版社，2009：7.
③ 袁运开，蔡铁权．科学课程与教学论．杭州：浙江教育出版社，2003：94.

学，实践科学家用于理解组成自然界的物质和事件的技能。第二次改革浪潮出现于70年代至80年代初期，被称为"作为相关知识的科学"时期。这一时期科学教育的目标从注重培养少数科学精英转向提高全体学生的科学素养，提出"科学为大众"（science for all）的口号，注重平衡科学教育目标中的学术目标与生活目标、社会目标与个人目标之间的关系。注重学科之间，以及科学、技术与社会之间的相关性，要求人们更全面、辩证地审视科技发展与社会发展的关联，同时对跨越学科界限的新问题在课程中给出相应位置，这无疑也要求科学课程打破分科，走向综合课程。20世纪80年代中期到21世纪初出现了第三次改革浪潮，或可称为"探究取向的科学时期"。这次改革注重提高公众科学素养，采用综合科学课程的课程组织方式，同时对其有了进一步的深化和完善。它"突出统一的概念和过程，突出其作为活动的探究特征，将科学知识、科学过程和科学文化统一于科学探究"。[①] 科学探究既体现了科学本质，也体现了教育本质，是科学本质和教育本质的统一，因而也是现代综合课程的主要特征。

进入21世纪以来，科学教育改革的脚步并未停止，各个国家、地区根据自身社会经济发展的实际需要，一方面继承以往科学教育改革的成功经验，另一方面针对新出现的情况积极创新，推动科学教育的进一步发展。

欧盟针对自身在20世纪90年代培养的科技人才逐年减少，学生对科学学习的兴趣直线下降的情况，在21世纪初着力实施旨在为欧洲未来培养更多科技人才、提高学生科学兴趣的科学教育改革，重点强调"提升公民科学素养、增强公民科学技术能力"，注重"以中小学校的科学教育改革来提高所有学生科学学习的兴趣"，提倡在科学教育中运用现代化的教育方法，提高科学教师的专业水平与地位，促进中小学、大学、企业等在科学教育中的合作，等等。[②]

2007年7月8日至12日，在澳大利亚帕斯市召开了由世界50个国家1 000多名科学与技术教育工作者参加的"世界科学与技术大会"，大会发表《科学与技术教育帕斯宣言》，该宣言反映了当前国际科学教育发展趋势，主要包括注重科学教育的普及，强调科学教育与社会及学习者个人兴趣、职业发展的联系，多种渠道加强科学教师的质量和专业发展，注重科学教育评价，加强科学教育的国际合作等。

综上所述，科学教育是一种以传授基本科学知识为手段，以素质教育为依托，体验科学思维方法和科学探究方法，培养科学精神与科学态度，建立完整的科学知

---

① 郭玉英. 从相关性到统一性：综合科学课程的现代建构模式. 课程·教材·教法，2002（4）：39-42.

② 王晓岚. 欧盟科学教育改革探析. 比较教育研究，2011（1）：86-91.

识观与价值观，教育学生如何处理科学与社会问题，让学生具有在今后择业所必需的科学技术基础与继续学习科学所必备的理论基础的教育，以培养科学技术专业人才，提高全面科学素养为目的的教育活动。科学教育的基本内容可归纳为科学知识、科学方法和科学态度。

现代科学教育的特点主要包含以下几个方面：在教育目标上，现代科学教育不仅传授科学知识和方法，而且训练人的科学思维、培养科学精神和态度，提高科学探究和创新能力等。在教育内容上，强调现代科技与日常生活的结合，让学生学习生活中所需要的科学技术知识，获得解决问题的能力，以便更好地适应现代社会生活。在教学过程中，强调实践性，让学生动手、动脑，参加实践活动并获得科学知识、科学方法、科学情感和态度。

三、什么是学前儿童科学教育

以前述对科学本质和科学教育发展趋势的分析为基础，结合《幼儿园教育指导纲要（试行）》（简称《纲要》）和《3—6岁儿童学习与发展指南》（简称《指南》）的颁布，我们深刻认识到：学前儿童科学教育不能等同于"知识（常识）教育"，学前儿童科学教育指的是以学前儿童（在我国主要是指3—6岁儿童）为对象，在成人教育者的引导、支持和帮助下，采用符合学前儿童学习科学之特点的方式进行的，旨在培育学前儿童科学素养的科学教育。学前儿童科学教育的具体内涵体现在如下方面。

1. 学前儿童科学教育旨在培育学前儿童的科学素养

在国际科学教育改革实践中，许多国家已经或正在把科学素养作为科学教育目标写入改革的方案或蓝图，将培育科学素养作为学前儿童科学教育的目的，已经是国际学前儿童科学教育的选择和趋势。例如，美国在1996年发布的《美国国家科学教育标准》中就特别指出，学校，包括从幼儿园到12年级（K-12）科学教育的目标是培养具有"高度科学素质"的人。2001年7月，我国教育部颁布的《幼儿园教育指导纲要（试行）》中指出：幼儿的科学教育是科学启蒙教育，重在激发幼儿的认识兴趣和探究欲望，尽量创造条件让幼儿参加探究活动，科学教育应密切联系幼儿的生活进行。生活中处处都有科学，科学就藏在孩子对自己周围具体的物质世界的好奇和探索中。幼儿园科学教育的宗旨是对幼儿进行科学素养的早期培养。

2. 学前儿童科学教育应与儿童学习科学的特点相适宜

瑞士心理学家皮亚杰较为系统地为阐述了儿童学习科学的特点：首先，儿童有着自己独特的对于科学的朴素认识，儿童的头脑之于科学，不是白板一块，而是有着先备知识和经验的。其次，儿童科学认识发展的动力是以活动为中介的主客体相互作用。皮亚杰认为儿童学习科学主要是在已有科学认识基础上，通过自身与客体（环境）的主动的相互作用（通常表现为探究）而实现的，他们通过对周围世界的不断感知、观察乃至动手操作，完成对科学的探索与发现。《指南》指出幼儿思维发展以具体形象思维为主，应引导幼儿通过直接感知、亲身体验和实际操作进行科学学习，不应为追求知识的掌握而对幼儿进行灌输和强化训练。

总之，儿童是带着自己已有的朴素的科学认识，而不是头脑一片空白地来到教师面前的，儿童是带着强烈的学习动机和类似科学家的探究技能，而不是心智软弱无力，等待教师从外部灌输的，儿童的科学学习过程是其在自身拥有的朴素科学认识的基础上主动建构的过程。

3. 学前儿童科学教育需要成人的引导、支持和帮助

儿童学习科学的过程实际上是儿童自主探究和教师有效指导的辩证结合。苏联心理学家维果斯基认为，"教学不仅可以跟随发展，不仅可以和发展齐头并进，而且可以走在发展的前面，推动发展前进，并在发展中引起新的形成物"[1]。维果斯基认为儿童在日常生活经验基础上形成自发概念，当自发概念发展到一定程度时，通过成人创设适宜的环境、在儿童自主探究过程中给予适当的引导、支持和帮助，能够使自发概念发展成为科学概念。

总之，学前儿童科学教育就是学前儿童在教师的引导下，主动感知周围物质世界，观察、操作、发现问题、寻求答案的探索过程，是儿童获取广泛科学经验，初步掌握科学的方法和技能，培养科学态度的学习过程。教师应充分利用周围环境或为幼儿创造条件，提供物质材料和机会，在不同的场合，以不同的组织形式给予儿童不同程度的指导（包括直接指导和间接影响），以发展儿童好奇心，培养其学习科学的兴趣。

四、学前儿童科学教育的历史发展

回顾学前儿童科学教育的发生发展历史及其经验教训，可为学前儿童科学教育当前问题的解决提供启示，为未来的发展提供借鉴。[2]

1. 我国学前儿童科学教育的历史沿革

近代以来，随着我国科学教育和学前教育的发展，学前儿童科学教育逐渐得到

---

[1] 王春燕，秦元东，黎安林. 探究·体验·发现：幼儿园科学教育理论与实践. 南京：南京师范大学出版社，2010：18.

[2] 王春燕，赵一仑. 学前儿童科学教育. 北京：高等教育出版社，2012：19-30.

发展。早在1903年清政府颁布的"癸卯学制"（我国第一个近代意义上的学制）中，有关学前教育的《奏定蒙养院章程及家庭教育法章程》所规定之"手技"中便含有科学教育的相关内容。这可视为机构化、制度化学前儿童科学教育的开始。但真正较为系统地开展学前儿童科学教育研究实践，得益于20世纪20年代以来，陈鹤琴等一批致力于幼儿教育中国化、科学化的幼教先驱们的努力。

陈鹤琴在20世纪20年代提出了"活教育"的教育思想，并就以此为基础的"五指活动课程"进行实践研究。"五指活动课程"包括儿童健康活动、儿童社会活动、儿童科学活动、儿童艺术活动、儿童文学活动五个方面，科学活动是其重要内容之一，"包括植物之培育，动物之饲养，自然现象的研讨，当地自然环境的认识等"[1]。陶行知提出国家民族要富强，要走向现代，必须提高国民科学素质，加强科学教育。"我们要造就一个科学的民族，必须要在民族的嫩芽——儿童上去加功夫培植。有了科学的儿童，自然会产生科学的中国和科学的中华民族。"[2] 陶行知提倡从儿童的日常生活和周围环境中选取教育内容，设计了一套完整的科学课程体系，包括儿童的生物、儿童的物理、儿童的化学、儿童的天文、儿童的气象、儿童的地球、儿童的工艺、儿童的农艺、儿童的科学指导等。在方法上，则注重"以做为中心"，"不做无学，不学无术"，提倡要解放儿童的头脑、双手、眼睛、嘴、空间、时间，"使儿童能到大自然大社会中去观察、去探索，能对他们感兴趣的科学现象和科学问题进行思考，进行创造性的活动"[3]。陈鹤琴、陶行知等幼教前辈的探索，极大地推动了我国学前儿童科学教育的开展，为学前儿童科学教育的发展积累了宝贵的经验。1932年10月，当时的教育部门正式公布《幼稚园课程标准》，将有关科学教育的内容纳入"社会与自然"（1936年更名为"社会与常识"）课程当中，在国家政策层面上确认了学前儿童科学教育的课程设置，为我国学前儿童科学教育的体系初步形成奠定了基础。

自1949年以来，学前儿童科学教育持续得到了国家层面的重视。改革开放以来，我国学前儿童科学教育经历了三个阶段，分别是改革开放至20世纪80年代中后期的"常识"课程阶段、80年代末至90年代中期的"科学"课程阶段、90年代后期至今的"科学领域"课程阶段。

"常识"课程阶段的标志是1981年《幼儿园教育纲要（试行草案）》的颁布。根据该草案，幼儿园课程设置为"体育、语言、常识、计算、音乐、美术"六科，

---

[1] 北京市教育科学研究所. 陈鹤琴全集：第2卷. 南京：江苏教育出版社，1989：613.
[2] 华中师范学院教育科学研究所. 陶行知全集：第5卷. 长沙：湖南教育出版社，1985：247.
[3] 许琼华. 陶行知幼儿科学教育思想述评. 教育探索，2009（1）：8–9.

其中有关"常识"课程的目标表述为：丰富幼儿关于社会和自然方面粗浅的知识，扩大他们的眼界；培养幼儿对认识社会和自然的兴趣和求知欲，逐步形成对待人们和周围事物的正确态度；发展幼儿的注意力、观察力、记忆力、想象力、思维能力和语言表达能力。但在实践中，教师们最关心的是如何把规定好的自然常识和社会常识"教给"幼儿，幼儿在学习过程中则处于被动接受、记忆知识的状态，这影响了儿童创造力、主动性、情感等方面的全面发展。

针对这一状况，为了适应科技发展给社会带来的巨大变化及对人才培养的新要求，20世纪80年代末90年代初，幼儿园科学课程开始出现，并逐步取代了常识课程。这一阶段的幼儿园科学课程强调科学知识、科学方法和科学情感态度方面的目标，在科学知识方面，要求幼儿获取周围世界广泛的科学经验，并在感性经验的基础上形成初步的科学概念；对科学方法的强调是该阶段幼儿园科学课程的突出特点，要求帮助幼儿学习探索周围世界和学习科学的方法，进而发展幼儿的观察力、思维力、初步解决问题及动手操作能力；除了要求激发幼儿对周围世界的好奇心和求知欲，还增加了培养幼儿关心、爱护自然方面的要求。尽管如此，上述改变在实践层面仍未充分实现，如有的学者指出，"这时期尽管在理论层面上提到了方法的重要性，而这种认识仅停留在理论界，没有相关的国家层面文件引领，更谈不上对教师进行培训等，因而在实践层面上仍然是以灌输方式为主，仍然视科学探索过程的技能、科学态度或价值观为常识教学的附属品。"[①] 这一情况，伴随着幼儿园科学教育研究的深入，引发了新的改革要求。

2001年，教育部颁布《幼儿园教育指导纲要（试行）》，将"科学"列为幼儿园教育内容的五大领域之一，幼儿园科学教育进入"科学领域"课程阶段。这一阶段的突出特点是强调幼儿综合的科学素养的养成和探究式科学教育的原则。2012年10月我国颁布了《3—6岁儿童学习与发展指南》，强调儿童的科学学习是在解决实际问题的过程中发现和理解事物本质和事物间关系的过程，主要包括科学探究和数学认知。幼儿在对自然事物的科学探究和运用数学解决实际生活问题过程中，不仅获得丰富的感性经验，充分发展形象思维，而且在感知具体事物基础上初步尝试归类、排序、概括、抽象，逐步发展逻辑思维能力，为其他领域的深入学习奠定基础。幼儿科学学习的核心是激发探究欲望，培养探究能力。成人要善于发现和保护幼儿的好奇心，充分利用自然和实际生活机会，引导幼儿通过观察、比较、操作、实验等方法，学会发现问题、分析问题和解决问题，帮助幼儿不断积累经验，并运用于

---

① 袁爱玲，张三花. 三十年学前课程嬗变面面观之二：幼儿园科学教育课程变革：上. 教育导刊（幼儿教育），2009（5）：4-7.

新的学习活动，形成受益终身的学习方法和能力。新时代的科学教育强调致力于培养幼儿全面科学素养的科学教育。

2. 美国学前儿童科学教育的发展趋势

20世纪以来，美国逐渐成为世界科学中心，美国对科技的创新发展影响着全球，美国的科学教育的发展趋势历来为各国所重视。美国于1996年颁布了《美国国家科学教育标准》，其中规定了所有学生在从幼儿园到12年级（K-12）的教育过程中在自然科学方面都应该知道些什么、理解些什么和能做些什么。1997年，美国幼儿教育协会（National Association for the Education of Young Children，NAEYC）公布了经过全面修订的《0—8岁儿童适宜发展性教育方案》，其中包括专门的《幼儿科学教育标准》。2013年，美国颁布了《新一代科学教育标准》，为K-12年级的科学教育提出了更加明确的指导，NGSS充分体现出了美国的科学教育新趋势。[①] 其核心内容如下。

（1）课程内容：强调"科学和工程实践""核心概念""跨学科概念"。K-12每个学年段的课程设置均通过这三个维度进行细化和整合，希望通过"科学和工程实践"进一步加深"探究"在科学学习上的意义，即通过多次重复操作以达到熟练的目的，通过深度学习使其成为习惯，通过应用知识解决问题来促进目标的达成。相较于1996年标准中关注学科知识的获取，NGSS更关注学科核心概念的理解和掌握。希望通过不同年级的知识学习，使学生对于学科核心概念的理解得以不断加深，从而更好地认知科学的本质。相较于1996年标准中不同学科领域的相互独立的教学目标，NGSS更关注整合。学科核心概念的获取需要通过在不同学科的实践过程中来实现，为达到实践的目标，需要各个学科之间知识上的交流和共通，"跨学科概念"的维度更是要求同年级段的不同学科间的交流和融合。

（2）课程实施：以学习进阶理论展现。2004年，"学习进阶"理论第一次在科学教育领域中被正式提出。十多年来对它的研究使我们对科学学习的过程从认知的视角有了更清晰的认识。NGSS的设计者们深深认识到，人类认识科学的过程是渐进性的，对科学的学习也同样应该具有渐进性。对于某一个核心概念，学生会在原有的认知基础之上，一步步加深对核心概念的理解，从而一层层拨开科学本质的面纱。学习进阶的设计更符合学生学习科学和认识科学的过程，也更加能够使学生感受到人们认识科学的真实历程。

（3）课程评价：以表现期望为评价标准。NGSS根据新的课程内容对应给出了

[①] 刘惠. 美国《新一代科学教育标准》对我国学前科学教育的启示. 宁波教育学院学报，2016（6）：98-100.

评价标准,即表现期望。表现期望是用于学生在完成一个阶段后应该知道和能够做到的,是学生掌握所学内容后表现出来的实践能力。常用下列的语句进行引导,如"是否能够设计实验来证明……""是否可以构建模型来模拟……""能否进行观察来提供……的证据"。

NGSS 中幼儿园阶段的基本要求呈现出三个方面的特征:融合性、以学科核心概念为中心和与其他学段的连贯性。[1]

(1) 融合性。《新一代科学教育标准》的融合性体现的是科学和工程实践、学科核心概念、跨学科概念间的融合。传统的国家标准把这三个方面作为相分离的部分表现出来。科学教育研究者指出,如果这三个部分分开教授或者不教实践部分,将既起不到作用又没有实用性,特别是在真实世界中,科学和工程常常是内容和实践的结合体。因此,《新一代科学教育标准》通过提供一些学习情境确保将这三个维度结合起来。

(2) 以学科核心概念为中心。《新一代科学教育标准》所提的三方面主要内容中,教师以及课程开发者在组织教学以及后续的评价中需要以学科核心概念为中心展开。可以说,缺乏学科核心概念所支撑起来的情境,科学工程实践与跨学科概念也就无从下手。

(3) 与其他学段的连贯性。科学概念的构建贯穿于整个 K–12 年级。《新一代科学教育标准》强调年级之间内容和实践的集中与连贯发展,允许每一位学生在整个 K–12 年级的科学教育中存在一个构建知识的动态过程。幼儿园阶段的内容仅仅是整个体系的开始,当学生上中学或大学时,他们在 K–5 年级的表现性期望能使他们有一定的观点和技能来解释 4 个学科领域中更加复杂的现象。学科内容的螺旋式上升编排能确保学生某学科经验的连贯与整合。

3. 日本学前儿童科学教育的发展趋势

日本作为世界主要发达国家之一,其科学教育水平也远远领先于其他国家,作为与我国一衣带水的国家,日本的科学教育的发展历程应当被关注。

21 世纪以来,日本对中、小、幼教育进行了整体改革,对 1989 年制定的幼儿园教育大纲多次进行了全面修订,最近一次修订是于 2018 年出台了新的《幼儿园教育纲要》。新纲要延续了原有大纲对教育内容所做的划分,即将教育内容分为"健康""人际关系""环境""语言""表现"五大领域。其中与科学教育相关的领域是环境。环境领域的内容主要有大自然(包括动植物)、身边的事物(包括事物的

---

[1] 沈吟. 美国《新一代科学教育标准》对我国学前儿童科学教育的启示. 台州学院学报,2015 (5):78.

性质、数量、文字)、跟自己有关的信息、设施及国旗等,所指是幼儿在他们的生活中直接或间接所接触的一切东西,有关科学的内容是其中的重要组成部分。

日本的幼儿教育新纲要中的各领域由"目标""内容""注意事项"三个部分组成。①

2018年纲要中环境领域的总目标则表述为"培养幼儿对周围环境的好奇心和探究心,并将其运用到生活中去的能力",具体目标并无大变化。具体目标有三个:①让儿童熟悉周围环境,在与大自然的接触中,培养对各种事物和现象的关心与兴趣;②让儿童自主地同周围环境发生联系,并能从中发现、思考,应用到生活中;③在观察、思考和处理周围事物与现象中,丰富儿童对物质的性质、数量、文字等的认识。

环境领域的具体内容有:①在与自然的接触中生活,以发现其壮观、美丽和不可思议之处等;②在生活中接触各种各样的东西,对其性质和结构感兴趣或关心;③注意到随着季节的变化自然和人类的生活也会发生变化;④关注发生在身边的自然现象等,并加以利用;⑤亲切地接触身边的动植物,注意到生命的珍贵,并给予爱护和珍惜;⑥在日常生活中,熟悉国家和地区社会的各种文化和传统;⑦珍惜身边的东西;⑧怀着兴趣利用身边的物体玩游戏,有创意地边用边想一想、试一试;⑨在日常生活中关注数量和图形等;⑩在日常生活中,对简单的标识、文字等产生关注或兴趣;⑪对与生活关系较大的信息和设施等具有兴趣;⑫通过幼儿园内外的各种仪式活动,对国旗具有亲切感。

环境领域的注意事项有:①幼儿在游戏中发展与周围的环境的关系,由此产生对周围世界的好奇心、对事物的意义或操作方法的兴趣,进而逐步注意到事物的规律,并能够自己思考问题。另外,接触其他幼儿的想法,体会产生新想法的喜悦和快乐,培养想要让自己的想法变得更好的心情。②在幼儿期里,通过直接接触,体验到自然所具有的博大意义和自然的浩大、美丽、神秘等,能让幼儿心灵平和、情感丰富,并为其好奇心、思维能力、表现能力的发展打下基础。基于此,应努力加深幼儿和自然的关系。③能对身边的现象和动植物感兴趣,并愿意积极与之互动,同时通过各种各样的关系培养对它们的亲近、敬畏、珍惜生命的心情,培养探究心等。④亲近文化和传统时,通过亲身参与正月和其他时间的节日的传统活动,如唱国歌和玩传统的游戏,以及接触不同文化的活动,培养与社会的联系意识和国际理解意识的萌芽等。⑤关于数量和文字等,在日常生活中要重视基于幼儿自身必要感的身体测试,培养与数量、文字等相关事物的兴趣、关注和感觉。

---

① 以下简介内容主要参考日本文部科学省颁布的《幼稚园教育纲要》,2017年3月,第14-16页。

整体看来，日本最新实施的《幼儿园教育纲要》中，其科学教育的基本内容保持稳定，学前儿童科学教育十分注重幼儿与大自然的直接接触，注重幼儿内心世界与外在环境之间的互动，注重幼儿情感的培养，重视科学教育的生活化，重视幼儿科学素养的提高。

日本的幼儿园科学教育同时呈现出了以下两个新的特点：一是在自然教育中，给幼儿广阔的户外活动领域和充足的时间，幼儿可以进行捉蚂蚁、喂养动物、攀爬绳索等活动。同时将食育理念有效地融入幼儿园活动的环境创设中，如种植、采摘以及亲子参与的"打年糕"食物制作活动，可以使幼儿充分亲近自然、了解自然、适应自然，提高幼儿的活动参与性和体验感，使幼儿能珍惜来之不易的食物，学习营养健康及食品安全知识，有利于培养身心健康的幼儿。二是注重"培养学生未来所需的'资质与能力'"，具体内容概括为"思考力、基础力与实践力"。其将此三大能力称为"21世纪型能力"，因此在科学教育中强调STEM融合教育。

4. 挪威幼儿园的科学教育[1]

挪威教育部于2006年颁布了《幼儿园教育纲要》，将自然科学教育称为"自然、环境和技术教育"，其学习目标包括：体验大自然的多样性和奇妙性；感受在大自然中旅行的快乐，与大自然亲密互动，了解有关大自然的基本知识，了解环境保护的知识；获取关于动物和植物生长的知识，懂得它们之间相互依存的食物链的意义；学习观察，能描述和谈论自然界中的各种现象，并能提出问题、进行实验和对事物进行归类；感受人类是如何将技术应用于游戏和日常生活中的。

在教育方法上，挪威《幼儿园教育纲要》把儿童的学习具体分为正式学习和非正式学习两类，并且认为非正式学习情境中的学习更重要。所谓正式学习，是由成人发起和主持的，非正式学习则是儿童和成人自发互动形成的，往往建立在儿童对自然的好奇和探索之上。从实际实施的情况看，非正式学习在挪威幼儿科学教育活动中占主要地位，尽管有个别幼儿园在开展一些由教师引导的很有意思的科学教育活动，但这种情况并不常见。通常教师鼓励支持孩子们了解自然系统，如水循环（雨水从哪里来，为什么水坑会干）。这有助于儿童理解自然的复杂性以及人类与自然系统的相互联系。科学领域的学习包括基本的科学过程，如观察和推理，强化了关于环境的教育。挪威教师在环境教育相关课程上的设置朴素而自然，并且极具智慧。为让儿童了解不同种类的垃圾对环境的影响，教师设置了这样的课程：带领孩子们收集生活中各种各样的垃圾，然后将收集的垃圾埋在幼儿园的土地里。半年过

---

[1] 哈曼. 挪威幼儿园的自然科学教育. 王蕾, 译. 幼儿教育（教育科学），2009（7-8）：92-95.

后，带领孩子们挖出垃圾，孩子们发现有些垃圾不见了，有些仍然在土里，继而和老师讨论出现这种情况的原因。通过教师和孩子们的共同探究，孩子们亲身经验了不同垃圾在土壤中的变化，从不同角度理解了人类生活与自然环境的关系。[①]

在教育内容上，挪威的儿童从小生长在自然中，自然就是他们生活的一部分，他们爱自然、欣赏自然、关注自然，未来才可能真正去保护自然。重视户外活动是挪威幼儿园自然科学教育的突出特点之一，即注重儿童在亲身接触大自然的过程中去了解自然、体验自然、探究自然。其户外活动场所包括山上、树林里、田野中、湖边、河边等。大多数幼儿园附近有野外活动区，幼儿园往往每周安排一天作为"野游日"。甚至还有所谓"户外幼儿园"，在这些幼儿园里，儿童大部分时间都在户外度过。在户外活动场所的选择上有一系列注意事项，譬如应该有丰富多样的植物和动物，还要有能够遮风挡雨的地方，并且可以为各个年龄的儿童提供不同的发展机会。最重要的是这个地方不会威胁到儿童的安全。教师还可以和幼儿一起，对户外活动场地进行一些加工，如安装不同类型的秋千、绳索，甚至搭建小木屋或帐篷等。这类与大自然亲密接触的户外活动有着巨大的科学教育价值。例如，自然环境中丰富的动植物资源和多变的自然现象，有助于激发幼儿探究自然的好奇心和兴趣；促使其产生对大自然的积极情感，是保护环境意识的基础；有助于幼儿体验自然环境中的生物多样性和生物与环境的适应与依赖关系；等等。除了科学教育价值外，户外活动也有助于儿童在其他领域的学习和发展，如对于儿童发展运动能力、建立自信心与独立性以及学习语言等都有帮助。

第二节 学前儿童的科学学习与发展

了解不同学者对儿童学习科学的理解有助于更好地理解儿童学习科学的特点。

[①] 耿欢欢. 挪威幼儿园中的环境教育. 早期教育，2017（5）：24-25.

一、学前儿童学习科学的理论基础

1. 皮亚杰的学习与发展观对儿童科学学习的启示

因为皮亚杰的关注点在人的认识的起源问题,所以他更重视个体知识的发生,即儿童最初产生的自发概念。皮亚杰认为,儿童智力、思维以及心理发展的实质与原因既不是先天的成熟,也不是后天的经验,而是来源于主客体之间的相互作用[①]。认识来源于动作,客观通过动作转化为主观,为了认识物体,主体必须对它们施加动作,从而改变它们:主体必须移动、连接、拆散、合并、聚拢它们,知识是经常与动作或操作联系在一起的也就是与转化联系在一起的。他认为婴儿正是通过实际摆弄物体而认知世界的。

由此可知,皮亚杰的整个理论体系的核心强调个体与客体之间的交互作用,认为儿童是通过对客体的有意义建构完成智力发展任务的。因此,皮亚杰强调只有儿童自己具体参与各种活动,才能获得真正的知识,才能形成自己的假设并予以证实与否定。他认为,活动与动作是主体与客体相互作用的桥梁,是儿童智力发生与发展的来源。

皮亚杰把学习看成有机体对觉察到的环境的组织与适应。在他的认知—发展理论中有四个最重要的概念:图式(schemata)、同化(assimilation)、顺应(accommodation)和平衡(equilibrium)。图式是认知或心理结构,图式的变化导致认知的形成和发展,图式变化的原因在于同化和顺应。同化是人们把新的知觉要素或刺激物整合到原有的图式或行为模式中去。顺应则是新图式的创造或旧图式的修改。为了形成适量的、概括性的图式,同化与顺应之间的均衡是必要的,皮亚杰把这种均衡称为平衡。

皮亚杰认为关于儿童学习能否加速儿童认知发展的问题,关键在于学习活动是成人教导下儿童被动地学习知识,还是儿童在其生活情境中自行探索、主动学到知识。教育真正的目的不是增加儿童的知识,而是设置充满智慧刺激的环境,让儿童自行探索,主动学到知识。如果在发展尚未达到适当水平之前提早教他知识,对儿童自行探索、主动求知的行为反倒会产生不利影响。他认为每次过早地教给幼儿一些他日后能够发现的东西,会使他不能有所创造,结果也不能对这种东西有真正的理解。

这一论述意味儿童科学学习必须考虑儿童原有的科学经验,教学必须以此基点,提供与此相适应的支持,激发儿童自主学习科学,尤其是认识事物之间的关系。但

---

① 皮亚杰. 发生认识论原理. 北京:商务印书馆,1997:21.

这又表明了皮亚杰过度强调逻辑—数理知识的形成，而忽视了社会知识对逻辑—数理知识的习得所产生的交互作用，从而导致其往往低估了儿童的能力。维果斯基正是意识到了这一点，对皮亚杰的理论进行批判吸收，提出了社会文化历史理论。

2. **维果斯基的教学与发展观对儿童科学学习的启示**

维果斯基十分重视心理科学的基础理论研究与应用研究的密切结合。他认为，只有通过在生活中各个领域的应用，心理学才能获得真正的科学依据。这一观点引导他在深化心理学研究的过程中，最终进入儿童智力与学校教学的关系问题的研究领域。他针对当时已有的有关教学与发展互不相干的观点、将教学与发展混为一谈的观点以及对上述观点简单地兼收并蓄等观点，提出了在教学与发展之间存在着复杂的关系。在以这种复杂关系为对象的研究中，维果斯基指出，儿童的全部心理过程是在交往过程中发展的，而表现为合作的教学正是最具有计划性与系统性的交往形式。因此，正是这种教学可以促进儿童心理的发展，并创造出儿童全新的心理活动形式。这是因为，儿童今天不能独立完成的事，往往有可能在教师与伙伴的帮助下完成，而明天他就能自己独立完成。由此出发，他首先确定了儿童心理发展中的两种水平："现有发展水平"和"最近发展区"。由维果斯基首先提出的"最近发展区"概念，强调着眼于"最近发展区"的教学在发展中的主导性作用，揭示了教学的本质特征不在于训练、强化业已形成的心理机能，而在于激发、形成儿童尚未成熟的心理机能。因此，教学应该成为促进儿童心理机能发展的决定性动力，只有走在发展前面的教学才是好的教学。以有关儿童的日常概念与科学概念的研究为例，有关"最近发展区"的概念表明，儿童是在摆脱日常概念和科学概念的"张力"中学习科学概念的。如果仅仅将源于现实世界的预成的概念呈现给儿童，那么他就只能记忆和背诵有关这一想法所说的一切。为了将这一想法据为己有，成为自己的财富，儿童利用这一概念并将它与首次呈现给他的想法联系起来。同时，日常概念和科学概念之间的关系并不是一种线性发展的关系。取代前概念以及引入科学概念是交织在一起的，彼此影响，它们发生在儿童从自己早已有的概括和他人早已介绍给自己的概括中产生出自己的想法的过程中。为此，在西方大多数学者视维果斯基为社会建构主义者。

日常概念

科学概念

3. **建构主义理论对儿童科学学习的启示**

20世纪80年代以来，建构主义理论在科学教学领域中逐渐流行起来，形成科学教育全面革新的一股主要力量。澳大利亚著名科学教育家马修斯指出：建构主义是当代科学和数学教育中的一种主要影响。从建构主义理论出发，世界各国都掀起了一阵科学教育改革的热潮。① 它促使人们对科学知识、科学学习和科学教学的本质进行了重新认识，由此导致了科学知识观、科学学习观和科学教学观的深刻变化。

建构主义理论认为，知识不是通过教师传授得到，而是学习者在一定的情境即社会文化背景下，借助其他人（包括教师和学习伙伴）的帮助，利用必要的学习资料，通过意义建构的方式而获得。建构主义理论认为：①科学学习不是从零开始的，而是基于原有知识经验背景的建构。在学习科学课程之前，学生的头脑里并非一片空白。通过日常生活的各种渠道和自身的实践，学生对客观世界中各种自然现象已经形成了自己的看法，建构了大量的朴素概念或前科学概念。这些前概念形形色色，共同构成了影响学生学习科学概念的系统。学生的前概念是极为重要的，它是影响科学学习的一个决定性的因素。前概念指导会决定学生的感知过程，还会对学生解决问题的行为和学习过程产生影响。②科学学习不是接受现成的知识信息，而是基于原有经验的概念转变。③科学学习既是个体建构过程，也是社会建构过程。

建构主义理论提倡在教师指导下的以学习者为中心的学习，也就是说，既强调学习者的认知主体作用，又不忽视教师的指导作用，教师是意义建构的帮助者、促进者，而不是知识的传授者与灌输者。学生是信息加工的主体和意义的主动建构者，而不是外部刺激的被动接受者和被灌输的对象。

建构主义理论认为，教师要成为学生建构意义的帮助者，就要在教学过程中从以下几个方面发挥指导作用：激发学生的学习兴趣，帮助学生形成学习动机；通过创设符合教学内容要求的情境和提示新旧知识之间联系的线索，帮助学生建构当前所学知识的意义。为了使意义建构更有效，教师应在可能的条件下组织协作学习（开展讨论与交流），并对协作学习过程进行引导，使之朝有利于意义建构的方向发展。

二、学前儿童的科学朴素理论

1. 儿童朴素理论的基本观点

儿童朴素理论发展观主张儿童的认知发展遵循依赖内容的特殊性发展，儿童早期就对某一领域内的理解产生不一致的变化，并对不同的领域有着不同的理解和解释机制。而这些早期获得的对自己的周围环境和世界的非正式的、非科学的"朴素理论"是儿童用以解释周围环境和世界的知识框架和基础结构。儿童的朴素理论与科学理论之间虽然存在着明显的差异，但二者之间也存在相似性与内在的一致性，

---

① 郭重吉. 建构主义与数理科的学习辅导. 学生辅导，1995（38）：32-39.

即二者之间具有相似的性质、功能和发展过程。

（1）儿童的认识具有理论的性质。这主要表现在儿童能够在各个领域之间做出本体论的区分，比如儿童知道诸如"思想"之类与"课桌"之类在质量上是不可比的；儿童的概念具有内聚性、连贯性，即某一理论包括一组相互关联的概念；儿童拥有一套因果解释机制，其涉及理论的预测、解释以及说明的功能。

（2）儿童的认识具有理论发展的特点。例如，儿童在运用自己的朴素理论解释世界时会不自觉地排除"反例"，并通过自己的经验来验证理论的正确性。

（3）儿童同伴群体之间形成了朴素理论的"科学共同体"。如在儿童同伴群体的相互作用下，儿童各自的朴素理论会在儿童所在的群体中经过"讨论"以及检验最终会达成一种"共识"，儿童会利用这种"共识"来检验或形成自己的朴素理论。

2. 儿童朴素理论视角下的儿童科学教育观

由于儿童朴素理论与科学理论之间存在相似性以及内在的一致性，儿童朴素理论视角下的科学教育并不是要以一种科学概念或理论去取代日常概念或儿童的朴素理论，而是要让儿童意识到在一定的情境中科学理论比他们原有的知识体系更加有效、更加具有解释力、更易于检验、更加真实以及更加简单。因此，在学前儿童科学教育过程中，教师要做好以下几点。

（1）注重激活儿童原有的观念。在传统的科学教育中，只有教师的观念才能成为科学活动的话语，代表着科学的理论，而儿童的各种观点多被认为是非科学的。然而在儿童朴素理论视角下的科学教育过程中，必须要让儿童将与问题情境有关的各种观点明确地表达出来，使之成为科学活动中的合法化话语。这意味着儿童有机会选择不同的观点，某一个观念的权威不是来自教师无可怀疑的权力与地位，而是以明确陈述和经过讨论的证据为标准。

（2）充分重视科学史的教育价值。在传统的科学教育中科学史通常以科学故事的形式出现，其仅仅作为一种增加儿童学习科学兴趣的材料。其重要的教育价值并没有被充分利用，吴国盛在《科学的历程》一书中说道：学习科学史不仅可以增加科学学习的趣味性，更重要的是科学史能告诉人们科学思想的逻辑行程和历史行程，而这对学习科学理论肯定是有益的。如当我们开始学习物理学时，我们会为那些与常识极为格格不入的观念而烦恼，这时候，如果我们了解一下这些物理学观念逐步建立的历史，接受这些新的理论就会容易多了。而美国科学教育家、哈佛大学前校长科特南认为，科学史可以帮助儿童理解科学理论演变的过程以及科学与社会文化之间的相互作用等。因此在科学教育过程中强调科学史尤其可以培养儿童的科学态度与科学精神。因为科学史可以让儿童感受到科学理论并不是一成不变的，而是不断发展的、进化的，从而可以进一步培养儿童的怀疑与批判的科学精神，提高儿童的科学素养。

（3）帮助儿童明确选择科学理论的标准。为避免过分强调儿童的自主建构、自主发展，在科学教育中还必须帮助儿童确立选择科学理论的标准，而这种标准主要包括可检验性、可证伪性、有效性、更具有解释力、可理解性、简单性等。当然，这些标准并不是一次性地教给儿童，而是在科学教育的过程中以渗透的方式不断地让儿童去体验。一旦儿童理解了这些标准，他们就会更容易去选择与接受那些科学的理论。

概念转变

基于儿童科学概念形成理论的"概念转变"的策略，是围绕"日常概念"与"科学概念"之间的差异展开的。其基本观点是，儿童原有的概念（误差概念）必须被消除，代之以正确的科学概念。后来的研究表明，这是不可能做到的，儿童的"旧"概念在特定情境下依然"存活"。因此消除已有的概念不仅是不可能的，也是不可取的。因此，基于朴素理论的科学教育过程模式必然是为了儿童原有观念的进化与发展而展开，其目的不是消除原有的观念，而是通过自己的选择，生态性地发展与进化自己原有的理论，同时让儿童在科学学习的过程中理解科学理论的形成过程，理解科学的本质，并进一步形成诸如怀疑、批判等重要的科学精神，从而真正提高儿童的科学素养。

三、学前儿童学习科学的特点

许多学者提出了"儿童像科学家"的比喻。其内涵是：与科学家联系在一起的许多特质——实验、好奇心、创造性、理论建构与合作等同样是儿童所具备的特点。[1] 有的学者甚至认为，"不是儿童是小科学家，而是那些科学家是大孩子"[2]，也就是说，不是儿童在运用科学家所具备的特质来探索世界，而是科学家在运用从婴幼儿期延续下来的学习能力来进行科学研究。

儿童像科学家一样，也有着自己对周围世界的认识，尽管这种认识的具体内容和结果与成人和科学家不同。儿童不是"白板"一块，他们知道的比我们以为他们知道的要多得多。而且，儿童所知道的甚至不像我们通常以为的那样，只是一些零散、肤浅的经验知识。

儿童像科学家一样，有着超强的探索世界的能力。婴幼儿也会思考、观察和推

---

[1] 夏洛，布里坦. 儿童像科学家一样：儿童科学教育的建构主义方法. 高潇怡，梁玉华，孙瑾，译. 北京：北京师范大学出版社，2006：前言.
[2] 戈波尼克，梅尔佐夫，库尔. 摇篮里的科学家：心智、大脑和儿童学习. 袁爱玲，廖莉，任智茹，译. 上海：华东师范大学出版社，2004：7.

理。他们也会考虑证据、得出结论、做实验，去解决问题和寻找真相。只是，他们不是以科学家的那种自觉的方式去做的……但是哪怕是最小的婴儿，他们也知道许多关于世界的知识，而且他们也会积极地去工作来发现更多。[1]

儿童像科学家一样，有着强烈的探索世界的欲望。人类拥有一种与进食、性一样重要的"解释的动机"，即试图对令其困惑的事物探寻答案。[2] 年幼的儿童身上往往表现出几乎是无穷无尽的探索实验的欲望，在不同的发展阶段，或通过感知运动，或通过语言询问去探索周围世界。

尽管儿童与科学家有诸多相似之处，但儿童学习科学有着自身的特点。[3]

1. 儿童学习科学的朴素性、主观性

儿童学习科学的朴素性，指的是儿童对于一些科学概念的学习，主要是基于感性经验自发形成的日常的、前科学的知识，这些知识往往是比较"粗糙的"，甚至是错误的，和科学的概念之间存在一定差异。例如，对于"力的合成"这一概念，5—6岁儿童的主要朴素理论为"物体会朝力气大的一方运动"，说明儿童尚未形成合力概念，更难以根据力的大小正确判断物体的运动方向，等等。此外，儿童对许多自然现象的解释具有强烈的主观性和泛灵论色彩，即从主观意愿或感觉出发，或赋予万物以灵性的方式解释自然现象，如把夜空中星星的闪烁解释为星星上有人开关手电筒，把月亮的移动解释为是在跟着他走，认定自己喜欢吃的食物也是小白兔喜欢吃的食物，等等。这一方面与年幼儿童的生活经验相对匮乏有关，另一方面也与儿童认识发展水平的局限性，即尚不能区分"主观的现实"与"客观的现实"有关。

2. 儿童学习科学的经验性、试误性

尽管儿童在探索周围世界时，使用和科学家类似的探究方法，经历相似的探究过程，但儿童的年龄特点决定了他们对事物的认识还是感性的和具体形象性的，他们学习科学的方式和成人认识事物是通过间接经验获得的方式不同，他们必须通过观察具体的事物、材料，运用各种感觉器官，通过亲自操作，反复尝试错误来完成对事物的认识。例如，儿童在玩沙子的时候，会捏、扒、揉……甚至会毫不犹豫地把沙子塞到嘴里，这是学前儿童探索事物的方式，他们通过看、摸、闻，乃至尝一尝的方式来了解沙子的特性。

幼儿的探究与科学家的探究比较

---

[1] 戈波尼克，梅尔佐夫，库尔. 摇篮里的科学家：心智、大脑和儿童学习. 袁爱玲，廖莉，任智茹，译. 上海：华东师范大学出版社，2004：9.

[2] 戈波尼克，梅尔佐夫，库尔. 摇篮里的科学家：心智、大脑和儿童学习. 袁爱玲，廖莉，任智茹，译. 上海：华东师范大学出版社，2004：56.

[3] 王春燕，赵一仑. 学前儿童科学教育. 北京：高等教育出版社，2012：12.

3. 儿童学习科学的发展性、建构性

行为主义认为知识是传授给儿童的，儿童只是接受知识；而建构主义认为儿童是通过动态的、互动的过程而建构知识的。① 与行为主义把儿童视为知识的被动接受者不同，建构主义把儿童看作知识的主动建构者。在建构主义者看来，知识传递式的"教"并不必然带来"学"，每一个儿童进入教育情境时都带有各自的先在经验和学习方式，只有在此基础上通过积极的智力活动建构的知识才能为儿童真正拥有，与他人（教师、同伴）等的互动对其知识建构具有重要的支持作用。皮亚杰曾把知识分为物理知识、数理—逻辑知识和社会知识三类，科学主要涉及的是前两类知识，而前两类知识主要是通过建构形成的。儿童学习科学就像科学家一般应用观察和发现、推理和假设、实验和操作、总结和论证等方法解决科学问题，儿童对科学的探究不仅是获取知识本身，也包含获取的过程，这个过程是幼儿积极、主动建构科学知识的过程，是处在不断的变化、完善之中的。

四、学前儿童科学教育对儿童发展的意义与价值

儿童是国家的未来与希望，提高全民的科学素养，必须从小进行科学启蒙教育。学前儿童科学教育的开展适应儿童发展的需要，有助于儿童积累科学经验、发展探究能力，也有利于促进学前儿童的全面、终身、可持续的发展。

1. 学前儿童科学教育有助于满足儿童发展的需要

杜威认为，儿童具有四类本能、兴趣或冲动，分别是谈话或交际方面的兴趣、探究或发现东西方面的兴趣、制造东西或建造方面的兴趣以及艺术表现方面的兴趣。其中探究或发现东西方面的兴趣与儿童科学教育密切相关。对于儿童而言，抽象性探究的本能还不多。他认为，对儿童来说，实验科学和在木匠铺所做的工作没有什么区别……儿童只喜欢做些事并观察会发生什么。然而，这可以被利用，引导到使其能得出有价值的结果的道路上去。② 在杜威眼中，儿童所具有的本能、兴趣或冲动是"天赋的资源"和"未投入的资本"，"儿童的生动活泼的生长是依靠这些天赋资源的运用获得的"。当然，放任儿童的兴趣或冲动并不能带来生长，抓住它们并加以适当的引导才能促进儿童的生长。这就需要有相应的教育活动发挥作用。有研究者对三个幼儿园9个班

---

① 夏洛，布里坦. 儿童像科学家一样：儿童科学教育的建构主义方法. 高潇怡，梁玉华，孙瑾，译. 北京：北京师范大学出版社，2006：5-6.
② 赵祥麟，王承绪. 杜威教育名篇. 北京：教育科学出版社，2006：32.

300名幼儿的提问进行调查统计，发现其所提问题中相当大的比例都与科学有关，这也似乎证明了儿童对探究自然有着天然浓厚的兴趣。因此，对学前儿童实施科学教育是满足儿童探究兴趣，不断激发幼儿的好奇、好问之心，使之将这种探究精神一直保留下去，为其后续学习生涯奠定良好的基础。

2. **学前儿童科学教育有助于儿童积累科学经验，发展探究能力**

儿童能够接触和理解的科学经验最初都是与具体的事物和现象联系在一起的，学前儿童科学教育的过程，正是儿童与周围事物不断交流互动的探究过程：用眼睛观察事物，动手直接操作材料，与同伴进行合作与交流，集体发言时进行表达与描述，查询资料时与父母互动等，这一次次的科学探究，使儿童关于周围世界的认识一点点地增加，这些认识一开始可能是杂乱的、无序的，但随着科学经验的积累以及教师的指导，它们会从浅到深、从模糊到清晰，并逐步系统化、条理化、规律化。这种早期科学经验的获得为学前儿童后续形成有效的科学概念提供了具体而形象的物质基础。同时在儿童科学教育的探究过程中，儿童提出问题，进行猜测，通过观察、实验、操作等多种方式寻找答案，并记录、表达、交流自己的探究活动和探究结果。儿童不仅获得了科学的经验，更重要的是形成了科学的思维方式，提高了科学的探究能力。

3. **学前儿童科学教育有助于学前儿童的全面、终身发展**

学前儿童科学素养的提高是学前儿童全面发展的重要组成部分。科学教育不仅带给幼儿科学经验、知识的增长，而且有多方面的教育价值，包括激发并保护幼儿探究自然的好奇心和对科学的兴趣，帮助幼儿初步掌握科学探究的方法，与其他领域教育配合促进幼儿主动性、积极性、创造性等优良个性品质的发展，提高幼儿合作交往、动手操作、语言交流、解决问题等方面的能力，等等。这一点在基于当代科学观和科学教育观指导而展开的学前儿童科学教育中更是有突出的体现。此外，学前儿童科学教育还有利于促进儿童的终身发展。我国当前的学前教育改革的着眼点已不再局限于与更高一级的教育阶段衔接上，而是将其置于整个终身教育体系的坐标中，要为儿童的终身发展奠基。而科学素养在一个"科学探究的产物触目皆是的世界"，已是一个人终身发展中所必不可少的组成部分，是需要持续一生不断努力加以提高的重要素养之一，这一终身学习科学过程的起点理应在学前教育阶段。

单 元 回 顾

⊙ 单元小结

本单元主要介绍两方面内容：一是科学、科学教育与学前儿童科学教育的内涵及其历史发展；二是学前儿童科学学习的理论基础、朴素理论及其特点、科学教育以及学前儿童科学教育及对儿童发展的意义与价值。

理解科学的本质与特点，是理解科学教育、学前儿童科学教育内涵的基础。长期以来，科学被视为由不同层次的不同学科组成的庞大的"知识体系"，但随着认识的加深，人们日益发现，科学不仅是作为结果的知识体系，也包括用于获取结果的探究过程和方法，以及在从事科学活动时所体现出的精神和所应遵循的价值规范。因此，科学既是特定的知识体系，也是结果与过程、认识与价值的统一。儿童像科学家一样，有着强烈的探索世界的愿望和能力，有着对世界的独特认识。同时，儿童对世界的探索和认识又不同于科学家，而具有朴素性、主观性、经验性、试误性、发展性和建构性的特点。理解并把握儿童的科学学习的特点是实施学前儿童科学教育的根本，是解决学前儿童科学教育实践中诸多问题的核心。而儿童科学教育也就是以学前儿童为对象，在成人教育者的引导、支持和帮助下，采用符合学前儿童学习科学之特点的方式进行的，旨在提高学前儿童科学素养的科学教育。

科学教育产生于19世纪，进入21世纪后表现出许多新特征，包括注重科学教育的普及，强调科学教育与社会及学习者个人兴趣、职业发展的联系，多种渠道加强科学教师的质量和专业发展，注重科学教育评价，加强科学教育的国际合作等。这些都对学前儿童科学教育的发展产生了巨大影响。我国学前儿童科学教育有着悠久的历史，20世纪20年代以来，陈鹤琴、陶行知等幼教前辈的探索，极大地推动了我国学前儿童科学教育的开展，为学前儿童科学教育的发展积累了宝贵的经验。改革开放以来，我国学前儿童科学教育经历了三个阶段，分别是改革开放至80年代中后期的"常识"课程阶段、80年代末至90年代中期的"科学"课程阶段、90年代后期至今的"科学领域"课程阶段。20世纪末21世纪初，世界各国学前儿童科学教育表现出了诸多新的发展趋势。我国学前儿童科学教育的发展在立足本土、继承传统的基础上，还需放眼世界，积极了解域外动态，如美国强调新一代科学教育要重视科学和工程实践、学科核心概念、跨学科概念的融合，日本重视环境教育，挪威崇尚自然科学教育等。我们要善于吸取其中合理要素，为我所用，以深化学前儿童科学教育改革。

⊙ 拓展阅读

1. 张红霞. 科学究竟是什么. 北京：教育科学出版社，2003.

2. 施燕. 学前儿童科学教育. 北京：中央广播电视大学出版社，2007.（第一章第三节）

3. 丁邦平. 国际科学教育导论. 太原：山西教育出版社，2002.（第二章和第

八章）

⊙ 巩固与练习

一、名词解释

1. 科学　　2. 科学教育　　3. 学前儿童科学教育

二、简答题

1. 简述科学的本质与儿童科学学习的特点。
2. 简述学前儿童科学教育的内涵。
3. 简述我国科学教育的发展趋势。

三、论述题

1. 试结合儿童科学学习的理论基础分析儿童的科学朴素理论。
2. 试结合幼儿园科学教育案例，说明其中体现的设计者对科学的认识。

四、案例分析

这就是"儿童的科学"[①]

某中班幼儿在科学发现室中探索一个简易的"指南针"装置：这实际上是根可以自由转动的缝衣针，教师给它做了一个底座，在底座的四个方向分别贴上四个小动物图画，以吸引幼儿的兴趣。幼儿走到这个装置的前面，便玩了起来，当他第一次轻轻转动这根针，发现针尖指向小猫时，对自己说："我抓到小猫了，我就装作小猫。"然后扮个鬼脸，模仿小猫的动作。可是，当他一次次地重复转并看它还能指向哪里时，发现针尖总是指向小猫，便自言自语道："怎么又是小猫?"有一次他试图让它指向别的小动物，就用手按住指针想让它停在别的地方。可是当他放手后，针尖仍然转向小猫。于是他开始尝试各种不同的方法，一会儿轻轻转，一会儿用力转，一会儿把针取下来，用针尖划桌子，一会儿又翻开底座看看下面有什么东西，都没找到答案。事后教师问他有什么发现，他说："我发现它指不到别的东西，只能指到小猫，它喜欢小猫。"

请结合案例分析什么是"儿童的科学"。

[①] 张俊. 幼儿园科学教育. 北京：人民教育出版社，2004：12 – 13.

第二单元 学前儿童科学教育的目标与内容

导言

在进行小班科学活动"沉与浮"时,教师通过提问,让幼儿分别说出材料名称。再分别把材料放进水里,并直接引出新的词汇——"沉""浮"。随后提问:哪些材料会沉?哪些材料会浮?孩子们纷纷猜想,说出自己的想法。接下来就进入操作环节。做实验之前教师先提几个要求。在听教师讲要求时,孩子们早已按捺不住探究的欲望,有的开始摆弄材料,教师不断用眼神示意孩子们不要乱动。由于五人一组,孩子们生怕轮不到自己,接到教师指令后,赶紧抢占材料。教师维持秩序:"谁不遵守规则,就不能做实验了。"孩子们赶紧保持安静,根据教师提出的要求进行探究,五人一组,小心操作着。教师则不停巡视,一一纠正不规范的操作。教室里不断传来"错了,不对,你们应该……"的话语声,夹杂着孩子们的窃窃私语。不久,教师示意实验结束,请幼儿分享实验得出的结论:磁铁会沉、积木会浮……教师予以肯定,并做出总结。

请通过以上案例思考学前儿童科学教育的价值定位如何,学前儿童科学教育的目标是什么,学前儿童在科学学习中应该关注什么,以上的案例属于哪方面的科学教育内容。

学习目标

了解:学前儿童科学素养的内涵及其构成,学前儿童科学教育内容变化的趋势,

《指南》对科学教育目标和内容的规定

一般掌握：学前儿童科学教育目标定位及其层次结构，学前儿童科学教育的内容范围和选择的原则与要求

重点掌握：运用相关知识设计学前儿童科学教育活动的目标，合理选择内容开展科学教育

学习重点：学前儿童科学教育各层级目标的关系，各年龄阶段儿童科学学习的内容，学前儿童科学教育的目标内涵和内容选择的原则与要求

学习难点：运用相关知识设计学前儿童科学教育活动的目标，合理选择内容开展科学教育

思维导图

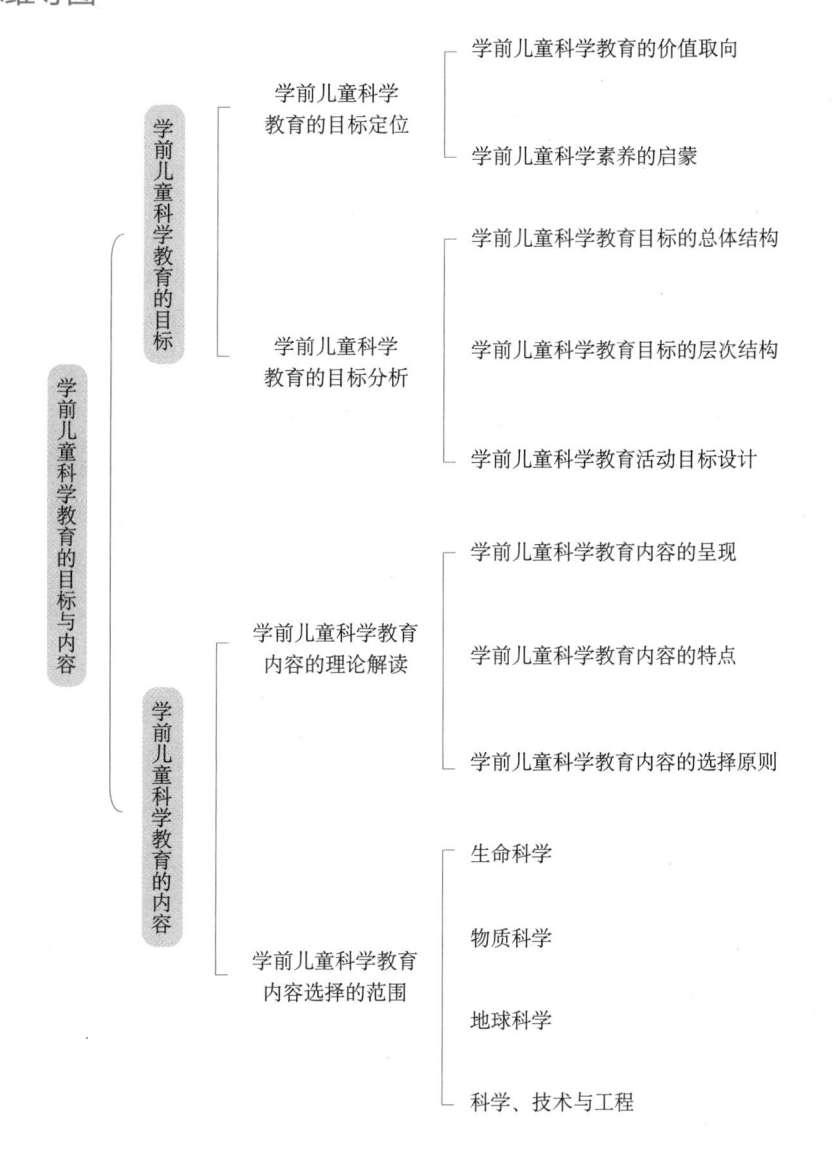

学前儿童科学教育的目标与内容
- 学前儿童科学教育的目标
  - 学前儿童科学教育的目标定位
    - 学前儿童科学教育的价值取向
    - 学前儿童科学素养的启蒙
  - 学前儿童科学教育的目标分析
    - 学前儿童科学教育目标的总体结构
    - 学前儿童科学教育目标的层次结构
    - 学前儿童科学教育活动目标设计
- 学前儿童科学教育的内容
  - 学前儿童科学教育内容的理论解读
    - 学前儿童科学教育内容的呈现
    - 学前儿童科学教育内容的特点
    - 学前儿童科学教育内容的选择原则
  - 学前儿童科学教育内容选择的范围
    - 生命科学
    - 物质科学
    - 地球科学
    - 科学、技术与工程

第一节 学前儿童科学教育的目标定位

随着时代的变迁和发展,我们在学前儿童科学教育中所追求的目标和最终的价值取向都有了相应的改变。要想定位当前学前儿童科学教育的目标,我们仍需对学前儿童科学教育的历史进行回顾以及对现实进行反思。

一、学前儿童科学教育的价值取向[①]

1932年,我国第一个幼儿园课程标准——《幼稚园课程标准》诞生了。该标准中的"社会与自然"中的"自然"指的就是学前儿童科学教育,其目标包含"观察和欣赏自然,养成爱护自然物的好习惯,增进有关自然以及人与自然关系的初步经验"。当时的科学教育更强调学前儿童初步经验的获得,尚未规定对学前儿童好奇心、探索欲等科学品质的培养及除观察能力之外的更多的探究能力的培养。

1949年以后,学前教育借鉴苏联的模式进行了改革,在1952年3月与7月,《幼儿园暂行规程》和《幼儿园暂行教学纲要(草案)》分别颁布实施。其中关于学前儿童科学教育的内容定为"认识环境",包括日常生活环境、社会环境和自然环境。此纲要重视系统的由浅入深的科学知识教育。

1981年,在继承《幼儿园暂行教学纲要(草案)》思想的基础上,教育部颁发了《幼儿园教育纲要(试行草案)》。此纲要规定幼儿园继续采用分科教育模式,设置体育、语言、常识、计算、音乐、美术六科。"常识"成为学前儿童的科学教育课程,目标由知识、态度、能力组成,突出强调知识的传授与掌握,其次强调培养学前儿童对自然、社会的兴趣及发展学前儿童的能力,隐含了对学前儿童全面发展的价值追求。但从"常识"的内容中可以看出,知识仍被放在了首要地位,而且从

---

① 王春燕,秦元东,黎安林. 探究·体验·发现:幼儿园科学教育理论与实践. 南京:南京师范大学出版社,2010:3-7.

总目标到各个年龄阶段分目标中，众多知识点构成了庞大的知识体系。从中不难看出，科学教育课程强调的是从简单到复杂、从具体到一般、从近到远地掌握系统的知识。至于学前儿童的能力及激发学前儿童的探究兴趣、好奇心、求知欲的目标，在各年龄班的具体教育内容和要求中则没有任何表述，显然偏离了总目标所要体现的价值。

20世纪80年代中期我国实行对外开放以来，西方先进的教育理论、课程理论逐渐被引入。同时，现代科学技术的迅猛发展，使人们认识到科学教育必须关注学前儿童对科学知识的主动探究及掌握科学探究的方法，"过程比知识更重要"。

20世纪90年代以来，《幼儿园教育指导纲要（试行）》的出台更加明晰学前儿童科学教育目标中包括相互联系的三个方面：科学态度、科学方法与技能、科学知识。到2012年《3—6岁儿童学习与发展指南》再次强调学前儿童科学教育应当激发学前儿童的好奇心、探究欲，强调学前儿童在探究过程中动手动脑，主动获取科学的知识经验，建构科学的概念。同时，科学教育注重引导学前儿童通过亲身感受、操作、体验，从生活中获得具体、直观的科学经验，而不是给学前儿童灌输系统的学科知识，并且把掌握科学的方法、技能也作为重要的目标。

我们不难发现，20世纪90年代之前我国学前儿童科学教育很多时候被局限在狭隘的知识获取层面。而20世纪90年代以后《纲要》和《指南》的出现改变了这一状况。静观目前的学前儿童科学教育实践，尽管幼儿教师在理论上都能比较清晰地把握学前儿童科学教育的三维目标，但实践中仍然自觉或不自觉地把传授科学知识放在首位，培养学前儿童科学态度与科学精神的目标却往往成为一句空话，难以落实。

二、学前儿童科学素养的启蒙

发达国家都十分注重国民的科学素养，因为它关系到人才的综合素质和创造能力。尽管人们对科学素养概念的内涵还未达成共识，但把科学素养作为科学教育的目标已在世界各国取得共识。美国宾夕法尼亚州于2014年颁布了最新的《宾夕法尼亚州学前儿童学习标准》（Pennsylvania Learning Standards for Early Childhood），对3—5岁学前儿童科学核心素养的指标框架与培育策略进行了详细阐释，为教师培育学前儿童的科学核心素养提供了有力支持。该标准规定学前儿童科学核心素养共有五个关键领域，分别为生物科学领域、自然科学领域、地球和空间科学领域、环境和生态领域、计算机和信息技术领域。因此，学前儿童科学教育的目标宗旨应是学前儿童的科学素养的启蒙。

美国宾夕法尼亚州学前儿童科学核心素养的指标框架、培育策略及其启示

（一）学前儿童科学教育目标旨在启蒙科学素养

对"我国公民科学素养状况及其影响因素"进行的第十一次调查显示[①]：2018年我国公众具备基本科学素养的比例为8.47%。然而，2008年美国公众基本科学素养的比例已是28%。我国提高公众科学素养任重而道远。

《美国国家科学教育标准》特别指出，学校（K-12）科学教育的目标是培养"具有高度科学素质"的人。[②] 与之相对应，美国幼儿教育协会制订的《幼儿园科学教育标准》也将科学教育目标确定为：发展每个学前儿童对周围世界的好奇心，使每个孩子对新鲜事物与事件有兴趣，有探究的欲望，热爱生命；发展学前儿童发现问题、解决问题和做出决定的能力（科学探究的能力）；增进对自然界的认识，使每个孩子积极参与可以丰富各种科学经验的活动，经历各种不同的科学领域的活动，了解与基本科学概念有关的技术，表现和交流科学知识。从英国的学校科学教育课程目标中也明显可以看出：科学教育的价值不仅是促进学前儿童的理性发展，如理智、批判性的思考力等，还包括促进学前儿童非理性发展，如求知欲、好奇心、合作精神、负责的态度、情感的体验等；不仅使学前儿童理解科学，运用科学改善人的生活，而且通过理解人与自然的关系来保持人类的可持续发展。[③] 据此，我们认为学前儿童科学教育是科学的启蒙教育，应以提升学前儿童的科学素养为宗旨，为儿童终身科学素养的养成奠定基础。

（二）科学素养的内涵及要素

人们对科学素养的表述不同，但科学素养存在几个核心的共同因素：①对科学技术的理解，包括理解科学技术的性质、概念、原理、过程；②对科学、技术、社会三者关系的理解；③科学的精神和态度；④运用科学技术解决日常生活及社会问题的能力。[④]

正因为如此，美国学者米勒认为，科学素养是一个与时俱进的概念，时代不同，科学素养的内涵也会发生变化，他在"当代情景下"定义了科学素养概念的三个维度：[⑤]

[①] 刘立. 与美国相差30年：谈2018年我国公民科学素养素质调查结果与发现. 微言创新，2018（9）.
[②] 国家研究理事会. 美国国家科学教育标准. 戢守志，等译. 北京：科学技术文献出版社，1999：17.
[③] 刘德华. 西方科学教育价值取向的历史演变. 教育探索，2003（10）：40.
[④] 刘德华. 西方科学教育价值取向的历史演变. 教育探索，2003（10）：40.
[⑤] 金兼斌. 科学素养的概念及其测量//中国科技新闻学会第七次学术年会暨第五届全国科技传播研讨会. 北京：经济科学出版社，2003：77.

第一，对科学原理和方法（科学本质）的理解；

第二，对重要科学术语和概念（科学知识）的理解；

第三，对科技的社会影响的意识和理解。

由于其概括、精练，包容性强，因此为世界公认。从上面的分析中，我们可以看出，科学素养包括对科学知识的理解、对科学研究方法和过程的理解及对科技的社会影响的理解，这与我们对科学本质的理解是一致的。因而学前儿童科学教育的目标将致力于实现上述任务。

第二节 学前儿童科学教育的目标分析

2001年我国颁布的《纲要》中所规定的幼儿园科学教育领域的目标体现了当前学前儿童科学教育改革的趋势。《纲要》明确指出学前儿童科学教育领域的目标：

（1）对周围的事物、现象感兴趣，有好奇心和求知欲；

（2）能运用各种感官，动手动脑，探究问题；

（3）能用适当的方式表达、交流探索的过程和结果；

（4）能从生活和游戏中，感受事物的数量关系并体验到数学的重要和有趣；

（5）爱护动植物，关心周围环境，亲近大自然，珍惜自然资源，有初步的环保意识。①

一、学前儿童科学教育目标的总体结构

《指南》中，科学领域教育包含"科学探究"与"数学认知"，此处只说明"科学探究"的目标。对学前儿童科学探究的目标进行横向分析，可以看出它包括

---

① 教育部基础教育司.《幼儿园教育指导纲要（试行）》解读. 2版. 南京：江苏教育出版社，2002：34.

与科学素养内涵要素相一致的三个方面：科学情感与态度、科学方法与能力、科学知识与经验。在此，我们对目标做一些具体分析，如图 2-1 所示。

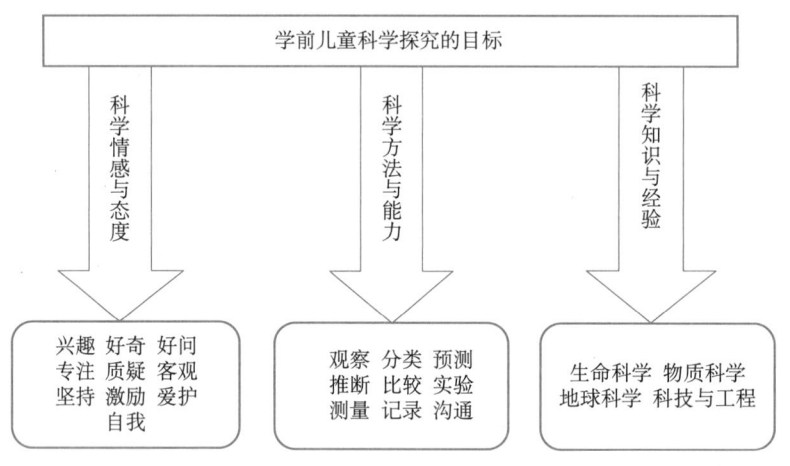

```
                学前儿童科学探究的目标
        ┌───────────────┼───────────────┐
        ▼               ▼               ▼
   科学情感与态度    科学方法与能力    科学知识与经验
   ┌─────────┐    ┌─────────┐    ┌─────────┐
   │兴趣 好奇 好问│    │观察 分类 预测│    │生命科学 物质科学│
   │专注 质疑 客观│    │推断 比较 实验│    │地球科学 科技与工程│
   │坚持 激励 爱护│    │测量 记录 沟通│    └─────────┘
   │    自我    │    └─────────┘
   └─────────┘
```

图 2-1 学前儿童科学探究的目标结构图[①]

（一）科学情感与态度

科学态度和精神是人类在好奇心的驱使和求知欲的指引下，在科学探究过程中持有的一种态度与价值追求，科学态度和精神的培养具体包括以下几个方面。

1. 保护与激发学前儿童的好奇心、探究欲

学前儿童是天生的"科学家"，因为他们一出生就对世界充满好奇并开始探究。在日常生活中，我们经常会发现孩子喋喋不休地向成人提出各种各样的问题，如"我是从哪里来的？""为什么会有影子？""为什么冰棍会融化？""为什么会打雷、下雨？""为什么夏天那么热，冬天那么冷？""为什么天会黑？"……这些问题绝大多数与科学相关，也是可能引发学前儿童探究学习的问题。所以学前儿童的好奇心、探究欲对学前儿童学习科学及热爱科学的情感有着极大的影响。但学前儿童天生具有的好奇心、探究欲是柔弱的，特别容易受到不恰当的教育的压制，甚至逐渐磨灭。所以学前儿童科学教育极为珍视学前儿童所具有的进行科学学习的好奇心与探究欲望，把保护与有效的激发相结合，激励孩子发挥想象创造，包容孩子"朴素理论""迷思观念"的存在，允许孩子对科学的诗意理解，使学前儿童的科学学习成为学前儿童自主探究的过程，成为满足学前儿童好奇心、激发学前儿童探究欲的学

（二维码：朴素理论）

（二维码：迷思观念）

[①] 王春燕，秦元东，黎安林. 探究·体验·发现：幼儿园科学教育理论与实践. 南京：南京师范大学出版社，2010：39-53. （此图有修改）

习过程。[①]

2. 培养学前儿童关爱生命、亲近自然的积极情感

学前儿童的科学教育过程就是一个培养学前儿童关爱生命的过程。如"可爱的小兔子"探究活动，不仅能让孩子们认识、了解兔子的外形特征和生活习性，而且还能让孩子们逐渐消除对兔子的惧怕心理，一步步地亲近兔子、饲养兔子。孩子们关爱兔子的情感也油然而生，他们会为小兔子的成长而欢呼，也为小兔子的不幸死亡而悲伤。

珍爱自然的积极情感也是学前儿童科学教育的重要目标之一。《纲要》中明确提出：在幼儿生活经验的基础上，帮助幼儿了解自然生态环境与人类生活的关系，从身边的小事入手，培养初步的环保意识和行为。虽然没有具体明确提及垃圾分类，但提出了要让幼儿养成初步的环保意识和行为习惯，垃圾分类观念和习惯的培养显然应该是教育内容之一。可以在幼儿园里种植植物、饲养动物，并围绕植物角、饲养角开展一系列活动，培养他们关心、热爱自然，保护环境的积极情感。这对于人与自然的和谐相处、人类社会的可持续发展具有深远的意义。

3. 奠定学前儿童的科学价值观

一般来说，科学态度价值观包含怀疑、相信解决问题的可能性、渴望实验的证实、精确、喜欢新事物、愿意改变意见、谦虚、忠于真理、客观、渴望知识的完整性、保留判断力、区分假设和解决问题、假设的觉悟、尊重理论、量化的习惯、独创性。[②]

综上所述，对于年幼的儿童来说，虽然他们进行的科学学习比较浅显，科学探究比较简单，但仍然需要像科学家进行科学研究一样具备应有的态度、品质等价值观。因此，学前儿童科学教育应强调培养学前儿童进行主动的科学探究的态度、价值观。

（二）科学方法与能力

培养科学方法和探究能力是学前儿童科学素养形成的基础。呵护学前儿童与生俱来的好奇心和探究欲，亲历以探究为主的科学学习，初步学会探究解决科学问题的方法，为其终身科学学习奠定基础。《纲要》明确指出，学前儿童应"能运用各

[①] 夏洛，布里坦. 儿童像科学家一样：儿童科学教育的建构主义方法. 高潇怡，梁玉华，孙瑾，译. 北京：北京师范大学出版社，2006：33.

[②] 王美芬. 国民小学自然科教材教法. 台北：心理出版社，1995：57.

种感官，动手、动脑，探究问题"，"能用适当的方式表达、交流探索的过程和结果"。① 这些说的都是科学探究的方法和能力。

《美国国家科学教育标准》明确提出：学习科学是学生们要亲自动手做而不是要别人做给他们看的事情。② 探究是一种多侧面的活动，需要观察；需要提出问题……需要运用各种手段来搜集、分析和解读数据；需要提出答案、解释和预测；需要把研究结果告之于人。③ 因此，进行科学探究学习需要具备一定的科学程序能力，如观察、描述、实验、解释、检验、交流等。美国科学促进会所认定的11项科学程序能力中，较适合学前儿童的有六项：观察、分类、测量、计算、实验、预测。总之，应着重培养学前儿童的观察、分类、预测与推断、操作与实验、测量、调查、交流等科学方法与能力。

1. 观察

对于学前儿童来说，通过感官的观察来摄取外界信息是获取第一手资料最直接的方法。此处的"观察"不仅指用眼睛看，还包含多种感官的整体参与，全方位、立体化地感知世界。因此，成人应鼓励学前儿童运用"多感官"（视觉、听觉、触觉、味觉、嗅觉等）全面立体感知，积极动手操作。此外，成人还可提问科学问题来引导他们有目的地观察。如："蚂蚁的身体是什么样的？由几个部分组成？""蚯蚓是怎么爬行的？蚯蚓身上有没有骨头？""这片树叶和那片树叶有什么不同？"此外，也可以鼓励学前儿童从不同角度、方位、顺序来观察事物，特别是有序观察有利于上小学后有条理地写说明文。成人必须为儿童创造尽可能多的观察机会，必须把观察渗透到每日计划的各个方面。并且成人有责任帮助儿童发展、增强、深化和掌握他们的观察能力。④

浅议科学活动中培养幼儿的观察力

2. 分类

分类是观察活动的延续，有助于学前儿童在认识事物多样性的同时，认识他们的共性，有助于学前儿童初步概括能力的提高，也有助于学前儿童探究事物之间的关系。从中班开始，幼儿可以运用比较观察的方法将事物进行分类，但只能一次从一个维度（形状、颜色、功能、物种）进行分类。例如，学前儿童能把椅子、桌子和书架归为一组（虽然不一定会命名为"家具"），把自行车、汽车、卡车、工程车、地铁、火车等归为一组（虽然不一定会命名为"交通工具"）。

---

① 教育部基础教育司.《幼儿园教育指导纲要（试行）》解读.2版.南京：江苏教育出版社，2002：34.
② 国家研究理事会.美国国家科学教育标准.戢守志，等译.北京：科学技术文献出版社，1999：26.
③ 国家研究理事会.美国国家科学教育标准.戢守志，等译.北京：科学技术文献出版社，1999：30.
④ 马丁.建构儿童的科学：探究过程导向的科学教育.杨彩霞，等译.北京：北京师范大学出版社，2006：41－42.

3. 预测与推断

预测是预先猜想可能会发生的情况，推断是人们根据个人经验对观察结果的理解与解释。预测与推断有所不同。例如，学前儿童午睡醒来，发现室内十分暗，推断可能是屋外乌云密布所致，预测不久可能会下大雨。再如，教师给孩子们提供了水盆和一些物品，如木块、弹珠、钥匙、曲别针、雪花片等，让孩子们先猜测一下这些物品中哪些沉、哪些浮，这就属于预测。接下来，教师让孩子们逐步把小物件投放水中，观察沉浮现象，并组织孩子讨论下沉类物体和漂浮类物体各自共性特征，最终初步归纳出重沉轻浮、铁质沉非铁质浮的推论。帮助与引导幼儿预测与推论，有利于高级思维的养成。因此，掌握预测与推断的技能也是科学教育的根本任务之一。在帮助学前儿童掌握预测以及推断技能时，要注意以下几点：

（1）引导幼儿学会有依据地预测和推断，而非胡乱猜想。预测与推断的结果必须是以一定的事实（如观察结果）或经验（日常生活中积累的经验或所见现象）为依据的。

（2）因为预测与推断是以人们过去的生活经验及所具有的知识为出发点，对观察结果及一些科学现象做出解释与理解，因此要帮助学前儿童积累丰富的日常生活经验，避免由于经验的缺乏出现推断的"想当然"现象。

（3）教师要有意识地通过提问引发学前儿童旧有经验与当前经验的有机联系，尤其要注意启发与解决学前儿童的"认知冲突"，从而引导学前儿童学会思考，对事物、现象做出合理和符合逻辑的解释，最终学会推论。

4. 操作与实验

学前儿童的操作与实验没有成人科学家那么精确，也不完全建立在严密的逻辑推理基础之上，但操作与实验也是学前儿童通过"控制变量"来观测发生的现象，从而揭示或验证某一科学结论的过程。例如，常见的学前儿童斜坡或滑道实验中涉及斜坡高矮、物体轻重和滑道粗糙或光滑三个自变量，以及物体滑行距离这个因变量。教师要引导学前儿童一起讨论实验步骤或操作程序（实验设计），即每次控制两个变量不变，而只让第三个变量发生变化。当然，对于学前儿童来说三个变量有些多，最多实验两个变量即可。比如，第一次实验，使用同样的玩具小车，并固定滑道粗糙程度，只变化斜坡高矮；第二次实验，使用同样的玩具小车，并固定斜坡高矮，只变化滑道粗糙程度。通过实验，学前儿童会初步得出斜坡越高，小车滑行越远；滑道越光滑，小车滑行越远的结论。在实验过程中，不可忽略的是要做记录。记录的方法从中班就可以学习了，成人先设计好学前儿童

中班科学小实验——有趣的斜坡

幼儿科学小实验——哪个跑道更快

实验记录单，让他们在实验后通过打钩、画画、写数字等方式做记录。

5. 测量

测量是借助于各种不同类型的工具对周围世界的一种量化观察，是测定物体数量特征（长度、体积、重量、温度、时间等）的过程。在科学研究中使用的测量方法和内容是多样的，但对于学前儿童来说，测量物体多长（长度）、多大（体积）、多重（重量）、多少（数量）以及事件进行多久（时间）等是他们日常生活中经常需要解决的问题，也是发展他们的测量技能的主要方面。学前儿童的测量能力比较多地应用在粗略估计的"非正式测量"中，即用一些简单的工具，如自己的手掌、尺子、一段绳子等进行自然测量，在获得量化信息的基础上，了解物体所具有的长短、大小、轻重、多少、时间等方面的属性，学会一些简单的测量方法。

6. 简单调查

调查是指在科学探究中，学前儿童到现场实地考察为自己的想法搜集证据的一种方式。例如，想知道幼儿园有多少种植物和昆虫，可以借助调查表在园内进行实地调查；想知道本园小朋友最喜欢哪种户外器械或玩具，可以采用投票的方式调查；想了解大人对新冠病毒的认识和防控，可以访谈爸妈或亲戚朋友；想知道城市居民对垃圾分类的态度和做法，可以在家长带领下向社区（村）居民发调查表或访谈等。在调查之前，教师或家长应和学前儿童共同制订调查计划，讨论调查对象、步骤和方法（含调查用图表）等，也可以和他们一起设法用画图的方式来呈现调查结果。

7. 沟通

在科学研究中，科学家通常以口头及书面报告、图表、公式等方式来与同行沟通，展现他的研究成果或表达疑问。对于学前儿童来说，沟通能力也是科学探究活动中的一项重要能力。通过科学实验，每个幼儿都有自己模糊的感受和想法，并有强烈的表达欲。与别人的沟通，辨析观点和证据，有利于学前儿童反思和形成有价值的看法。特别是学前儿童同伴之间的相互激发、质疑和分享学习，是学前儿童获得信息的重要途径。

（三）科学知识与经验

科学是由经验所概括和证实的知识体系，但科学不单纯是点滴、片段的知识经验的积累，而是依据观察、实验、测量等所取得的大量资料，经过抽象、概括而提炼出来的科学概念和原理。学前儿童获取科学知识与经验的目标与成人有所不同，我们并不追求让学前儿童获得系统的科学知识体系，也不追求让学前儿童掌握抽象水平的科学概念，而强调让学前儿童亲身经历科学探究和发现的过程来获得有关的经验与体验，使其在此基础上形成表象水平的初级科学概念。

1. 支持学前儿童广泛接触和归纳物质世界经验

学前儿童早期获得的科学、技术经验是指学前儿童在科学探究活动中，通过他们的观察、操作，直接感知和接触周围世界的事物而取得的经验。这些经验一般都来源于学前儿童的科学探究与操作活动，也包括学前儿童在日常生活中的各种活动，反映了学前儿童所接触的环境和他们感兴趣的事物。对于学前儿童来说，这种科学、技术经验就是他们经历的事件和操作的体验，是他们所感知的事物、现象给他们留下的印象。

孩子自出生就不断地与周围世界直接接触，已感知不少自然物和自然现象，已从自身的周围环境中自发地获取了一定的科学经验。然而，由于学前儿童生活经历的短暂，认识能力的局限，他们所获得的科学经验毕竟是贫乏的，而且往往是孤立零散的，甚至是天真朴素的。为此，需要教师为学前儿童选择适合他们发展水平的科学活动和材料，为他们获取广泛而丰富的科学经验创造良好的条件；需要教师不断地引导学前儿童通过亲自操作、探究、尝试，通过自身的感觉器官获得具体的事实与第一手经验；需要教师帮助他们修正已有经验，使学前儿童原初的经验条理化、系统化。例如，想让学前儿童获得比较正确的"汽车"概念，就必须引导学前儿童在日常生活中首先观察有关各种家用轿车、各种公交车、各种工程车等的直接经验，在感知这些车辆的形状、颜色、大小、功能等不同特征的基础上，概括出各类汽车共有的基本结构和功能，包括车轮、车窗、车厢，汽车有方向盘、以汽油为燃料、可以驾驶、对人类很便利但有危险等特征，进而初步建构"汽车"的概念。这种由具体到抽象的归纳是幼儿科学概念形成的主要途径。

2. 引导学前儿童在操作探究活动中建立初级科学概念

丰富学前儿童关于周围物质世界的科学经验的关键是引导学前儿童形成初级的科学概念。如果学前儿童的科学教育仅仅满足于使其获得点滴、片段的具体事实与经验，那只是初步的，不仅不利于学前儿童科学思维的发展，也缺少建构新的科学概念的基础。

学前儿童的思维以直观动作和具体形象为主，其思维发展程度决定了他们不可能获得抽象理论水平的科学概念，而只能获得一些以具体的表象为支持的初级科学概念，即学前儿童通过各种科学探究活动，在他们以看、听、触摸、尝、嗅等方式直接感知事物所获得的感性经验和具体事实的基础上，对所积累的科学经验组合、概括而得的结论。一个在农村长大的孩子，从小就有丰富的与大自然接触的经验，认识了很多动物、植物及它们的生存条件或习性。长大后在生物等学科的学习中，他们就会有更加具体、直观的形象呈现在脑海中。这是从小生活在城市里钢筋水泥的高楼中的孩子所体会不到的。所以学前儿童在具体科学经验基础上形成初级的科学概念对于学前儿童科学的学习具有非常重要的作用。

总之，学前儿童科学教育的作用不仅是让学前儿童获得科学的经验与知识，更重要的是让学前儿童在探究中发现与掌握科学探究的技能、方法，理解与形成一些科学概念，同时不断地体会科学的神奇与伟大之处，体验科学与人们生活的关系，体验科学对社会发展的意义，进而理解科学，热爱科学；在此过程中，提升学前儿童整体的科学素养，发展学前儿童良好的个性品质，促进学前儿童的全面发展。

二、学前儿童科学教育目标的层次结构

通过对《纲要》和《指南》中的学前儿童科学教育总目标从活动实施角度进行自上而下的剖析了解到，学前儿童科学素养的形成需要在不同形式的活动中加以体现与完成。学前儿童科学教育的目标从总目标（《纲要》）、年龄段（学年）目标（《指南》）到各学期目标、单元主题目标，再到具体教学活动目标，有不同的层次，从高到低，从远到近，从概括到具体。

（一）学前儿童科学教育的总目标

《纲要》中所规定的目标体现了当前学前儿童科学教育改革的趋势。从《纲要》中科学领域教育的目标可见[①]，它原则性地规定了学前儿童三年科学学习所要达到的效果；是学前教育目标体系的重要组成部分，并具有学科领域的特殊性。学前儿童科学教育的目标更为强调儿童的探究，强调保护儿童的好奇心和探究欲，强调动手动脑。强调在探索中获取科学的经验和知识，彻底改变了传统的学前儿童科学教育只注重系统的科学知识的取向，凸显了科学精神与品质、科学方法与能力、科学知识与经验三维并重的趋势。

（二）学前儿童科学教育的年龄段目标

年龄段目标是总目标在学前教育各年龄阶段的具体体现，是总目标的具体化，是中观的目标。《纲要》中关于学前儿童科学教育的总目标还比较概括，《指南》则根据不同年龄段儿童的发展水平把学前儿童科学教育目标分为科学探究和数学认知

---

① 教育部基础教育司.《幼儿园教育指导纲要（试行）》解读. 2版. 南京：江苏教育出版社，2002：34.

两大维度，并对学前儿童科学教育目标做了进一步分解，使目标更为清晰、具体、可操作，如表 2-1 所示。①

表 2-1　学前儿童科学教育年龄阶段目标（科学探究）

项目	3—4 岁	4—5 岁	5—6 岁
亲近自然，喜欢探究	（1）喜欢接触大自然，对周围的很多事物和现象感兴趣； （2）经常问各种问题或好奇地摆弄物品	（1）喜欢接触新事物，经常问一些与新事物有关的问题； （2）常常动手动脑探索物体和材料，并乐在其中	（1）对自己感兴趣的问题总是刨根问底； （2）能经常动手动脑寻找问题的答案； （3）在探索中有所发现时感到兴奋和满足
具有初步的探索能力	（1）对感兴趣的事物能仔细观察，发现其明显特征； （2）能运用多种感官动作去探索物体，关注动作所产生的结果	（1）能对事物或现象进行观察比较，发现其相同与不同； （2）能根据观察结果提出问题，并大胆猜测答案； （3）能通过简单的调查收集信息； （4）能用图画或其他符号进行记录； （5）了解周围生活中的某些科技产品及其与人们的关系	（1）能通过观察、比较与分析，发现并描述不同物体的特征或某个事物前后的变化； （2）能用一定的方法验证自己的猜测； （3）在成人的帮助下能制订简单的调查计划并执行； （4）能用数字、图画、图表或其他符号记录； （5）探究中能与他人合作与交流
在探究中认识周围事物和现象	（1）认识常见的动植物，能注意并发现周围的动植物是多种多样的； （2）能感知和发现物体和材料的软硬、光滑和粗糙等特性； （3）能感知和体验天气对自己生活或活动的影响； （4）初步了解和体会动植物和人们生活的关系	（1）能感知和发现动植物的生长变化及其基本条件； （2）能感知和发现常见材料的溶解、导热等性质或用途； （3）能感知和发现简单物理现象，如物体形态或位置变化等； （4）能感知和发现不同季节的特点，体验季节对动植物和人的影响； （5）初步感知常用科技产品与自己生活的关系，知道科技产品有利也有弊	（1）能察觉到动植物的外形特征、习性与生存环境的适应关系； （2）能发现常见物体的结构与功能之间的关系； （3）能探索并发现常见的物理现象产生的条件或影响因素，如影子、沉浮等； （4）能感知并了解季节变化的周期性，知道变化的顺序； （5）初步了解人们的生活与自然环境的密切关系，知道尊重和珍惜生命，保护环境

（三）学前儿童科学教育的单元主题目标

幼儿园课程的学期计划由若干单元主题组成，一般来说一个学期包含五个单元

---

① 中华人民共和国教育部.3—6 岁儿童学习与发展指南.北京：首都师范大学出版社，2012：42.

主题。每个单元主题都是多个领域融合的学习内容，科学教育内容蕴含其中。

一些单元主题虽然看上去更侧重科学领域教育，但也融入了艺术领域教育或语言领域教育。幼儿园的某个年龄阶段的科学教育目标需要分解到两个学期中，进而分解为一个个单元主题活动来落实。

（四）学前儿童科学教育的活动目标

学前儿童科学教育活动目标，是指一次具体的科学教育活动所要达到的目标，是科学教育中最下位、最近切的目标，比较具体。它必须根据科学教育的总目标、年龄阶段目标，并结合科学教育单元目标及具体科学活动的内容和特点进行制定，是比较微观、具体、可操作的目标。两个例子如下。

中班科学活动《纸片儿站起来》[1] 的目标：

（1）探索让打印纸站起来的方法。

（2）大胆表达自己探索的结果。

（3）体验探索成功的乐趣。

中班科学活动《小火箭上天》[2] 的目标：

（1）探索"小火箭"上天的方法与原因，感受气流的冲力。

（2）乐意与同伴交流自己的猜想，并积极通过操作验证自己的想法。

综上所述，从科学领域总目标到各年龄段目标再到单元主题目标，最后到一次教学活动目标，四个层次的科学教育目标从高到低，从远到近，从概括到具体，构成了一个金字塔形的目标层次结构。各目标之间相互衔接、相互联系，体现了学前儿童心理发展及科学经验获得的层次递进性。

三、学前儿童科学教育活动目标设计

科学教育活动方案的设计首要的是对目标的设计，包括单元主题活动中有关科学教育的目标设计和科学领域一次教学活动的目标设计。建议参考《指南》中科学教育目标的表述，并结合具体单元主题或活动内容予以具体化。

（一）单元主题活动中的科学教育目标设计

主题活动是指在或长或短的一段时间内（如可以是一周，也可以是一个月或更

---

[1] 朱家雄，金秋. 幼儿园游戏·发展·成长课程教师指导用书：中班上册. 杭州：浙江人民出版社，2018：153.

[2] 朱家雄，金秋. 幼儿园游戏·发展·成长课程教师指导用书：中班上册. 杭州：浙江人民出版社，2018：209.

长时间），围绕事先选择的主题组织教育活动。它改变了传统的单学科教育活动的设计，围绕主题的核心将相关的学习内容有机联系在一起。科学教育的单元主题活动在内容性质上更多地偏向科学领域的内容，通过系列活动完整地将儿童要学习的某一科学内容有机整合在一起，利于形成对该主题系统的认识或认知结构。如大班单元主题活动"消逝的恐龙"，共三级目标体系，即一级目标（单元主题总目标）、二级目标群（单元子主题目标）、三级目标群（单个科学教育活动目标）。

大班单元主题活动——消逝的恐龙

（二）单个科学教育活动的目标设计

单个科学教育活动特指一次具体的幼儿园集体科学教学活动或小组教学活动。一般来说，在我国特有的教育背景下，幼儿园很注重这种形式的教育活动，因此目标设计很讲究。但在实践中发现科学领域单次教育活动目标设计存在很多的问题，下面结合幼儿园具体科学教育活动的活动目标加以分析。

1. 科学教育活动目标要具体，凸显科学教育的核心经验

这个科学教育活动未设置短时间需要达成的行为目标，且目标表述未充分结合"沉浮"活动，因此在目标制定上存在不具体、泛化和核心经验不凸显的问题。如大班科学活动"有趣的沉浮"的活动目标：

（1）理解沉与浮的概念。

（2）能动手探索操作，得出实验结论。

（3）体会到科学活动的有趣。

在这个活动中，学前儿童应知应会的科学核心经验是：①学会使用猜想、实验和讨论的方法探索沉浮现象；②初步了解轻重、金属特性与物体沉浮的关系；③在成人帮助下，初步探索影响物体沉浮的重要因素。然而，原活动设计中没有渗透这些有关"沉浮现象"的核心经验，教学目标比较模糊。正确的目标应修改为[①]：

（1）知道"沉""浮"判断标准：物体放入水中静止后，若落到底部并接触到容器底部则为"沉"，若不接触到容器底部则为"浮"。

（2）探索物体"沉""浮"与物体轻重等属性的关系。

2. 科学教育活动目标的制定要保证年龄适宜性

幼儿园科学教育活动目标的制定除了要关照一个单位时间内活动目标的具体、可操作性外，还要依据学前儿童的科学教育水平，考虑目标的年龄适宜性，使目标

---

① 徐杰，张俊，李青. 大班幼儿沉浮概念转变的教学研究. 幼儿教育（教育科学版），2009（1）：41-46.

的制定既建立在儿童已有的经验水平上，同时又具有一定的挑战性。如小班科学活动"是谁偷走了空气"的活动目标①：

(1) 倾听故事，了解空气的存在以及空气与人们生活之间的关系，对空气产生兴趣。

(2) 感受故事的诙谐和有趣。

活动中教师未采用任何玩教具，只让幼儿通过呼吸来感知无色、无味、无形的空气，幼儿很难理解，这样的学习内容及教学方法对于小班年龄段是不适宜的。在小班进行科学活动的感知探索要选择具体形象的、可以感知的、可以直接体验的内容来进行，比如让学前儿童用塑料袋装空气或扇动扇子感受风等。

3. 科学教育活动目标的表述尽可能体现儿童视角

表述教学活动目标一般有两种方式：从教师角度表述和从学前儿童角度表述。从教师角度表述，发出动作的主体是教师，如"引导学前儿童在操作、探究中发现并理解三脚架稳定的特性"；从学前儿童角度表述，发出动作的主体是学前儿童，如"观察、猜想和比较常见物体在放大镜下奇妙的视觉效果"。但目前，还是倾向于从学前儿童角度来加以表述。因为课程是学前儿童的课程，他们才是学习的主体，从学前儿童角度表述更能体现"以学定教"的理念。另外，科学教育活动提倡在活动目标表述上，要把一些具体的途径和方式加上。离开了具体活动手段的支撑，科学学习很难达到理想的效果。如小班科学活动"好玩的落叶"的活动目标②：

(1) 观察不同落叶的微小细节。

(2) 感知落叶干枯、变色的特点。

4. 不要混淆科学教育活动的目标与内容

幼儿园科学教育活动实践在目标制定上还有一个普遍的问题，即很多教师经常把目标混同于内容。如大班科学活动"地下的秘密王国"的目标就存在这个问题：

(1) 观看森林冬景图。

(2) 说说都看到了哪些动物。

以上两个活动目标传达的不是活动结束后学前儿童要达到的水平和可获得的发展，而是活动的基本内容，或者说是学前儿童所做的事情。活动内容是做

---

① 朱家雄，金秋. 幼儿园游戏·发展·成长课程教师指导用书：中班上册. 杭州：浙江人民出版社，2018：184.

② "完整儿童"课程编写组. 幼儿园完整儿童活动课程教师用书：小班上. 上海：华东师范大学出版社，2018：137.

什么事情，目标是通过做这些事情达成什么发展成效，二者是不能等同的。因此在科学教育活动中不要把活动目标和活动内容混淆。大班科学活动"地下的秘密王国"目标可改为[①]：

（1）了解常见动物的冬眠习性，萌生探究动物的兴趣。

（2）探究动物的外形特征、习性变化与生存环境的适应关系的特点。

第三节 学前儿童科学教育内容的理论解读

一、学前儿童科学教育内容的呈现

《纲要》和《指南》中并没有明确规定学前儿童科学教育的内容范围，其分别暗含在《纲要》的"内容与要求"和《指南》的"教育建议"部分。其中蕴含和体现了诸多新理念，这对学前儿童科学教育内容的选择具有指导意义。《纲要》中提出了七条"内容与要求"，具体如下[②]：

（1）引导学前儿童对身边常见事物和现象的特点、变化规律产生兴趣和探究的欲望。

（2）为学前儿童的探究活动创造宽松的环境，让每个学前儿童都有机会参与尝试，支持、鼓励他们大胆提出问题，发表不同意见，学会尊重别人的观点和经验。

（3）提供丰富的可操作的材料，为每个学前儿童都能运用多种感官、多种方式进行探索提供活动的条件。

（4）通过引导学前儿童积极参加小组讨论、探索等方式，培养学前儿童合作学习的意识和能力，学习用多种方式表现、交流、分享探索的过程和结果。

（5）引导学前儿童对周围环境中的数、量、形、时间和空间等现象产生兴

---

① 朱家雄，金秋. 幼儿园游戏·发展·成长课程教师指导用书：大班上册. 杭州：浙江人民出版社，2018：276.

② 中华人民共和国教育部. 幼儿园教育指导纲要（试行）. 北京：北京师范大学出版社，2001：6-7.

趣，建构初步的数学概念，并学习用简单的数学方法解决生活和游戏中某些简单的问题。

（6）从学前儿童熟悉的科技成果入手，引导学前儿童感受科学技术对生活的影响，培养他们对科学的兴趣和对科学家的崇敬。

（7）在学前儿童生活经验的基础上，帮助学前儿童了解自然、环境与人类生活的关系。从身边的小事入手，培养初步的环保意识和行为。

《指南》科学教育目标3的"教育建议"中蕴含以下内容：[①]

（1）支持学前儿童在接触自然、生活事物和现象中积累有益的直接经验和感性认识，如：

和学前儿童一起通过户外活动、参观考察、种植和饲养活动，感知生物的多样性和独特性，以及生长发育、繁殖和死亡的过程。

给学前儿童提供丰富的材料和适宜的工具，支持学前儿童在游戏过程中探索并感知常见物质、材料的特性和物体的结构特点。

（2）引导学前儿童在探究中思考，尝试进行简单的推理和分析，发现事物之间明显的关联，如：

引导5岁以上学前儿童关注和思考动植物的外部特征、习性与生活环境对动植物生存的意义。如兔子的长耳朵具有自我保护的作用；植物种子的形状有助于其传播等。

引导学前儿童根据常见物质、材料的特性和物体的结构特点，推测和证实它们的用途，如带轮子的物体方便移动，不同用途的车辆有不同的结构等。

（3）引导学前儿童关注和了解自然、科技产品与人们生活的密切关系，逐渐懂得热爱、尊重、保护自然，如：

结合学前儿童的生活需要，引导他们体会人与自然、动植物的依赖关系。例如，动植物、季节变化与人们生活的关系，常见灾害性天气给人们生产和生活带来的影响等。

和学前儿童一起讨论常见科技产品的用途和弊端。例如，汽车等交通工具给生活带来的便利和对环境的污染等。

二、学前儿童科学教育内容的特点

《纲要》中科学领域的"内容与要求"，以及《指南》"科学探究"目标3的"教育建议"的内容，体现在新时代的经济、社会、科技发展的背景下，学前儿童

[①] 李季湄，冯晓霞.《3—6岁儿童学习与发展指南》解读. 北京：人民教育出版社，2013：319-320.

科学教育内容的革新，呈现出生活性、启蒙性、科学性、生成性的特点。

1. 生活性

幼儿园课程的一个基本特点是生活性，强调课程内容源于、高于进而回归学前儿童的生活。这在《纲要》和《指南》所提的科学教育内容中得到了充分体现，多处强调"身边常见事物和现象""周围环境""季节变化和常见天气与生活的关系和影响""生活或媒体中学前儿童熟悉的科技成果""在学前儿童生活经验的基础上"。因此，学前儿童科学教育的内容应主要选择贴近其日常生活环境的内容，并尽可能让他们学会在生活中理解与应用，解决真实的生活问题。

2. 启蒙性

儿童因其独特的心理与思维发展水平，决定了其学习与建构科学的过程与结果具有许多不同于成人的特点。为此，有学者专门提出了"儿童的科学"的概念以区别于"成人的科学"，《纲要》和《指南》提出的科学教育内容体现了对"儿童的科学"的尊重与强调。因此，学前儿童科学教育不是机械地将其他年龄段科学教育内容和方法直接照搬，科学学习内容的深度和广度都应符合学前儿童认知水平和能力水平。有些科学内容的学习仅仅让学前儿童感知现象即可，有些科学内容的学习不仅可以让他们感知现象，还可以通过操作体验来感受现象背后的原理。但切记，不要直接将小学、初中才学习的科学名词（概念）、抽象的科学原理直接传授给学前儿童，这样的科学学习是无意义的。

3. 科学性

学前儿童科学教育的内容要符合科学性。科学性指的是给学前儿童提供的科学学习内容是从现有科学学科门类中选取的，而非教师主观臆断的。因此，教师要熟悉科学学科门类，如生物、化学、物理、空间、环境、计算机等，并熟悉不同学科的知识结构。这些知识是人类历史上诸多科学家智慧和汗水的结晶，在过去、现在和未来一直被学习和使用。学前儿童的思维具有形象性、刻板性、自我中心性、泛灵性等特点，因此形成了他们这个年龄段特有的"朴素理论"，教师要在尊重这种朴素性的前提下，引导学前儿童不断改造其科学知识结构，逐步迈向"科学学科理论"。

4. 生成性

除了教师有目的、有计划设计的科学教育内容，幼儿园和家庭一日生活中还存在许多偶发生成的科学教育契机，教师要敏感关注并充分利用这些机会促进学前儿童的科学学习。比如，夏天雨季，突降暴雨，学前儿童立即被下雨所吸引，雨后地面出现小水洼，蚯蚓钻出来了，树叶挂着水珠，这些都是孩子可以学习的科学内容。

再比如，户外活动学前儿童发现土地上有许多蚂蚁窝，看到蚂蚁成群结队在活动，就自发地讨论蚂蚁在干什么，蚂蚁喜欢吃什么，蚂蚁会不会迷路，蚂蚁怎么和同伴交流等，教师可以利用这个机会和孩子一起生成一个"蚂蚁王国"的科学探究主题。

三、学前儿童科学教育内容的选择原则

在科技日新月异、知识爆炸的今天，各种纷繁复杂的科学内容充斥于生活的各个方面。那么，学前儿童科学教育中，教师如何从众多科学内容中选取适宜的科学内容呢？根据学前儿童学习科学的特点以及科学内容本身的特点，借鉴《纲要》和《指南》提出的科学教育内容中蕴含与体现的新理念，我们提出选择学前儿童科学教育内容时应遵循以下四个原则。

1. 科学性与启蒙性原则

科学性与启蒙性是学前儿童科学教育内容选择的首要原则。其中科学性是指内容应符合科学原理，不违背科学事实；启蒙性是指内容应粗浅，符合学前儿童的发展水平与理解能力，是激发学前儿童好奇心与科学探索、启示学前儿童科学学习的媒介。

这一原则要求教师在选择科学教育内容时，应尽量选择学前儿童生活中熟悉的、可以直接探索的并且是学前儿童可以理解的粗浅的内容。如，"溶解"现象是生活中常见现象，但很难也不必向学前儿童讲解分子运动的原理；"磁力"也是学前儿童熟悉的现象，但很难深入地球磁场的原理层面；"沉浮"实验中最多引导学前儿童认识到"形状"是影响沉浮的因素之一，而不必让他们理解初中才学习的"浮力"概念以及阿基米德定理。

2. 广泛性与代表性原则

广泛性是指选择的内容应尽量涉及多方面，确保学前儿童获得广泛的科学经验，进而认识到世界的多样性和多变性，这也是幼儿园课程内容均衡性的内在要求。代表性是指选择的内容应能典型反映某一领域的基本知识结构，进而为今后系统的科学学习打下基础，如"汽车"可以选取学前儿童生活中常见的且能体现典型特征的家用车、公交车等，物质的不同存在状态方面可以选取学前儿童常见且便于探索的"水"，气候现象可选择能频繁感受到的"雨""风""阳光"，现代科技可以选择常用的"计算机"和"智能识别"。

这一原则要求教师在选择科学教育内容过程中，首先要从广泛的范围（包括学前儿童的日常生活、学科知识等）中选择内容。其次要衡量所选内容的代表性，特

别是当可供选择的内容很多时,更要选取具有代表性的典型内容。最后还要衡量各部分内容之间的均衡性。

3. 地方性与季节性原则

地方性与季节性是指内容选择应因地、因时制宜,即结合当地的自然条件和季节特点。这就决定了即使是相同的主题,如"认识冬天",不同地区、季节的幼儿园在选择具体内容时也应有所不同。如同样是在冬季开展"冬天"的主题活动,北方幼儿园选择诸如打雪仗、堆雪人、用冰雪来储藏食物等方面的内容可能是适宜的,但这些内容对生活在南方的幼儿而言就不适宜。

这一原则要求教师在选择科学教育内容的过程中,要立足当地,从当地学前儿童生活中常见的熟悉的内容中选择,并且在开展时机方面要顺应季节的变化。例如,杭州的幼儿园在丹桂飘香的秋季开展有关桂花的科学教育内容就是适宜的,洛阳的幼儿园在牡丹盛放的季节开展有关牡丹的科学教育内容就是适宜的,而两地互换内容则不适宜了。这一原则同时也要求教师在使用幼儿园课程资源时,需要根据当地情况进行筛选与改编。

4. 时代性与民族性原则

时代性与民族性是指内容既要体现现代科技的发展,又要体现传统文化的特色。这一原则要求教师在选择内容过程中,注意选取学前儿童生活中常见的熟悉的先进科学技术,如计算机网络、现代通信、机器人、人工智能、探月工程等,并选择介绍科学技术发展过程方面的内容,如"灯的演变"。与此同时,还要注意选取我国具有地方特色的物产方面的内容,如丝绸、爆竹等。

第四节 学前儿童科学教育内容选择的范围

学前儿童科学教育的内容包含哪些方面,其范围和边界如何?《美国国家科学教育标准》中指出:幼儿园到小学四年级的科学内容包括物质科学、生命科学、地球与空间科学、科学与技术、个人和社会视角所见的科学、科学史等内容。① 结合我国学前儿童科学学习特点及《纲要》和《指南》精神,借鉴《美国国家科学教育标准》(1996)和美国《新一代科学教育标准》(2013)相关理念与内容,并参照国内学者《探究·体验·发现——幼儿园科学教育理论与实践》一书中的科学教育内容体系②,我们将学前儿童科学教育内容的范围确定为"生命科学""物质科学""地球科学""科学、技术与工程"③ 四大方面。此外,一些跨学科的科学概念也应纳入学前儿童科学教育内容中,以增强学前儿童对各门科学相互联系的认识及综合运用以解决问题的能力。学前儿童科学教育内容如图2-2所示。

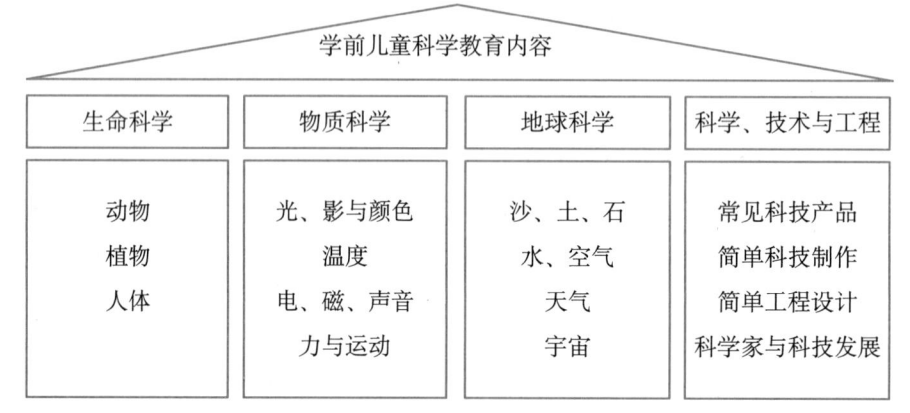

```
                    学前儿童科学教育内容
   ┌──────────┬──────────┬──────────┬──────────────┐
   │ 生命科学  │ 物质科学  │ 地球科学  │ 科学、技术与工程│
   ├──────────┼──────────┼──────────┼──────────────┤
   │  动物    │光、影与颜色│ 沙、土、石│  常见科技产品 │
   │  植物    │  温度    │ 水、空气  │  简单科技制作 │
   │  人体    │电、磁、声音│  天气   │  简单工程设计 │
   │         │ 力与运动  │  宇宙   │ 科学家与科技发展│
   └──────────┴──────────┴──────────┴──────────────┘
```

图 2-2 学前儿童科学教育内容全览

图 2-3 "生命科学"的内容范围

一、生命科学

生命科学的多样性与复杂性对学前儿童始终充满着神秘感与吸引力,大自然中的花鸟鱼虫、自己身体的神奇变化,无不激发着学前儿童的好奇心与求知欲,吸引学前儿童去不断探索。"生命科学"的内容范围如图2-3所示。

(一)动物

动物是学前儿童的亲密伙伴。特别是对于那些有过饲养宠物经验的学前儿童而

---

① 国家研究理事会. 美国国家科学教育标准. 戢守志,等译. 北京:科学技术文献出版社,1999:145-164.
② 王春燕,秦元东,黎安林. 探究·体验·发现:幼儿园科学教育理论与实践. 南京:南京师范大学出版社,2010:55-67.
③ 《指南》中科学教育包含"科学探究"和"数学认知",而"科学探究"中的"科技与生活"这一学习内容中并未涉及"工程"方面的内容。为顺应当前世界学前教育对早期STEM教育的重视和推广,本教材中将原先的"科技与生活"扩展为"科学、技术与工程"。

言，更喜欢观察、触摸和照料小动物，也往往更容易对生活在不同环境中形态各异的动物感兴趣。当然也有些学前儿童对于那些蠕动、爬行的动物感到恐惧。通过饲养、观察、讨论等多种方式，扩展那些喜欢动物的学前儿童的原有经验，减轻那些害怕动物的学前儿童的焦虑情绪，带领学前儿童走近动物世界并与动物做朋友，是学前儿童科学教育内容中的重要部分。

此领域的主要学习内容有：①感受与了解一些常见的动物名称与类型，如昆虫、家禽、家畜，其他鱼类、鸟类、爬行类、哺乳类动物等，认识动物世界的纷繁复杂。②感受与了解动物的多样性，不同动物有不同的外形特征、生活习性及繁殖方式。例如，每种动物都需要自己的食物，有的吃草，有的食肉；动物会建立栖身之所养育后代，有的生蛋，有的则直接生"小宝宝"等，从而渗透胎生、卵生、卵胎生等概念。③感受与了解不同动物生活在不同的地方，有不同的运动方式。例如，有的动物跑得快，有的动物则爬得非常慢；有的动物会飞，有的动物则擅长水中游……④初步探索与发现，了解动物与其生活环境之间的关系。例如，为什么北极熊身上的毛皮特别厚，啄木鸟的嘴巴特别坚硬，变色龙会变色等，从而发现动物与其生活环境之间的密切关系。⑤感受与了解动物与动物、动物与植物、动物与人类之间的关系。例如，很多动物以植物为食，而很多植物又要靠动物传播种子；尤其是要让学前儿童感受、了解动物与人类的密切关系，懂得动物是人类的好朋友，萌发关爱动物的情感与意识。"动物"的内容范围如图2-4所示。

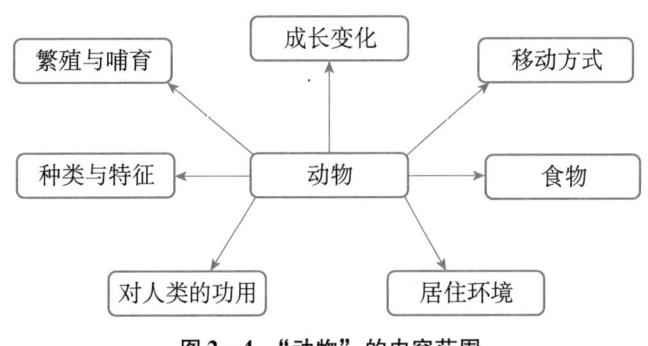

图2-4 "动物"的内容范围

（二）植物

学前儿童有着对植物世界浓厚的探索欲望，通过观察、讨论、参观、种植等活动，引导学前儿童学习植物科学。

此领域的主要学习内容有：①了解与认识周围常见植物，感受与了解植物的多样性。如树木、花卉、蔬菜、果实等的名称及各式各样植物的外形特征和气味、味道，感受植物世界的纷繁多样。②了解植物是由根、茎、叶、花、果实、种子等部分组成的，初步了解植物各部分的功能，以及对人类的功用。③通过观看视频、亲自种植、讨论及调查活动，了解植物不同的繁殖方式（如蒲公英、苍耳、豆荚、松子等的散播）以及大多数植物要借助种子繁殖。④了解植物生长与环境的关系，感受与了解大多数植物需要水、光、矿物质、温度和空气；有些植物喜阳、有些喜阴，有些喜干、有些喜湿。⑤观察与了解植物生长的季节变化，如春有迎春花，夏有荷花，秋有菊花，冬有梅花；再如有的树的叶子四季常青，有些树冬季落叶。⑥观察生长在不同地理环境中的植物的形态特征与环境的关系，如山中的毛竹、沙漠中的仙人掌、水边的芦苇、水面的浮萍等。⑦感受与了解植物与动物、植物与人类之间的关系，感受植物净化环境的作用，萌发保护植物的意识。"植物"的内容范围如图2-5所示。

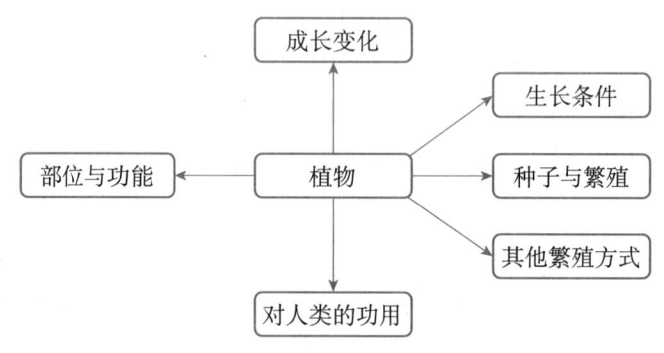

图2-5 "植物"的内容范围

（三）人体

人类是生命世界的重要组成部分，人类个体的生存、生长、繁衍、死亡等新陈代谢过程，蕴含着丰富奇妙的学习内容。学前儿童渴望长大并且变得强壮有力，渴望了解自己的身体结构和生长发育变化等。

此领域的主要学习内容有①：①观察与了解自身的外部结构与身体变化。例如测量与比较自己与他人的身高、体重及其变化，观察自己与他人的外貌特征。②了解人类通过各种感官来学习，萌发对感官障碍或缺陷群体的同情。例如依靠听觉、视觉、嗅觉和味觉，我们能学到什么，我们的皮肤又能告诉我们什么，如果我们的感觉器官受到损伤会给我们的生活带来哪些不便，如何帮助有感官缺陷的人。③探索与了解骨骼、肌肉的功能。例如，骨骼能帮助我们支撑身体，肌肉能让我们运动和搬运物品。④探索与了解如何让我们保持健康并越来越强壮。例如我们的身体为

---

① 哈兰，瑞夫金.儿童早期的科学经验.李宪冰，等译.北京：北京师范大学出版社，2006：149-173.

什么需要休息和锻炼，为什么要用肥皂或洗手液洗手，我们的牙齿的用途是什么以及如何保护牙齿，我们需要哪些有营养的食物等。

二、物质科学

物质科学的内容比较丰富，涉及学前儿童探究学习的主要有光、影、颜色，热、温度、电、磁、声音、力与运动等。"物质科学"的内容范围如图 2-6 所示。

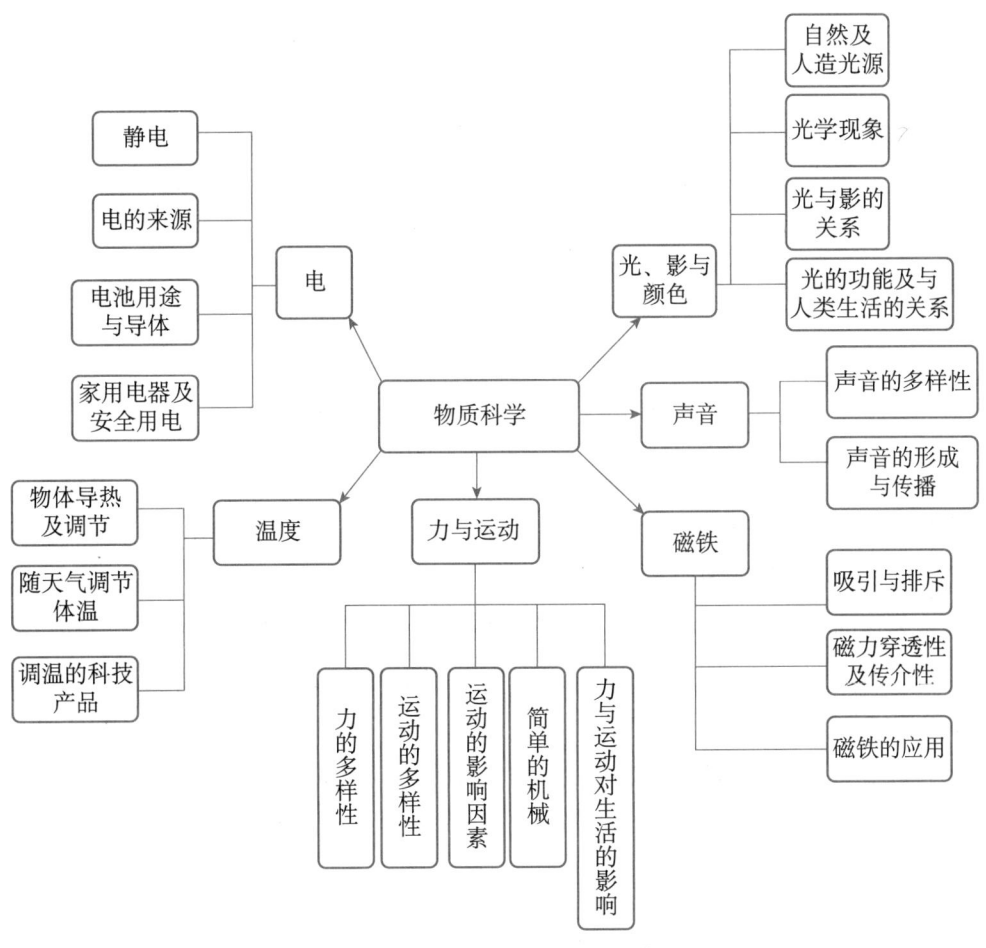

图 2-6 "物质科学"的内容范围

（一）光、影与颜色

与光相关的影子现象常常引发学前儿童的关注与探索，此外，他们还喜欢探索丰富的颜色及其奇妙的变化。

此领域的主要学习内容有：①认识多种自然与人造光源，如太阳、月亮、闪电、个别生物（萤火虫）及电灯、手电筒、蜡烛等，了解它们的不同。②初步了解没有光人就看不见任何物体，感受光与人类生活的密切关系。③通过玩各种光学仪器（如三棱镜、平面镜、凸透镜、凹透镜）及日常生活中的物品、玩具，如万花筒、望远镜等，感受与了解简单的光学现象，如反射、折射现象等。④探究光与影子的关系，感受与了解影子的本质和形成条件。⑤探究颜色及其变化的现象，如颜料的叠加及颜色的变化。

（二）温度

学前儿童关于温度的生活经验比较多，探索这部分现象与内容可结合他们的日常经验。

此领域的主要学习内容有：①感受与比较物体的温度差异，并学习用多种方法（如温度计、触摸感觉等）测量与区分物体的冷热程度。②感受有温差的物体之间会发生导热现象及导热速度，探索一些让物体变冷或变热的方法。③知道天气的冷热，讨论夏天怎样散热，冬天怎样保暖，并了解一些常见取暖或散热的科技产品。

（三）电

学前儿童从一出生就能接触到很多与电有关的物品，如电视、电灯、电动玩具等。应引导学前儿童适当了解有关电的知识，使他们懂得电的重大作用与危险性，学会自我保护，预防与避免事故。

此领域的主要学习内容有：①了解摩擦可以产生静电、电线输送来的电和干电池里的电都是电，探索摩擦起电的现象。②了解干电池的用途，知道废旧干电池有毒，要分类丢弃（放进有害垃圾垃圾箱）。③了解日常生活中电的来源，知道电是发电厂通过电线输送来的。④探索生活中常见家用电器的功能，初步了解与感受电在日常生活中的应用及其重要性。⑤懂得安全用电，避免触电事故。

（四）磁

学前儿童看不到磁铁的磁场，但能看到它吸铁的作用和磁铁间相吸相斥的现象，吸引他们进行探索。

此领域的主要学习内容有：①探索与了解磁铁能直接或隔物吸引铁质物体的特性，并初步了解和探索磁铁能磁化非磁铁的铁质物品，使其也具备磁力。②观察不同形状、大小的磁铁，比较不同磁铁的磁力大小。③通过实验探索发现磁铁相互吸引与排斥的现象。④通过玩指南针或磁针，探索与发现指南针指南的现象，了解古人使用司南或罗盘寻找方向。⑤探索磁铁在生活中的用途，寻找与发现哪些日常物品里用到了磁铁，感受磁铁给生活带来的便利。

(五) 声音

尽管声音是无形的，但也有形象化的表现。声音就是人们和动物交流的途径，又能形成美妙的音乐。

此领域的主要学习内容有：①感受与了解我们生活在一个充满声音的世界里，注意倾听并辨别各种不同的声音，如人的声音、机器的声音、大自然的声音、乐器的声音等。②探索与了解物体振动产生声音，发现能产生声音的物体与能产生声音的方法。知道不同的物体、不同的方法会发出不同的声音。③了解声音有乐音、噪声之分，感受乐音给人以美的、舒服的感受，噪声会给人带来不悦与危害。④通过多种方式探索声音的传播及传播的媒介，发现声音能通过许多物体传播。

(六) 力与运动

物体的运动是永恒的，也是学前儿童可以直接感知到的。而物体的运动是由于物质之间力的相互作用。力虽然无处不在，但非常抽象，只能被学前儿童感觉到或者看到力的作用。

此领域的主要学习内容有：①探索与了解力的多样性，如重力、弹力、浮力、摩擦力，等等。②探索与感受运动的多样性，如速度有的快，有的慢；方向有的向下，有的向上，有的向左，有的向右。③探索与了解影响运动的因素，如力的大小、物体自身的形状与重量、接触面的光滑程度等，进而探索与尝试多种改变运动速度、方向等的方法。④感受与了解力与运动对我们生活的影响，尤其是给我们的日常生活带来的不便与便利之处。⑤初步了解和使用简单机械，如杠杆、滑轮、齿轮、斜面等的结构与功能及在生活生产中的应用。

三、地球科学

地球上的山川、河流、湖泊等地貌景观，风雨雷电、日月星辰等自然现象，以及它们与人类之间的关系都是学前儿童感兴趣也应该学习的科学内容。"地球科学"的内容范围如图 2-7 所示。

(一) 沙、土、石

沙、土、石是学前儿童日常生活中经常接触的物质，也是基本的地质构成物质。

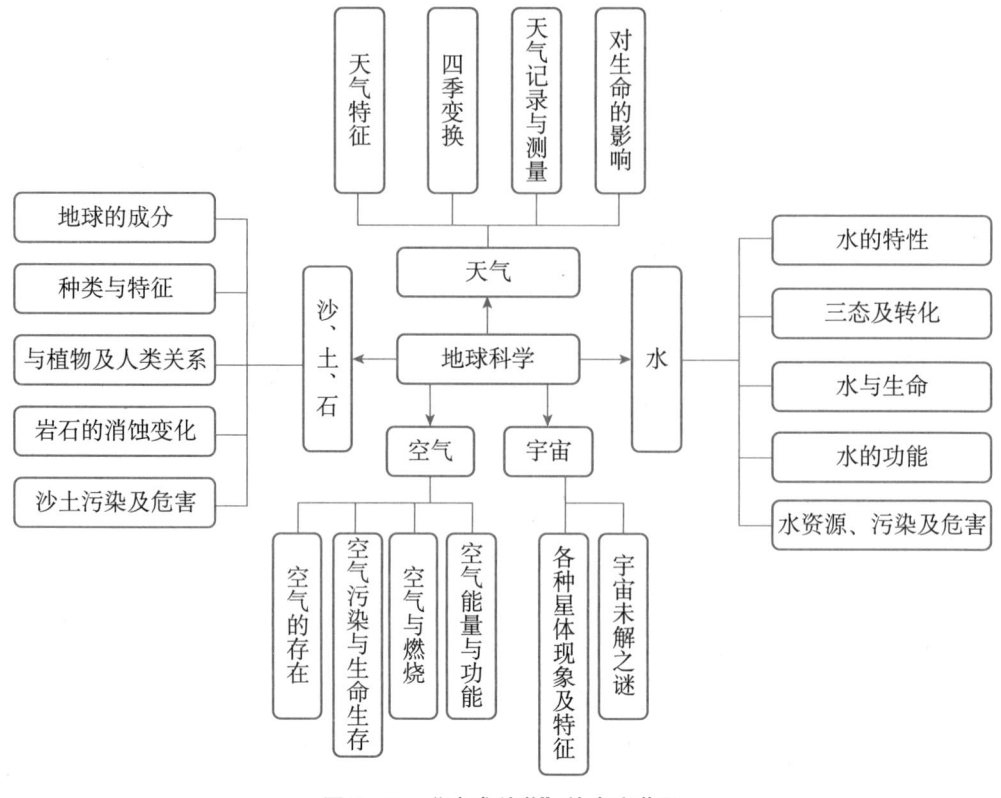

图2-7 "地球科学"的内容范围

主要学习内容有：①感受与了解沙、土、石的不同种类、物理特性（粗细、软硬、疏松与黏合）和生活用途。②探索与初步了解土壤是适宜植物生长的，沙、石不利于植物生长，要珍惜和爱护土壤。③初步调查和了解土壤污染的来源及危害，如塑料污染、化学物质污染（电池、工业废水）等，初步学会垃圾分类并减少污染物的使用。

（二）水

学前儿童从小就喜欢玩水，水引发了学前儿童的探究欲望。

此领域的主要学习内容有：①感受与了解水的基本特性，如无色、无味、透明及流动。②初步感受与了解水可以进入空气中，附着在其他物质上，还能渗透到其他物质中。③感受、探索有关水的一些物理现象，如浮力、溶解、水压，以及水的三态及相互转化。④了解自然界的多种水源，江、河、湖、海以及地下水等。⑤通过讨论、实验等活动，感受与了解水对于生命的重要性（植物生长实验）。⑥感受水污染给周围植物、动物、人类带来的危害，使学前儿童萌发珍惜与保护水资源和节约用水的情感态度。

（三）空气

空气是看不见、摸不着的，但无处不在，并且是生命所不可或缺的。

此领域的主要学习内容有：①通过探索活动（如用塑料袋找空气），了解空气是真实存在的，并且存在于所有的空间。②了解所有的生命均离不开空气，特别是人缺少空气会死亡。③通过游戏及实验活动，探索空气流动、物品充气、空气是燃烧的必要条件等。④初步探索与感受流动的空气能推动物体，促使物体增速或减速。⑤初步了解大气污染现象及其给生活带来的影响，使学前儿童萌发防治空气污染的情感态度。

（四）天气

天气主要指气候和季节现象，影响着动植物的生长生活，也影响着人类的生产生活。

此领域的主要学习内容有：①了解气候和季节是人类、动植物生存所必需的重要环境因素，它们的变化是有规律的，特定季节有特定气候，如夏有暴雨、冬有大雪等。②认识四季的名称，观察并感受四季变化及其规律及各季节典型特征。③观察各种天气的特征，学会做简单的记录，并会用温度计观察、记录气温。④观察与探索一些典型的天气现象（如夏天的闪电、雷雨、冰雹、台风、彩虹，冬天的冰、霜、雪等），并初步了解这些天气现象是可以测量的。⑤初步了解季节和气候变化对人类和动植物生活、生长的影响，增强主动适应外界环境变化的能力。

（五）宇宙

宇宙科学离学前儿童的生活较远，但因其神秘牢牢吸引着他们的兴趣，并使学前儿童产生许多神奇的遐想，对相关的神话故事和科幻故事也非常热衷。

此领域的主要学习内容有：①初步了解地球存在于宇宙中，除了地球，宇宙中还有太阳、月亮和星星，它们离我们都很远很远。②初步感受太阳是一个发光、发热的巨大火球，它离地球很远，没有它，地球上的所有生命都不能生存。太阳是人、动植物生长所必需的条件。③了解月球不会发光，只有当太阳光照射到月球上，才能使我们看到夜空中的明月。④在成人帮助下，观察、记录与了解月亮在一个月的不同时间形状的变化，知道月相的变化是有规律的。⑤观察夜空中的星星，了解它们有的像太阳一样会自己发光，如流星；有的则不会自己发光。因为星星距离我们太远，所以我们只能看到一个个闪烁的光点。⑥尝试收集一些关于宇宙未解之谜的信息，如外星人、不明飞行物、其他星球是否有生命等。

四、科学、技术与工程[1]

幼儿木工坊中的STEM活动——大班幼儿制作金字塔

当前,学前儿童生活在一个科学技术快速发展的社会中,不断变化的新技术正以迅猛的速度渗透到我们日常生活的方方面面。这就要求我们引导学前儿童认识与体会科学技术在社会发展中的正面作用及不当使用的负面影响,初步理解科学技术与人们生活的关系,形成正确的科技观。此外,工程是通过综合使用科学(含数学)、技术等知识,设计和制作出某种结构或装置以解决实际问题的过程。教师应引导学前儿童开展工程学实践,培养他们解决问题的综合能力。"科学、技术与工程"的内容范围如图2-8所示。

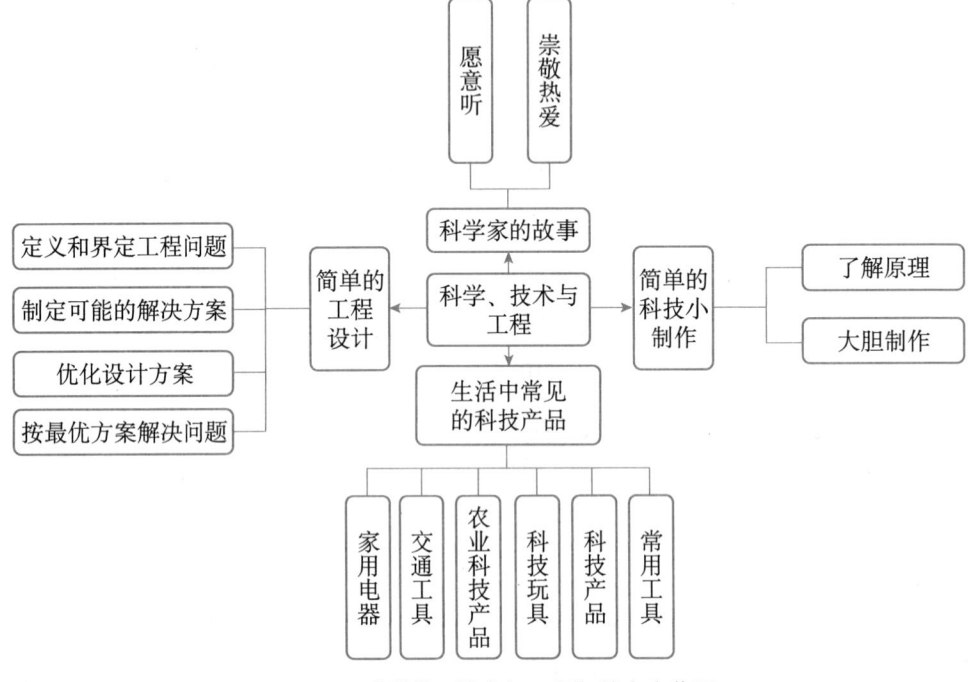

图2-8 "科学、技术与工程"的内容范围

(一)生活中常见的科技产品

科技产品充斥于并影响着我们生活的方方面面,与我们的生活密不可分。

此领域的主要学习内容有:①初步探索与了解现代家用电器在我们日常生活中的作用及简单的使用方法。②初步探索与比较常见交通工具的优缺点,感受常见交通工具对人们生活的影响。③初步了解和我们日常生活密切相关的农业科技产品,

---

[1] 张俊. 幼儿园科学教育. 北京:人民教育出版社,2004:106-108.

如人工饲养的家禽与水产、温室种植的蔬菜与瓜果、食品的加工与储藏等。④了解、感受与比较科技玩具的特性、发展及其与传统玩具的不同。⑤初步了解一些常见的科技产品（如照明工具、交通工具等）随着人类社会发展而不断发展变化的过程，大胆畅想科技产品的未来发展。⑥初步探索与学习使用生活中的常见工具，如剪刀、螺丝刀、锤子、订书机等。

（二）简单的科技小制作

科技制作包含对各种工具、技术零件的使用及技术程序的了解。这是工程装置制作所必备的技能。

此领域的主要学习内容有：①喜欢探索与了解一些简单的科技玩具（如风车等）的制作原理。②乐意并大胆学习运用工具和材料制作简单的科技玩具，如不倒翁、风车等。

（三）简单的工程设计

"工程"涉及的主要内容如图2-9所示：

①定义和界定工程问题。通过提问、观察和收集信息，理解当前的问题情境，并意识到可以通过工程设计来解决。②制定可能的解决方案。通过草图、图纸或实物模型进行设计，寻找可能解决问题的方案。③优化设计方案。对多个可能的方案进行测试和比较，找到最优方案。④按最优方案解决问题。制作工程装置，解决问题并调整到最佳成效。

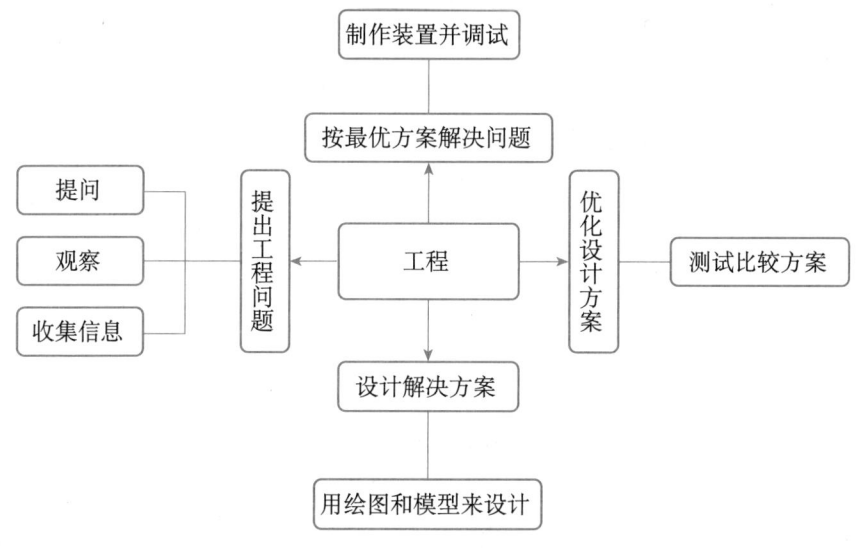

图2-9 "工程"涉及的主要内容

（四）科学家与科技发展

了解科学家的故事以及科学家对科技发展作出的贡献有利于培养学前儿童对热爱科学的情感和立志成为科技人才的愿望。

此领域的主要学习内容有：愿意倾听与了解一些熟悉的科学家及其伟大发明给人类带来便利的故事。

除了上述四大方面的科学教育内容外，教师还应引导学前儿童学习跨学科概念。跨学科概念是在物质世界，生命世界，地球科学以及科学、技术与工程四大科学教育内容都反复出现的一些重要概念，这些概念超出了单一学科的界限。这些概念帮助学前儿童探索各门科学之间的横向联系，并有助于他们综合运用多学科知识解决实际问题，最终使学前儿童形成对周围世界的综合认识和实践能力。这些适宜学前儿童学习的跨学科概念涉及模式、原因和结果、系统和系统模型、结构和功能等。

单元回顾

⊙ 单元小结

关于学前儿童科学教育的目标，本单元主要讨论了三个问题：学前儿童科学教育的目标定位、学前儿童科学教育的目标分析和学前儿童科学教育的目标层次及学前儿童科学教育的目标设计。

基于对学前儿童科学教育历史的回顾及对现实中学前儿童科学教育实践的反思，学前儿童科学教育的目标定位或宗旨是提升学前儿童的科学素养。

学前儿童科学教育的目标包含与科学素养内涵一致的三个方面，即科学的态度和精神、科学的方法和能力、科学的经验和知识，具体指保护与激发学前儿童的好奇心、探究欲；培养学前儿童关爱生命、珍爱自然的积极情感，建立人与自然的和谐关系；奠定学前儿童的科学价值观。在科学的方法和能力方面，要逐渐提升学前儿童的观察、分类、预测与推断、操作与实验、测量、沟通等能力。此外，要引导学前儿童获取周围物质世界中广泛而丰富的科学、技术经验；引导学前儿童在操作探究活动中形成初级的科学概念。

学前儿童科学教育的目标层次结构包括学前儿童科学教育的总目标（科学领域目标）、年龄阶段目标、单元目标及具体科学教育活动目标，从远到近、从高到低、从概括到具体。在科学教育活动目标的设计上要注意：目标的制定要具体，要凸显科学活动的关键经验；目标的制定要注意年龄的适宜性；注意科学教育活动目标的表述；活动目标与内容不要混淆。

关于学前儿童科学教育的内容，本单元主要探讨了两个问题：一是在解读《纲要》中学前儿童科学教育内容的基础上分析了学前儿童科学教育内容选择的原则；二是具体分析了学前儿童科学教育内容的范围。

《纲要》和《指南》并未具体规定学前儿童科学教育的内容，而是暗含在内容与要求和教育建议中。其中体现了七条"内容与要求"。七条"内容与要求"体现了生活取向、儿童取向、多维取向和生态取向。在此基础上，提出了选择学前儿童科学教育内容的四条基本原则，即科学性与启蒙性、广泛性与代表性、地方性与季节性、时代性与民族性。

借鉴美国学前儿童科学教育内容标准，参考《探究·体验·发现——幼儿园科学教育理论与实践》的幼儿园科学教育内容体系，结合学前儿童科学学习的特点，将学前儿童科学教育的内容范围确定为四方面，即生命科学，物质科学，地球科学，科学、技术与工程。其中，生命科学又可以细分为动物、植物、人体；物质科学可以细分为光、影与颜色，温度，电，磁，声音，力与运动；地球科学可以细分为沙、土、石，水，空气，天气，宇宙，自然环境；科学、技术与工程可以细分为生活中常见的科技产品、简单的科技制作、简单的工程设计、科学家的故事。此外，还包含一些适合学前儿童学习的跨学科内容，如模式、原因和结果、系统和系统模型、结构和功能等。

⊙ 拓展阅读

1. 马丁.建构儿童的科学：探究过程导向的科学教育.杨彩霞，等译.北京：北京师范大学出版社，2006.

2. 夏洛，布里坦.儿童像科学家一样：儿童科学教育的建构主义方法.高潇怡，梁玉华，孙瑾，译.北京：北京师范大学出版社，2006.

3. 施燕.学前儿童科学教育.北京：中央广播电视大学出版社，2007.（第二章）

4. 哈兰，瑞夫金.儿童早期的科学经验.李宪冰，等译.北京：北京师范大学出版社，2006.（第二部分）

5. 周淑惠.幼儿自然科学概念与思维.台北：心理出版社，2003.

6. 张俊.幼儿园科学教育.北京：人民教育出版社，2004.（第三章）

⊙ 巩固与练习

一、名词解释

1. 学前儿童科学素养

2. 科学情感与态度

二、简答题

1. 从历史发展和国际范围来看，学前儿童科学教育的价值取向有哪些新变化？
2. 简述制定学前儿童科学教育目标的三方面依据。
3. 学前儿童科学教育中有关物质科学的主要内容有哪些？
4. 儿童科学教育中包含哪些需要培养的能力与方法？
5. 学前儿童科学教育中，单元主题活动目标的撰写应注意哪些问题？

三、论述题

1. 在幼儿园中，如何围绕"工程"融入科学与技术，开展综合性的科学教育？
2. 简述在教育实践中，如何体现学前儿童科学教育的地方性和季节性？

四、案例分析

一个学前儿童问幼儿教师："小蜜蜂飞的时候为什么嗡嗡叫？"幼儿教师认为这是一个很好的问题，就引导大家讨论，嗡嗡的声音是从哪里发出来的？有的学前儿童回答说是嘴巴，有的说是翅膀。幼儿教师又让他们每人拿白纸当翅膀，一边抖动，一边学蜜蜂飞。儿童发现纸在抖动的时候会发出声响，终于理解了蜜蜂的嗡嗡声是翅膀的抖动引起的。还有的儿童说"电风扇转动的时候也会发出呼呼的声音""我知道蚊子飞的时候也发出嗡嗡声，肯定也是它的翅膀在飞动"。他们把自己发现的知识又迁移到其他类似的情境中。

1. 分析材料，列举该活动达成了什么科学教育目标。
2. 评价该幼儿教师的科学教育引导行为。

第三单元 学前儿童科学教育实施的途径和方法

导 言

这是某幼儿园里的一个场景。桌子上有两个外观并不完全一样的瓶子，瓶中都盛了水，一个瓶子里的水很清澈，另一个瓶子里的水有些浑浊，还有少量白色的固体物质沉在瓶底。两个瓶子中各有一只鸡蛋，存有清水的瓶子里的鸡蛋沉在瓶底，存有较浑浊水的瓶子里的鸡蛋浮在水中。4个幼儿围在桌子边上，看到了这两个瓶子和瓶子里的鸡蛋，就"鸡蛋的沉与浮"问题展开了讨论。

幼儿甲："一个水多，一个水少。"

幼儿乙："一个瓶子大，一个瓶子小。"

幼儿丙："一个鸡蛋轻，一个鸡蛋重。"

……

一个孩子用手摸这两个瓶子，他说："一个是热水，一个是冷水"。他的发现让所有的人都开始相信"热水会让鸡蛋浮上来，冷水能让鸡蛋沉下去"。

忽然，一个孩子发现，在那个鸡蛋浮上来的瓶子的底部，有一些白色的东西。他的发现引发了大家的争议：

"白色的东西是冰！"

"不，是粉！"

"冰！"

"粉！"

他们各执一词，不肯认同对方的观点。

"冰遇到热水会化掉的！"当一个孩子这样说时，认为白色粉末是冰的那个孩子仍然坚持自己的观点。

这时，有个孩子将手伸进了瓶子，蘸了一点水，并舔了舔沾在手指上的水，发现它是咸的，他大声叫了起来："是盐！"其他的孩子也纷纷尝试，包括先前认为白色粉末是冰的孩子在内的所有人都无一例外地认识到瓶底白色的粉末是盐。

孩子们似乎放弃了他们以前所相信的"热水会让鸡蛋浮上来，而冷水能让鸡蛋沉下去"的想法。为了让另一只鸡蛋也浮上来，他们开始往那个瓶子里加盐。他们加了许多盐，鸡蛋还是没有浮上来。有个孩子着急了："如果加了一碗盐，鸡蛋还不浮上来怎么办？"

"用手摇一摇，盐就会化掉了。"在这个孩子的建议下，他们开始摇晃瓶子，想加速盐的溶解。

看到鸡蛋仍没有浮上来，有个孩子又突然想起来，鸡蛋浮起的那个瓶中的水是热的，他提议往瓶子里加热水。

他们加了热水，看到鸡蛋还是没有浮上来。孩子们有些着急了，一边使劲摇晃杯子，一边加热水。一个孩子似乎发现盐越来越少了，他大声叫道："别倒水了！"

最后鸡蛋还是没有浮上来，有的孩子说："真好玩！"而有的孩子却说："一点儿也不好玩！"[①]

根据以上场景，让你组织开展一个有关沉浮的探究活动，你会选择什么内容和材料，你觉得通过哪种途径更适合幼儿开展探究呢？

☆ 学习目标

了解：学前儿童科学教育实施的含义、取向和基本方法
一般掌握：学前儿童科学教育的路径和5E学习环
重点掌握：能通过各种路径组织实施学前儿童科学教育活动

---

① 朱家雄. 幼儿园教育活动设计与实施. 北京：高等教育出版社，2008：141-142.

学习重点：学前儿童科学教育实施的路径与基本方法

学习难点：学前儿童科学教育实施的路径的关系、5E学习环

思维导图

- 学前儿童科学教育实施的途径和方法
  - 学前儿童科学教育实施的含义和取向
    - 学前儿童科学教育实施的含义
    - 学前儿童科学教育实施的取向
  - 学前儿童科学教育的途径
    - 集体教学中的科学教育
    - 区角活动中的科学教育
    - 生活中的科学教育
    - 家庭和社区中的科学教育
  - 学前儿童科学教育的方法
    - 学前儿童科学教育的基本方法
    - 学前儿童科学教育的5E教学模式

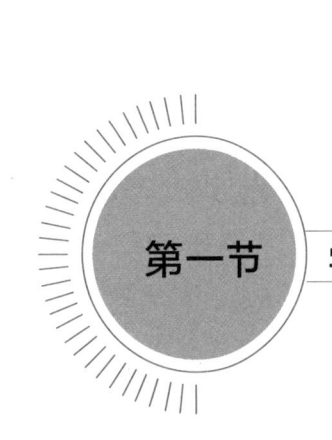

第一节　学前儿童科学教育实施的含义和取向

一个好的教育活动，在确定教育目标、选择合适的教育内容后，只有将其实施才能很好地凸显其教育价值。

一、学前儿童科学教育实施的含义

关于教育实施，不同的专家、学者对其的定义不尽相同。有的认为教育实施就是把新的教育计划付诸实践的过程；有的认为教育实施就是教学，有的认为教育实施是一个动态的过程。一般认为教育实施就是关于教育活动是怎样组织的，教学的时间和空间是怎样有效地加以控制和利用的，教学过程中教师和幼儿是如何配合的问题。由以上定义可知，学前儿童科学教育的实施即教学活动中师幼相互作用的活动方式。它所涉及和所要解决的主要问题是：教育者怎样把幼儿组织起来，通过教与学使师幼紧密联系，怎样科学地利用空间、时间和其他教学条件来安排教学活动，使教师有效地教，幼儿有效地学，实现教学目标。它包含教学目标、教学内容、教学方法、教学手段和教学评价。学前儿童科学教育的实施，直接关系着教学规模、教学质量和教学目标的实现。学习学前儿童科学教育实施，有助于了解和分析课程实施过程的实际情况；有助于了解课程计划成功或失败的原因；有助于解释学前儿童的学习结果。

二、学前儿童科学教育实施的取向

学前儿童科学教育实施是在幼儿园课程实施的背景中展开的，因此，学前儿童科学活动的价值取向必然受到不同的幼儿园课程取向的影响和制约。长期以来，学前儿童科学教育的实施主要存在两种截然不同的取向，即学科取向的学前儿童科学教育与生活取向的学前儿童科学教育。

幼儿园教育活动实施的取向

（一）学科取向的学前儿童科学教育

学科取向的学前儿童科学教育是指过分关注与强调静态的正确的科学知识的学习与掌握等，而不同程度地忽视个性化的科学探究过程。其特点是强调科学学习的结果，强调活动的预设性。其活动目标的制定、活动内容的选择和规划、活动环境材料的提供以及活动评价的实施都紧紧围绕科学领域的学科知识体系。实施过程中，即使关注科学探究，也只有那些直接有助于达到结果（科学知识）的探究才会受到重视，而那些探究中的摸索、尝试以及没有结果的探究都被认为是没有价值的，也是应该尽量避免的。这些"结果"往往会不同程度地被等同于教师所认可的正确的科学知识，所有和这些正确结果有出入的其他知识经验都会受到不同程度的冷落、忽视甚至压制。这样，幼儿的所谓科学探究活动就成了一种寻找与猜测教师所拥有的"正确"答案的"猜谜"活动。

大班幼儿科学教育活动——玩电线

以学科为取向的学前儿童科学教育活动，既可以体现在幼儿园的集体科学教育活动中，也可以在幼儿园的科学区域活动之个别或小组的科学活动中有所反映。虽然以儿童个别学习或操作体验为主的区域科学活动并不像科学集体活动那样具有明确的目标内容和过程实施方案，但活动区的材料选择和投放的重要依据仍然指向学前儿童的科学知识获得。自然，这种学科取向的学前儿童科学教育更倾向于重视集体活动，而不同程度地轻视甚至忽视区域活动。因为集体活动能够更加有效地达到教师所期望的结果，集体活动中教师指导下的探究也是更加有效的，这些探究是教师提前设计好的，学前儿童只需按照教师设计的实验程序进行实验，就可以保证最大限度地避免探究中的摸索、尝试以及没有结果的探究，就可以保证获得教师想要的实验结果，就可以在有限的时间内让学前儿童掌握相关科学知识。

大班幼儿科学教育活动——滚动

（二）生活取向的学前儿童科学教育

生活取向的学前儿童科学教育更关注与强调个性化的探究过程，活动目标的制定、活动内容的选择和规划、活动环境材料的提供以及活动评价的实施并不仅仅指向科学知识本身，而是更多关注和体现幼儿的全面、整体发展。生活取向的学前儿童科学教育以幼儿的日常生活经验为背景，在活动中将蕴含于学前儿童生活资源之中的有关科学知识经验渗透于一定的情境中，以联系生活、应用于问题解决的科学学习过程来发展儿童科学探究能力。生活取向的学前儿童科学教育更强调幼儿基于自身生活经验的自由探究，强调探究过程中的各种摸索、尝试与没有结果的探索，至于探究过程有无结果，结果是怎样的，则不被重视。其特点是强调科学学习的过程和活动的生成性。

由于生活取向的学前儿童科学教育更重视幼儿的个别差异，这类活动往往倾向于区角活动，在区角活动中幼儿可以更加自由地进行科学探究，不受时间的限制，并且幼儿可以选择自己喜欢的材料，按照自己喜欢的方式进行探究。但是教师要注意，这种对于区角活动的过分重视并不自然导致对幼儿个别差异的关注，以及幼儿探究的加强。有些幼儿园不同程度地缩减集体活动时间，一天中幼儿大部分时间在开展区角活动或户外活动，美其名曰让幼儿探究。但令人遗憾的是，许多幼儿并没有探究，更确切地说是在"游荡"，即使有探究，由于在区角活动中幼儿缺少分享与交流，教师缺少引导的提升与激发，幼儿此时的探究往往会流于表面。

第二节 学前儿童科学教育的途径

幼儿科学教育的实施途径

本书第二单元中提出，学前阶段幼儿科学教育的内容主要可以分为生命科学，物质科学，地球科学，科学、技术与工程四大类。这些学前儿童科学教育的内容需要通过具体的活动来呈现和落实，为此就需要相应的实施途径与方式。它可以是集体的形式，也可以是区角的形式，还可以渗透在一日生活的各个环节，甚至可以在家庭与社区中联合开展。

一、集体教学中的科学教育

（一）集体教学活动概述

随着课程游戏化的不断开展以及《3—6岁儿童学习与发展指南》的深入贯彻落实，教师及成人慢慢转变自身的儿童观与教育观，更关注儿童在游戏中的学习与发展。但是集体教学活动对于幼儿科学教育的实施开展仍然具有重要的意义和价值，依然是一种主要的、普遍的组织形式。

1. 科学集体教学活动的内涵

科学集体教学活动是教师根据幼儿科学教育的目标,有计划、有目的地选择课题内容,提供相应的材料,面向全体幼儿开展的科学探索活动。[1] 幼儿园"集体教学活动"是与"一日生活活动"和"活动区活动"相配合、共同构成幼儿园生活的一类活动。[2]

教师在有限的时间范围内,围绕某一科学现象或问题,组织幼儿通过自身的直接感知、实际操作、亲身体验探索统一的学习内容,以期在环节的不断推进过程中,促进幼儿经验、能力、情感等方面的发展和提升。

2. 科学集体教学的价值特点

冯晓霞在《〈3—6岁儿童学习与发展指南〉解读》中指出:集体教学具有高效、经济、公平,对幼儿学习和发展的引领性强、系统性强,可以形成学习共同体,培养集体感等优点。当然,这些优越性的发挥也建立在教学活动的内容能够与幼儿已有经验和兴趣建立良好联系、教师关注到幼儿之间的个体差异、遵循幼儿学习与发展的一般规律、合理编制内容顺序等方面的基础之上。[3]

总体而言,集体教学活动因为其具有的计划性和目的性,可以方便教师组织幼儿科学教育活动,通过教师的指导提高幼儿学习相应科学教育内容的效率,并且在集体教学这样的活动形式中也可以引发同伴之间的倾听交流与合作尝试。当然,教师在选择用集体教学这一形式开展活动的时候要基于儿童视角和幼儿需求进一步思考其他形式能否支持幼儿获得相关的经验、能力与情感提升,而不是随意地使用。

3. 科学集体教学活动的类型

学前儿童科学教育的内容涵盖面广,因而也有不同的分类方式。张俊根据不同的学习对象和学习方式区分出幼儿科学集体教学活动的四种典型类型:观察认识型活动、实验操作型活动、科学讨论型活动和技术操作型活动。[4] 王春燕、赵一仑等则从科学探究性学习活动中幼儿探究能力发展的实际出发,将学前儿童科学教育活动分为科学观察、操作实验、制作设计、谈话讨论四种基本活动类型。[5] 虽然学者们有不同的划分方式,但可以看出他们都是遵循了幼儿的学习兴趣与学习方式,为

---

[1] 张俊. 幼儿园科学教育. 北京:人民教育出版社,2004:154.
[2] 李季湄,冯晓霞.《3—6岁儿童学习与发展指南》解读. 北京:人民教育出版社,2013:264.
[3] 李季湄,冯晓霞.《3—6岁儿童学习与发展指南》解读. 北京:人民教育出版社,2013:265-266.
[4] 张俊. 幼儿园科学教育. 北京:人民教育出版社,2004:170-171.
[5] 王春燕,赵一仑. 学前儿童科学教育. 北京:高等教育出版社,2012:134.

幼儿科学探究经验、能力与素养的发展进行的活动类型划分。

(二)集体教学活动的设计与指导

一个集体教学活动的设计,在选择确定了活动内容之后,通常包括活动目标、活动准备和活动过程三个部分。如果需要对设计的活动进一步阐释说明,可以在开始部分增加"设计意图"的描述以表明活动的选择缘由,如是在某一个主题背景之下的活动,或是带有班级特色的活动等。而活动中的教师指导则需要根据幼儿在活动中出现的问题以及活动预设的目标来具体进行。活动的设计与指导应该用整体的视角去看待,不能一个个分开来看,各个部分或要素之间是相互关联、互相影响的。

1. 活动前的设计

(1) 活动内容的选择。活动内容的选择要从幼儿科学教育的广泛内容中选择适合幼儿年龄特点和发展需要的内容进行探索,并适宜教师用集体教学这一形式开展。在选择幼儿科学集体教学活动的内容时要注意以下几点。

一是切忌选题过大,不适宜在一个活动中完成。如在大班"哪里有洞"的科学活动中,教师不仅引导幼儿观察室内环境场地中的洞,像是插座的洞、瓶子的洞,引入绘本《我们身体里的"洞"》探索身上各种奇妙的洞,还去户外自然环境中寻找洞。显然,这样庞大的内容并不适合在一个集体教学活动中完成,可以分成多个课时以系列活动的方式完成。

二是要选择适合幼儿年龄特点,具有一定挑战性的内容。维果斯基提出的"最近发展区"是指在"儿童现有的独立解决问题的水平"和"通过成人或更有经验的同伴的帮助而能达到的潜在的发展水平"之间的区域。这个区间的内容对儿童来说是具有挑战性和吸引力的,也能够促进他们的深入探究与发展。例如,在大班"泡泡水小实验"的活动中,如果教师提供的是洗洁精、洗衣粉、肥皂、胶水等这些容易做出泡泡水的材料,对大班幼儿来说可能几分钟就能完成制作泡泡水的任务,缺少挑战性,不符合他们的年龄特点与需要。教师可以从材料提供上进行修改,提供水、量杯、胶水、洗洁精、醋、金属包装线、吸管等材料,请幼儿尝试调配不同种类的泡泡水,并用记录表记录自己的操作以及是否成功吹出泡泡的探索过程。[①] 从中我们也可以看到:同样的活动内容,通过教师材料提供的不同、目标难易程度的设置、环节流程的调整可以在不同年龄阶段进行开展,为幼儿从小班到大班纵向经验的发展提供支持。

---

① 金环. 孩子的科学:智慧在游戏中迸发. 杭州:浙江教育出版社,2016:142-143.

三是要选择适合用集体教学形式开展的内容。在幼儿园各类活动的开展过程中，教师可以根据活动自身的特点选择不同的方式开展，可以是集体的，也可以是小组的；可以在区域游戏中开展，也可以在生活活动中进行。例如，观察某种植物的生长过程，像玉米、向日葵等的生长过程因为其周期长，不容易在短时间内出现明显的生长变化，更适合在自然角或户外种植区中进行长线条式的观察记录。再比如，在"光与影"主题下教师请小朋友们去找一找影子、画一画影子、记录影子在一天不同时间段的变化，这样的活动就更适合以松散的组织在一日活动中通过游戏化、生活化的方式开展。

（2）活动目标的设计。在确定了活动内容后，教师就需要考虑设计集体教学活动的具体目标了。活动目标的制定可以参照《幼儿园教育指导纲要（试行）》和《3—6岁儿童学习与发展指南》中关于幼儿科学教育的总体目标，并且依据幼儿不同的年龄特点可从认知、能力、情感三个维度进行目标的预设。当然，这并不是说目标就是与这三方面一一对应的三条目标，也可以是整合某两方面的目标描述，用两个目标进行概括，具体来说要注意以下三点。

一是活动目标的制定必须结合具体的活动内容有针对性地提出，不能过于宽泛空洞，把总目标拿来就用。例如，在小班科学活动"泡泡乐园"中用"感知泡泡是圆形的，体验吹泡泡的乐趣"这样的目标描述就显得大了一些，没有聚焦于活动中幼儿可以利用金属包装线进行不同形状泡泡器的制作这一具体的操作行为，所以可以修改为"感知不同形状泡泡器吹出来的泡泡都是圆形的，体验吹泡泡的乐趣"。[①]

二是目标要具有可操作性和适当的灵活性，让其既能适应活动本身的开展需要，也能包容活动中幼儿可能出现的新想法与新情况等。例如，"运用多种感官仔细观察小草的特征，并能用自己的语言表达"就有较好的操作性与灵活性，为幼儿的多种体验与表达提供了支持。同时我们也应该认识到，活动目标不是一个固定不变的框架，而是可以随着活动的开展而变动和调整的。目标是科学活动的行动指南，但不能成为对活动的束缚。[②]

三是目标表述主体要统一，有的从教师角度描述，有的从幼儿视角说明，会造成目标上的主体混乱。例如，在"纸桥大力士"这一活动中，教师设计的目标有"知道改变纸的形状可以改变纸的承受力""让幼儿操作中记录比较实验结果，体验探索纸桥的快乐"。第一条目标是从幼儿的角度表述的，第二条目标则从教师的角度对幼儿提出探索的要求，会影响教师的活动指导与后续评价。

[①] 金环. 孩子的科学：智慧在游戏中迸发. 杭州：浙江教育出版社，2016：10.
[②] 张俊. 幼儿园科学教育. 北京：人民教育出版社，2004：160.

（3）活动准备的设计。集体教学活动的准备一般可以分为经验准备和物质准备。经验准备是指要考虑在这一活动开展之前幼儿是否有相关的经验，教师是否开展过相关的教育活动内容，或者是选择幼儿在生活中普遍能够接触观察到获得的经验，使活动的开展能够与幼儿的已有经验相联系，不至于产生经验上的脱节。对于教师来说，更应该了解将要开展的科学活动相关的科学知识与原理等，这样才能更好地指导和支持幼儿进行探究。

物质准备可以从材料和环境上进行思考设计。材料上，教师需要考虑材料与活动目标、环节过程的链接、材料的种类和数量、材料的安全性。首先，活动材料要与活动的目标、环节相联系，思考提供什么样的材料能够支持幼儿通过实际操作、亲身体验达到预设的活动目标。例如，在中班"迷迷转"活动中教师通过提供乒乓球（半个）、垫板、水杯、抹布、记号笔等材料让幼儿尝试在垫板上洒水后控制乒乓球在上面旋转起来，并通过在乒乓球内用记号笔增添花纹观察旋转后产生的变化。这既与活动目标"在操作中感受水让迷迷转转起来的神奇"相关，也给活动操作环节的递进——从让乒乓球转起来到增添图案观察旋转后的变化提供了支持。其次，要提供种类丰富和数量充足的材料，保证幼儿活动的操作需要。多种多样的材料可以为幼儿提供不一样的尝试体验，在自己的实际操作中去观察比较不同的现象和结果，而数量的充足为幼儿进行个别的单独操作奠定基础，当然需要小组合作的时候可以分组提供材料。比如在大班科学活动"旋转蝴蝶"中，教师为每一组幼儿提供了粗细不同的吸管、塑胶棒、铅笔、塑料管等辅助幼儿缠绕电线的工具，每种数量都有3—4根，幼儿可以通过自己的多次尝试选择适合自己的材料，同时也会发现不同的工具缠绕出的电线粗细和省力程度不同。最后是材料的安全性。学前儿童因为其身心发展不充分，需要成人的引导和保护，在活动中教师要保证材料和环境的安全性，让他们在具有安全感的氛围中探究学习。

环境方面需要考量的是空间布局与场地选择。我们常说要给予幼儿充分的空间进行探索，是因为空间会影响幼儿的科学操作与探究行为。集体教学活动开展时人数相对较多，有不同的材料供幼儿进行多样的观察、比较、操作、验证等，还有同伴之间、师幼之间的对话交流，这都需要给幼儿提供充足的空间。同时，教师要根据活动内容以及是否利于幼儿进行观察思考、交流表达等来思考活动场地是选择在室内还是室外、室内桌椅如何摆放、在空旷的操场上还是在小花园里等。

（4）活动过程的设计。集体教学活动的过程一般可以分为开始部分、展开部分和结束部分。开始部分主要是活动的导入，展开部分中教师通过问题的提出和任务的抛出引导幼儿去进行探索，活动的结束部分教师可以组织幼儿进行分享与展示，也可以根据幼儿活动中的表现进行小结与评价。

活动的导入可以是问题导入、情境导入、演示现象导入、儿歌故事导入等方式。问题导入是基于幼儿的已有经验和活动中核心指向的目标进行问题的设计，直截了当地点明活动的主题，让幼儿围绕活动核心进行问题的思考。例如，中班"各种各样的桥"活动中就以"之前我们参观了×××桥，你还记得它是什么样的吗？你还见过哪些桥？它们是什么样的？"这些问题进行导入，我们可以看到教师从引发幼儿回顾之前的参观经验切入活动，再慢慢扩展开来。情境导入时教师可以扮演某种角色，也可以创设某个小场景来吸引幼儿展开活动。例如小班"寻找色彩小精灵"活动中，教师以色彩小精灵的身份和孩子们交流提问："小朋友们，我是色彩小精灵，你知道我有哪些色彩宝贝吗？"演示现象一般是教师直接进行材料的操作，引发幼儿对现象的关注后请幼儿挑战新的任务。除此之外，教师还可以选择与活动相关的诗歌、故事、谜语等素材导入活动。

活动的展开主要通过问题的设计和任务的探索进行。教师设计的问题要以开放性问题为主，避免限制幼儿的思考，如"你发现了什么？""它是什么样的？有什么特点？""你有什么办法让它动起来/转起来/不掉下来？"等问题，可以引发幼儿观察并进行表达，在倾听同伴与教师的过程中丰富自己的经验和认知。教师在提出具体明确的探究任务后，就需要给幼儿充分的时间去操作了。而任务的提出也与教师的提问紧密相关，要基于幼儿的经验和水平提出适宜的问题。例如，中班科学活动"磁铁小人"中教师在演示导入后，用"在你们的桌子上也有小人和磁铁，请你们用这些材料想办法让小人动起来"这样的任务提出方式引发幼儿的具体探究行为。

活动结束部分的设计要体现活动的开放性和延续性，即让幼儿在活动结束以后依然有进一步探索体验的机会与空间。比如，师幼共同就活动内容进行交流评价，操作制作类的活动可以邀请幼儿展示自己的作品，可以延伸活动中的核心经验与要点，引导幼儿进一步探索等。

2. 活动中的指导

上文已提到，活动的设计与组织指导是相互影响、相互交织的。在具体的集体教学活动组织中，教师需要注意以下三点。

（1）观察分析。在集体教学活动开展的过程中，教师的指导建立在对幼儿的观察分析基础之上。观察的主要是幼儿的言行和情绪状态，包括幼儿说了什么，和同伴交流了什么内容，对材料的使用是否充分，是否紧密围绕教师之前提出的任务或问题进行操作，是否进行了多种尝试试误，是否遇到了困难，情绪表现是兴奋、平静还是焦虑、难过等。从这些外在的表现中，教师可以分析了解幼儿的内在心理，从而给予针对性的支持策略。

（2）个性支持。幼儿的发展具有个体差异性，在集体教学活动的过程中也有这样的表现。教师需要通过观察分析给予幼儿个性化的支持。教师在活动中可以是组织者、引导者，也可以是参与者、协同者。比如，同伴中有人找到可以解决探究问题的方法，教师可以引导其他幼儿去询问了解、观察他的操作方式；又或者幼儿因为多次尝试无果而灰心丧气、情绪低落，教师可以和幼儿一起来解决问题，让幼儿明白他有充分的时间来做尝试，可以用启发式提问，也可以进行提示，甚至可以是一定程度的示范。

（3）交流评价。师幼之间、幼幼之间的交流对活动的开展有着重要意义。教师要为幼儿创造一种轻松愉快的氛围，让他们敢说并喜欢说出自己的发现与感受。同时，教师的评价对于幼儿活动的进行也是一种指导策略。例如，在活动进行中教师利用语言或表情、动作等进行互动、暗示，都能让幼儿明白自己被教师所关注，肯定和鼓励幼儿的进一步探索。教师通过评价还可以对幼儿在一个环节或阶段中的表现进行小结，或对整个活动进行总结延伸，让幼儿体验科学探究活动的快乐，培养幼儿的自尊、自信和科学素养。

（三）科学集体教学活动案例

⊙小猫钓鱼（小班）

设计者：杭州市蓓蕾幼儿园　丁琼

活动目标

1. 初步感知塑料管经摩擦能吸起东西这一科学现象。
2. 体验静电现象带来的快乐。

活动准备

1. 蓝色卡纸，塑料笔若干，小筐，红、黄、蓝、绿四色电光纸大鱼和小鱼若干。
2. 布置成小池塘的桌子。

活动过程

1. 情境引入。

● 教师扮演猫妈妈引入情境。

——小猫咪们，你们看，那边有个小池塘。今天啊，猫妈妈带你们到池塘边去钓鱼吧。来，和猫妈妈一起围着小池塘找个位子坐下来。

● 猫妈妈钓鱼。

——小猫咪们，看看，你们知道这是什么吗？

——这不是一支普通的笔，它有魔法哦，它可以钓鱼。（教师出示笔，并将小筐放在自己面前）

● 教师先在自己面前撒一些小鱼，一边念一边摩擦笔，然后钓鱼。

——你们看，有几条小鱼游过来了。猫妈妈先来念一念魔法口诀：摩一摩、擦一擦，1234567，钓起来，钓起来。

2. 幼儿在情境中观察教师钓鱼。

——那猫妈妈再来试一试：摩一摩、擦一擦，1234567，钓起来，钓起来。

——你们看到了什么？

——猫妈妈是怎么把鱼钓起来的呢？你们还听到了什么？好的，那你们帮猫妈妈来念一念，一起试一试哦。

——对了，我们在钓鱼之前一定要给笔加点魔法，魔法口诀念完以后才能钓哦。哇，真的钓起来了，你们想不想来钓一钓呀？

3. 幼儿钓鱼。

——每人一根钓鱼竿，如果你们钓起了鱼，也把它放到鱼筐里吧。

——看，小鱼游过来了，许多小鱼游过来了。来，我们用魔法钓鱼竿钓鱼吧，把钓起来的鱼放到鱼筐里。

● 幼儿自由钓鱼，教师分次撒一些小鱼和大鱼。

——大鱼也能钓起来吗？要把大鱼也钓起来，我们该怎么做？

4. 幼儿回家，活动结束。

——小猫们，今天你们钓了这么多的鱼，鱼筐都快装满了，现在我们把这些鱼带回家吧。

案例分析

小班幼儿的科学探索活动更应该注重情境性和游戏性，让幼儿在轻松的氛围中引发其探索的兴趣。小猫钓鱼是孩子们相对熟悉的故事情境，教师在活动开始就用猫妈妈和小猫的角色带着幼儿围坐在布置成池塘的桌子旁，拉近师幼距离，建立更亲密的关系，也让幼儿可以更清晰地听到教师的话语，观察到教师的行动，从而在模仿中进行自己的操作和探索体验。

⊙ 种子的聚会（中班）

设计者： 杭州市蓓蕾幼儿园　许颖

活动目标

1. 知道豆豆就是种子，进一步感知豆豆的基本特征。

2. 在探索、分析与讨论中，感知豆豆的大小、数量与排列长短的关系。

活动准备

1. 人手一份豆豆（芸豆、黄豆、赤豆若干）。

2. 数字卡、点卡若干张，记录纸 2 份。

活动过程

1. 种子的秘密。

● 和幼儿一起讨论种子。

——种子是什么？豆豆是种子吗？

● 教师轮流到各组中去观察与倾听幼儿的表述。

——种子都是有生命的，所以我们在操作的时候需要爱护它们！

● 请幼儿摸一摸、看一看种子。

——种子长得怎么样？你知道它们的名字吗？

2. 种子的聚会。

● 按数取种子。

——现在请你们拿出和老师点卡上一样多的一种种子。

——你拿出的种子叫什么，有几颗呢？

● 幼儿第一次探索。

——看一看，比一比，你的种子和别人的种子，看上去一样多吗？发现了什么？

——请你给豆豆排排队，要一个紧挨着一个！

——你发现了什么？（教师巡回指导与提醒）

——为什么数量相同的豆豆，排的队伍不一样长呢？

● 教师小结：相同数量的豆豆，颗粒越小，排的队伍越短；颗粒越大，排的队伍越长。

● 幼儿第二次探索。

——每人再根据数字卡选择两种不同的种子进行比较（同一张记录表）。

——鼓励幼儿相互交流。

——提出要求：把你的两排种子排的一样长，你有什么新发现呢？

——为什么两排种子一样长，可是数量却不一样呢？

● 教师小结：感知大小不一样的豆豆，排列的长短相同时，数量不同。

3. 活动延伸：提供更多种类的豆子供幼儿在区域活动中再进行排队比较。

案例分析

这个活动的重点是让孩子们在看一看、摸一摸、排一排的过程中发现豆豆的种类、外形与数量、队伍长短的关系。为此，教师在活动中可以通过更多的追问和设问来引发孩子的思考，如"你的种子和别人的种子有什么不同""为什么一样多数量的种子，队伍不一样长呢""一样长的队伍，不同的种子有什么差别"等问题，这样的方式有助于拓展儿童的思考，同时让他们的操作更有目的性和指向性，进而培养幼儿在与豆豆的游戏中形成对生命的尊重。

⊙ 好玩的回形针（大班）

设计者：杭州市蓓蕾幼儿园　章孙龙

活动目标

1. 探索磁铁的特性，发现磁铁可以隔着物体发挥磁力的秘密。
2. 细致观察磁力现象的差别，大胆用语言和图示表达自己的发现。

活动准备

经验准备：有过玩磁铁的经历，知道磁铁可以吸住铁质的物品。

物质准备：磁铁若干，系着细线的回形针、白卡、彩色笔、白纸、记号笔等。

中班科学活动——磁铁小人

活动过程

1. 谈话导入，唤起已有经验。

● 出示磁铁，交流互动。

——这是什么？你玩过它吗？你有什么发现呢？

教师将幼儿的回答用简要的图示记录下来。

● 出示系着线的回形针和磁铁，引导幼儿猜测。

——我还给你们带来了一样东西，来看看是什么？

——你们刚才说了很多磁铁的秘密，现在我把回形针和磁铁放一起会怎么样？

——如果我让回形针和磁铁越来越近，但是又不碰到，猜猜看会发生什么呢？

● 幼儿大胆猜测，教师鼓励肯定。

——你们有这么多有意思的想法，现在请你们去试一试。

2. 幼儿第一次操作。

● 提出任务

——回形针不碰到磁铁，但可以不断地靠近，看看回形针会有哪些变化呢？

● 幼儿尝试，将系线的回形针放在磁铁边不同的位置，仔细观察变化，并将玩法和发现用简单的图示进行记录。

● 梳理幼儿的游戏方法。

——刚才你们有什么有趣的发现吗？谁愿意来分享？（引导幼儿用语言和图示

75

结合的方式表达自己的各种玩法和发现)

● 教师小结。

——原来不碰到回形针，磁铁也能有一种神奇的力，让回形针有各种有趣的变化。

3. 第二次操作探究。

● 再次抛出任务。

——磁铁的力量真神奇！那你觉得这种力量能挡住吗？可以用什么方法？

● 幼儿尝试用各种方法隔开磁铁与回形针，观察阻挡后回形针的状态。(如用书本、桌面、手掌等相隔)

● 分享孩子们的各种方法和发现。

教师用幼儿的发现作简单小结，结束活动。

案例分析

这个活动的重点是在幼儿已有的关于磁铁可以吸住铁质物品经验的基础上，进一步促进幼儿探索磁铁所具有的看不见的磁场和磁力，使幼儿发现可以不接触回形针却能够吸引它。这也是要用细线绑住回形针的原因，即更好地感受磁铁的磁力。

活动在唤起幼儿已有经验——多样探索回形针在磁铁不同距离位置下的现象变化——思考阻隔磁铁与回形针之间吸引的方法的线索中激发幼儿的探究兴趣，培养幼儿的观察实验和记录表达的能力。

科学集体活动和区域活动的关系

二、区角活动中的科学教育

(一) 区角活动概述

区角活动也可以称为"活动区活动"，因翻译不同，还有"区域活动"等叫法，它们在概念上都是相通的。相较于集体教学活动来说，区角活动的结构相对宽松，幼儿可以通过操作丰富多样的材料，在游戏化的形式中以个人或与同伴一起的方式进行自主的探究与学习。但同时，区角活动依然是一种教师有目的、有计划、有准备的活动组织形式。

1. **区角活动的内涵**

冯晓霞认为，区角活动是指教育者根据幼儿喜欢的活动材料和类型，把活动室空间分为不同区域，让幼儿自主选择活动区，在区域中与材料、环境、同伴积极互动而获得学习与发展。[①] 霍力岩、孙冬梅认为区角活动是教师根据教育目标为幼儿提供一定的活动空间和活动材料，幼儿在丰富的环境中进行自主的探索性活动和个性化学习。[②]

由此，我们可以把幼儿园科学区角活动定义为：教师根据幼儿的兴趣、年龄特点和身心发展需要，结合科学领域的发展目标创设相应的区域环境，提供丰富的活动材料供幼儿进行自主选择与操作探究的系列活动。

2. 区角活动的价值特点

区角活动作为幼儿园科学教育实施的一种途径，主要具有以下几方面特点。

（1）自主性。在区角活动中，幼儿可以独立自主地选择活动的内容、材料、同伴、玩法等，按照自身的意愿选择开展某个活动或是参与到同伴活动中去。活动中，幼儿还可以自己控制活动的时间，或是从一个区换到另一个区进行活动，避免了集体的、整齐划一的组织形式，结构更加松散。区角活动更多的是一种个别化的体验式操作与学习，而不是像集体教学活动那样有非常明确的预设目标。幼儿可以通过自己的操作去探索材料的自身特性、不同的组合方式以及玩法的多样性等，可以说是一种自发自主的科学学习。

（2）实践性。区角活动按照五大领域划分成不同的类型，无论哪一种类型都需要通过孩子具体的实践活动才能体现它的教育价值。科学区角活动在五大领域中的实践性尤为突出。科学是知识、过程，也是一种态度，其核心是探究。而孩子的科学探究就是需要在具体的实践中不断积累经验，增强自身的观察比较、实验操作、交流表达等科学能力来进行的。

（3）创造性。区角活动中教师主要通过投放不同的材料以及调整更替的方式促进幼儿的学习与发展，换言之就是教师将区角活动的目标与内容以具象的材料投放来影响幼儿的探究行为与过程。而在材料操作的过程中，对其多样化、扩展性操作，不局限于某一种操作方式或玩法就是幼儿创造性的一种表现。在科学区角中，幼儿随着经验水平的不断发展，自主地进行互动交流，让彼此的相关经验都得到进一步丰富和完善，从而进一步补充完善自己的活动内容，共同进行创造性的活动。在这样的过程中，幼儿还可以根据自己的想法和喜欢的方式来创新，表达和呈现自己探究过程中的发现和感受。

（4）交互性。区角活动中幼儿不仅可以与材料产生互动，更可以与同伴、教师产生同伴互动和师幼互动，因此具有很强的交互性。在与材料的互动中，幼儿可以

---

① 冯晓霞. 幼儿园课程. 北京：北京师范大学出版社，2001：259.
② 霍力岩，孙冬梅. 幼儿园课程开发与教师专业发展：比较研究的视角. 北京：教育科学出版社，2006.

感受其软硬、粗糙程度、粗细等外在属性，也可以在动手操作中发现其不同的使用方法。在探究的过程中幼儿也许会有惊喜的发现，他们希望能够与同伴、教师进行分享，希望有一个倾听的对象，让这种喜悦更加浓烈。他们也可能遇到自己一个人无法解决的问题，这个时候向同伴或教师寻求帮助进行交流成为一种解决问题的方式，而教师观察到幼儿的需要，适时介入支持成为推进幼儿在区角活动中学习与发展的重要因素。

正因为区角活动具有以上这些特点，区角活动的开展对于幼儿来说主要有以下价值：有利于幼儿个性及自主性的发展，有利于幼儿的人际交往与社会性水平的发展，有利于幼儿学习能力与品质的培养和发展等。

3. 区角活动的类型

幼儿园的科学区角按照场地空间和功能性主要分为以下两种类型。

（1）班级中的科学区角。幼儿园的班级活动室中都会按照不同的领域进行区角设置，科学区角则是围绕科学教育的内容，为幼儿创设的可以自由进行实验操作与科学探索的空间，它具有游戏性、趣味性和可操作性。科学区角可以是教师根据幼儿年龄特点从提供的教材中选择布置的，也可以是围绕某一科学现象或原理进行的日常性区角布置。除此之外，还有教师围绕开展的主题进行链接的主题性科学区角创设，延续某一集体教学活动内容的延伸性区角。

（2）科学专项室。科学专项室是供全园幼儿进行科学探究的环境，是具有专门功能性的活动室。科学专项室也可以说是放大了的活动区角。近几年，随着科学教育的不断发展和新思潮的影响，幼儿园也有越来越多关于儿童科学启蒙教育的科学专项室，通常称为"科学发现室"或"小小科学站"等，一般面积较大，设备和材料更为丰富，可以保证每个幼儿都有操作材料的机会。

（二）区角活动的设计与组织

无论是班级的科学区角还是专门的科学专项室，其设计与组织都主要围绕材料、空间、规则等方面来进行。当然，两种类型因为自身的特点和指向性在具体实践中有一些差异化的细节，下文中将结合案例进行说明。

1. 设计原则

（1）材料多样性。区角活动中要为幼儿提供自由的选择权，因此在材料的设计上要体现多样化。这不仅包括材料的种类，也包括其数量的充足。多样化的材料是幼儿自主操作学习的基础条件，他们可以在与多样材料互动的过程中获取丰富的科学经验。例如，在有关磁铁的区角游戏中，教师可以提供环形磁铁、条形磁铁、纽扣磁铁等多种类型的磁铁，让幼儿去探索磁铁可以吸住哪些物体，不能吸住哪些物体；不同的磁铁可以怎么玩；为什么磁铁要做成不同的外形。

（2）操作层次性。操作层次性是指投放的材料及幼儿可能进行的操作方式具有层次性、差异性，不是单一指向的，具有面向不同经验、能力水平的幼儿都能够尝试进行探究的可能性。比如，教师投放的自制拼图材料既有形状简单、数量少的，也有形状多样、数量多的，可以让幼儿根据对自我的预估进行挑选；又如，在以"汽车王国"为主题的科学发现室中，在汽车制作区中既提供各种盒子和现成车轴、车轮供幼儿制作基础的车，也提供纸碗、橡皮筋、橡皮泥等材料供幼儿制作会来回滚动的乌龟车，还提供电子积木模块和乐高零件供幼儿进行拼搭组装会亮灯、会鸣笛、可以开起来的电动积木车。

（3）时空开放性。在区角活动中，要注意活动时间和空间的开放性。区角活动的游戏时间一般会在半小时及以上，这样的时间安排较为充足，能够给幼儿充分的体验和探究提供基础，从而有所发现，建构属于自身的经验和能力的发展阶梯。此外，区角的空间布置需要在适宜的位置，这包括其本身所需要的空间面积大小以及与邻近区角的类型属性是否可以进行有效的连接。比如，在大班"光与影"主题下的"灯光设计师"区角，因为需要相对较暗的环境以便幼儿操作手电筒和彩色玻璃纸等材料，所以教师可以将其安排在远离窗口的位置，同时增加遮光布进行光线遮挡。又如在同一主题下的"光影剧场"区角旁可以设置美工区角，因为剧场中幼儿原本就会需要各种角色和场景的画片材料，两个区角相连更有利于幼儿操作和开展游戏。

2. 组织与指导要点

（1）建立常规与制度。区角活动具有较大的自由性和自主性，但一切自由都建立在规则之上，没有规则的自由就是放任自流，正所谓"没有规矩，不成方圆"。常规的建立对于教师开展各种活动有很大的意义和价值。在区角活动中，常规的建立包括活动前就某方面或几个问题进行讨论交流达成共识，活动中遵守约定与规则进行活动，活动后的材料整理与桌面、地面清洁等。

科学发现室作为专门的供幼儿进行探索的场馆、场地，还应该制定专门的使用规范与制度，安排专人负责，组织团队共同负责其日常管理与运行计划，如各个班级进入科学发现室活动的时间安排，使用后的整理要求与器材维护要求，科学发现室的学期核心主题确定以及阶段计划预设商讨，所需材料的购置投放以及区块的划分等。

（2）材料更替与更新。材料在区角活动中可以成为一种有效的隐性指导。为此，教师在进行材料投放时要注意及时更替和更新。科学区角中，幼儿一般会尝试通过动手操作来开展相应的探究活动，所以提供的材料中既要有可反复使用的材料，也要有容易消耗的材料。对于容易消耗的材料，教师要进行及时更替和增加，确保幼儿的活动不会因为缺少某种材料而中断或无法继续进行。

同时，当幼儿对某一科学区中的材料进行一段时间的操作后已经较为熟练，活动中教师通过观察可以明显地发觉其对幼儿不再具有挑战性时，就可以对材料进行更新——从材料操作的难易度、层次性上进行新增或替代，以使教师提供的材料能够让幼儿保持进一步探究的动机与兴趣，紧紧跟随幼儿的"最近发展区"，丰富幼儿的相关经验与能力水平。例如，"陀螺"这一内容在大、中、小班幼儿中都可以开展，但是提供的材料难易程度是有差别的。以大班幼儿为例，该活动更多地指向幼儿自己选择材料来制作陀螺，教师可以先提供瓶盖、光盘、胶水胶带、短木棒等材料。当幼儿对于使用这些材料制作陀螺较为熟练后，教师还可以提供新材料，如硬纸板、纸条、剪刀等引导幼儿尝试用更低结构的纸质材料来做陀螺并在制作中进行装饰，这样既给幼儿提出了新的挑战任务，也拓展了幼儿对于不同材料的使用体验和操作方法的了解。

（3）过程记录与表达。观察是有效指导的基础，区角活动中幼儿可以自主自由地选择内容和材料开展游戏，不同幼儿在一段游戏时间中有不同的选择和表现，教师需要对幼儿的活动过程进行观察。但是教师难以全面地观察到每一个孩子，因此引导幼儿自己进行区角活动的记录与表达就显得非常重要，要让幼儿将自己的探究过程用自己的方式进行记录留下痕迹。这样不仅可以促进幼儿更好地观察与思考自己的探索行为和结果，还有助于幼儿建构自身的科学经验，为教师活动后的分析解读提供素材和真实的依据。当然，对于不同年龄段的幼儿，记录与表达的要求也是不一样的，教师要给幼儿提供适宜的记录方式的支持，也要积极地、多维度地进行幼儿记录的解读与策略的推进。比如，对小班幼儿来说，提供的记录表应简单明了，以勾选或贴图等方式为主；对于中班幼儿来说，可以鼓励他们尝试用绘画的方式记录自己观察到的事物，记录图表可以有一些关键要素的安排；对于大班幼儿来说，可以激励他们综合运用图画、文字、符号、数字等来记录和表达自己发现的现象与变化情况，提供的记录表格可以更宽松，给幼儿自由表达的空间。

（4）师幼交流与评价。教师在区角活动中可以采用扫描观察、定点观察、追踪观察等方式，对活动中幼儿的探究行为及遇到问题或挑战时进行适当的建议、鼓励、说明等，并且可以在区角活动之后，采用图片或视频的方式和孩子们一起回顾刚才的游戏，就活动中幼儿的精彩表现进行鼓励表扬，对孩子们在其间遇到的问题或困惑进行师幼互动讨论、同伴团体交流，促进幼儿对自己遇到的问题进行较深入的思考与表达，促进幼儿自评与他评，从而更综合地看待自身的探究行为与方式，吸取他人提出的中肯意见。

（三）科学区角活动案例

下方所呈现的案例，均为主题下的具体区角活动，与主题具有更高的连接性。

⊙ 奇妙的转动（小班）

1. 好玩的转盘

——游戏材料：黑色 KT 板制成的不同形状板、网格三脚架、塑料管、颜料、电光纸、固体胶等。

——游戏价值：幼儿运用颜料、电光纸等材料装饰圆盘，在操作中观察圆盘转动带来的视觉效果，对转动带来的变化有持续探究的兴趣。

——观察重点：幼儿对圆盘的创意装饰，对不同形状转盘转动后现象的观察与表达。

2. 拉拉转

——游戏材料：大小形状不同的纽扣、雪花片、光盘若干，绸带、细绳、剪刀等。

——游戏价值：幼儿能够自选材料进行拉拉转玩具的制作，并尝试比较不同材料制作的拉拉转的区别。

——观察重点：幼儿在制作过程中遇到的问题与操作情况，引导幼儿观察和比较不同材料的区别。

⊙ 花园里有什么（中班）

1. 小花园

——游戏材料：各种植物；小喷壶、小铲子、小铁锹等植物角养护工具；放大镜、语音放大镜、问题瓶、问题纸条、记号笔等。

——游戏价值：能够自选工具对小花园里的植物进行简单养护，观察并记录植物的生长情况；能够根据自己的观察发现提出自己的疑问并记录下来，与同伴和教师进行探讨学习。

——观察重点：幼儿在游戏中观察、记录以及表达能力的发展，对植物日常养护基本能力的观察。

2. 花园工坊

——游戏材料：树叶、花瓣、松果等自然材料，书签压制器、厚书、石头、彩色纸、剪刀等。

——游戏价值：幼儿在游戏中自由选择自然材料制作花瓣、树叶等的书签，装饰自己想制作的卡片等，感受制作的乐趣。

——观察重点：幼儿对游戏材料的选择与使用以及同伴之间的交流。

3. 花园里有香气

——游戏材料：薰衣草、玫瑰、艾叶等具有香味的植物，研磨器、木捣臼等。

——游戏价值：幼儿在游戏操作过程中逐渐认识各种具有香味的自然材料，激发视觉、嗅觉和触觉等多样的感知觉；提高动手制作的能力，尝试自己制作香味瓶或香袋并开展售卖角色游戏等。

——观察重点：幼儿在游戏中对自然材料的观察和认识的方法；幼儿动手操作能力的发展。

⊙ 光与影（大班）

1. 光影实验室

——游戏材料：手电筒、黑卡画片、塑封纸画片、粉笔、镜子、彩色玻璃纸等。

——游戏价值：幼儿在利用手电筒照出不同画片的过程中进行观察比较，感受物体与光源、影子成像之间的关系，以及在镜面上的反射现象等。

——观察重点：观察幼儿在游戏中的探索性和合作能力等。

2. 光影小剧场

——游戏材料：手电筒、黑卡画片、塑封纸画片、粉笔、彩色玻璃纸、亚克力片等。

——游戏价值：幼儿在不断发展自己关于光与影的相关经验基础上，综合利用多种材料道具设计配音、动作、光线色彩变化等，进行有情节的表演，进一步丰富和巩固幼儿对于光影的相关经验。

——观察重点：观察幼儿在游戏中的观察能力和探索能力，以及游戏的持续性和坚持性。

3. 光影工厂

——游戏材料：塑封纸、黑卡纸、蜡笔、水彩笔、记号笔、彩色玻璃纸、亚克力片等。

——游戏价值：幼儿根据自己或同伴的需要，选择适合的材料制作相应的画片，为光影剧场的表演提供材料道具，共同合作解决问题。

——观察重点：观察幼儿在制作画片时的精细度和美观度以及与同伴的交流方式等。

⊙ 主题式科学工作坊"汽车王国"

"汽车王国"主要由三大区域组成，分别是汽车展览馆、汽车制作馆、汽车创游馆。这三大区域紧紧围绕"汽车"展开，三大区域层层递进，相互联系。

1. 汽车展览馆

目的在于了解车的不同种类，车的主要结构：车身、车轮、车轴。

和幼儿一起收集各种他们感兴趣的成品玩具汽车，还有不同的车轮、车身、车轴等，丰富幼儿对汽车的认识。除此之外，提供了一些拼装车供幼儿根据对车的基本构造的了解来进行拼搭活动。为了满足不同幼儿的需求，鼓励幼儿用各种各样的材料，如纸泥、电线等供幼儿设计、创造自己喜欢的车。

2. 汽车制作馆

在了解汽车的基本构造后，根据模型利用各种材料以模仿或创造的方式制作幼儿喜欢的车辆。这个区块也是工作坊的核心区域，由制作区和电子模块区组成。

制作区主要提供各种低结构材料，幼儿通过模仿、创造等方式制作一辆会开的车。在这个区域还提供万能工匠的材料，幼儿也可以用来制作车辆。

电子模块区域里有很多带有电子模块的积木，幼儿可以用积木搭汽车，并在搭好的汽车上加上一个或多个喜欢的电子模块，有声控的、光控的、红外线的等。除了用积木搭的车来加模块，制作区里用低结构材料做的小车也将运送到这里添加新的模块，让制作好的小车变得更有趣。

3. 汽车创游馆

在这个区域里，幼儿可以开一开、玩一玩自己的小车，探索小车开动的秘密，分析、思考成功或不成功的原因。也可以将车运送到二楼自己搭建的停车场让车休息一下。还可以拼搭喜欢的马路，让车到各地去旅行，感受不同路面、不同坡度对车的影响。

三、生活中的科学教育

人类的一切活动都是为了"生活"，教育也不例外。因此，生活是教育的基础，也是教育的载体，一切教育活动都是在生活中进行的，生活即教育，教育即生活。我们常说：生活中处处有科学，时时有科学，科学无处不在，无时不有，从我们居住的房屋，使用的水电、煤气到出行的飞机、轮船、火车；从自然界的土壤、岩石、山川河流、花草树木、鸟兽虫鱼到天空中的太阳、月亮和星星，甚至是遥远的太空、深藏地底的化石……我们生活在科学

偶发性科学活动的含义和特点

的世界里，我们的周围充满科学。那么，什么是生活中的科学教育呢？它是随着幼儿园教育组织形式和方法的不断分化而逐渐形成的，当我们人为地把幼儿的一日生活分为学习、游戏和生活后，那么生活中的科学教育特指幼儿在幼儿园的一日生活中，教师在专门组织的集体教学和游戏活动之外，支持和引导幼儿共同开展的科学活动。一般而言，可以将一日生活概括为：入园、盥洗、进餐、饮水、如厕、自由活动、午睡和离园这八大环节。

（一）生活中科学教育的特点

生活中的科学教育，顾名思义就是在生活中进行的科学教育，在真实的生活情境中和生活紧密联系是其最重要的特征。和教师专门组织的集体教学和游戏活动相比，幼儿一日生活中的科学教育无论是从目的性和计划性上，还是从组织形式、组织时间上都更加灵活自由。

1. 更加真实与自然

相比教师专门组织和创设的集体教学和游戏活动而言，生活中的科学教育是幼儿在一日生活中发现和发生的真实问题。因此，从目的性和计划性上来说，生活中的科学教育的目的性和计划性往往较弱，有的目标比较宽泛和笼统，例如晨间来园的幼儿对植物角的照顾和观察，这一活动甚至没有目标和计划，因为它是偶然发生的。又如餐后散步发现一只蜗牛、一条蚯蚓……

2. 更加灵活和多样

对于集体和专门的教学和游戏活动来说，教师往往会通过集体和小组的方式进行，在教师的设计下有一定的过程和结构，面向的是全体幼儿。而生活中的科学教育的形式则更加灵活，既可以是全班一起参与的远足，也可以是部分幼儿参与的对某一事物的观察和讨论，还可以根据幼儿兴趣三三两两地自由组合在一起进行某一活动。

3. 更加自由和自主

生活中的科学教育，从时间上来说，跨越了幼儿一日生活的所有时间，涵盖了幼儿一日生活的各个环节。比如，可能是洗手时水龙头流出的水流大小引起了孩子们的注意，也可能是不同洗手液产生的泡泡不同让孩子们惊奇不已。为什么有的小朋友手上的"脏东西"洗不掉也可能成为孩子们探究的问题。因此，相对于教师专门组织的集体和游戏活动，生活中的科学教育更加自由和自主，既没有固定的时间，也没有固定的内容，随时随地都会发生，也都能发生。

（二）生活中科学教育的问题

生活中科学教育和教师专门组织的集体和游戏活动，是幼儿科学教育必不可少的途径，它从幼儿的生活中来，从幼儿的兴趣中来，也更贴近幼儿，适合幼儿，如果我们能充分利用这些日常生活中的教育契机，这些"潜移默化"的教育对幼儿发展的影响将更加深远。但在当前的幼儿园实践中，生活中的科学教育也存在一些问题。

1. 迷失在琐碎中，缺乏科学的敏感度

在幼儿在园的一日活动中，我们所谓的生活环节占据了其活动时间的50%以上，同时它琐碎、零散，更加个别化。因此，它也占据了教师一日活动组织和安排的大量时间和精力。很多教师往往迷失在这些琐碎和繁杂中，看到的是孩子们层出不穷的麻烦和问题，而不是随机教育的契机和资源，缺乏对生活科学教育的敏感度。例如，同样是发现幼儿洗手时不断摆弄水龙头来调节水流大小这件事，在对生活中科学教育具有高度敏感性的教师眼中，它是幼儿充分观察对比、操作实验的探究过程；而在缺乏敏感度的教师眼中，它可能是幼儿玩水弄湿衣物和地面，给老师和保育员带来的麻烦。因而，能否时刻留心生活中的科学教育契机，是否对生活中科学教育资源保持高度的敏感性是影响生活中科学教育的重要因素，而当教师深陷"生活的琐碎"之中，缺乏敏感性，自然也就不能充分认识生活中科学教育的价值和意义了。

2. 更加重视集体教学，忽视生活中的科学

生活中科学教育的内容取材广泛，常常是在教师没有计划的情况下发生的，时间、地点不定，随机性很强。因而，在部分教师眼中，相对于有目的、有计划的集体性教学和游戏活动而言，其指导起来要求较高，也不容易操作和掌控。在实践中出现了很多教师更加重视集体性的科学活动，忽视或忽略幼儿生活中的科学教育的情况。

3. 把随机当随意，缺少深度的思考

正是因为一日生活中科学教育的灵活和随机，它不仅要求教师能感知和发现幼儿自主探究的契机，同时还要求教师能基于具体情境和幼儿经验水平给予灵活的、个性化的支持和引导，而这对教师的专业素养提出了更高要求。在具体实践中，我们经常发现：有的教师发现了这样的教育契机，却不知道怎么支持，有时会因为其他"更重要的事"打断幼儿的探究，有时一不小心将其变成了"科普讲授"，更多时候却是简单回应但不能启发幼儿进一步的有意义的探究，将随机教育变成了"随

意"教育。有的教师表示：虽然非常希望能将幼儿生活中的教育契机与班级主题活动、区角活动和集体教学活动进行有机融合，帮助幼儿进行有意义的学习，但真正遇到了，却还是有力不从心之感，往往只能从探究内容上进行简单的拼凑，却很难从幼儿经验发展和能力水平上进行有效衔接，缺少对生活中科学教育的支持策略和有效方法。孩子们的探究也往往浅尝辄止、蜻蜓点水，缺乏深度学习与思考。

（三）生活中科学教育的组织和实施

那么，教师怎样才能提高自身对生活中科学教育的敏感度，抓住幼儿生活中科学教育的契机，为幼儿的深度学习和有意义探究提供支持和帮助呢？

1. 把握生活中科学教育的理念和原则

（1）生活中处处有科学。孩子的生活是丰富多彩的，他们对自然、对周围的一切充满好奇和探究的欲望。草地上成群的蚂蚁，花园里爬过的蜗牛，它们吃什么？怎么寻找食物？还有操场边的果树、新开的花朵，他们在生活中看到的、听到的、触摸到的都可能成为科学教育最好的素材，因此，我们要时刻关注孩子们生活中这些突发的疑问和问题，带着"生活中处处有科学"的理念去理解和支持孩子们的探究活动。但要注意的是：教师在引导时，应该尊重幼儿的兴趣需要和年龄特点，去选择一些孩子可以理解的内容进行深入引导。因为虽然生活中处处有科学，但并非所有的内容适合所有的孩子。

（2）让儿童自主探究。生活中的科学往往是从幼儿的兴趣中来，这天生的兴趣和探究欲望在教师适当的引导下会呈现令人惊奇的"效果"，而这也是教师在科学教育中追求和关注的。但要特别注意的是：虽然生活中的科学具有意想不到的价值，但是教师在引导时还是要充分尊重幼儿的自主意识，以幼儿的自主探索为主，不能将"幼儿的兴趣"变成"教师个人的兴趣"，变成完全由教师主导的探索。如果教师觉得幼儿的探索内容确实很有价值，可以做进一步的探索，可以提供一些探索的工具和材料，或是建议幼儿将探索延伸到教室里进行，但必须要以幼儿的兴趣为主，不必太刻意追求一个结果，要在继续保持和激发儿童对探究内容兴趣的基础上，让其感受和体验科学探究带来的乐趣。

（3）把科学变成好玩的游戏。游戏是儿童生活中的重要组成部分，也是儿童学习和探索世界的重要方法。我们倡导"把科学变成好玩的游戏"，是指儿童的科学探究应以游戏的方式进行，切忌"灌输式"教育。生活中的科学教育更是如此，它往往在幼儿的自主游戏和自主生活环节发生，本身所处的情境就是轻松、愉快和游戏化的。因而，教师在引导和支持幼儿进行探究时，应充分尊重和延续这样的氛围，让孩子在游戏中快乐探索、保持其探究兴趣，激发其创造力，生成新的探究活动。

2. 掌握生活中科学教育的策略和方法

在遵守生活中科学教育的一般理念和原则的基础上，我们还需要掌握一定的策略和方法，具体有以下三点。

（1）做好随时观察、发现和了解的心理准备。因为一日生活中科学教育具有随机性，所以其发生的时间和地点也不确定，因此，教师要做好随时观察和发现的心理准备。

首先，做好易发时间和事件的心理预测。生活中，科学教育的发生多数是在幼儿自由活动时，因此，虽然时间和地点不确定，但教师可以基于自身对本班幼儿的了解，对一日生活各个环节中科学教育发生契机的频率进行简单预估。例如，晨间来园、餐后散步和户外自主活动是幼儿一日生活中拥有自由时间相对较长的环节，其发生科学教育的契机也相对较大。而相对于室内活动而言，幼儿在户外发生自主探究的机会也更大。特别是具有良好自然环境的幼儿园，幼儿在户外会有更多观察、发现和探究的机会。

其次，做好易发状态的心理预判。当幼儿对周围的环境和事物产生兴趣时，会有一定的行为表现。作为班级教师，不仅需要时刻关注幼儿的一切活动，观察和了解他们在做什么、说什么，还要能对其行为进行一定的分辨和预判。当幼儿发出惊叹，或三三两两长时间围在一起不愿意离开，或因为意见不同发生争执，特别是当有幼儿一个人蹲在角落，对周围其他事物"漠不关心"时，可能探究正在发生，教师要予以特别关注。

最后，做好突发状况的发现准备。在幼儿一日生活中，幼儿进行生活活动时，往往也是教师"最忙"的时候，因为他要眼观六路、耳听八方，尽可能让班级的每个孩子都在自己的视线里，了解每个孩子的状况。例如，幼儿盥洗时，教师既要了解幼儿在盥洗室的情况，还要随时准备处理留在活动室的幼儿可能出现的矛盾和冲突。特别是在户外自由活动时，幼儿可能分布在幼儿园的各个角落，教师时时刻刻心系幼儿的安全问题，因此，很多教师会产生"不是我不想关注，是我根本没时间关注"的烦恼。这是幼儿园教育的特点，也是幼儿教师日常工作的状态，教师时刻处于"紧张"状态，也随时做好不断处理孩子们出现的各种冲突和矛盾的准备。但这些突发状况，除了安全问题外，有时也隐含着孩子们科学教育的契机。特别是大年龄段的孩子，他们的很多冲突可能不再是争"东西"、争"场地"，而是争"观点"。因此，如果发现孩子们有了冲突或是当某个孩子跑来向老师报告谁和谁吵起来，谁抢了自己先发现的什么东西时，教师要耐心倾听，了解冲突的情况，最好能随幼儿到事发地点实地"勘察",以便清晰地了解事件过程,为事件的处理和教育幼儿做出正确判断。

(2) 把握适时介入和支持的契机。发现和了解幼儿的行为后,如何进行适当的支持和引导成为教育的重点。是不是幼儿所有的兴趣和探究行为都需要教师的支持?在什么情况下需要教师的介入?教师介入后如何支持?这些都需要教师做到心中有数。

并非所有生活中的探究活动都需要教师的介入,当教师发现幼儿有了探究行为后,不必急于参与其中,可以先仔细观察,深入了解情况,在此基础上根据幼儿的言行做出是否介入支持的判断。当探究活动出现以下情况时,需要教师的介入支持。

第一,幼儿主动寻求支持。有的幼儿在发现新奇的事物或现象时,非常兴奋,也很希望能与他人分享和交流。"老师,老师,我在那边发现了一个'果子',它……""老师,老师,这边有一个很奇怪的东西……",他们会主动向教师"报告",主动介绍自己的发现。在这种情况下,教师可以表现出惊奇,让幼儿知道他们的发现真的很有趣,还可以和幼儿一起观察一下,提出一些启发性的问题,如"你在哪里发现的""它是什么样子""它可能发生了什么事"等,并根据发现做一些针对性的引导,支持幼儿的进一步探索和发现。

第二,幼儿之间产生争执。日常生活中的科学教育是幼儿生活中最直接的经历,幼儿往往对其有比较丰富的粗浅经验,因而也很容易产生"争执"。例如,餐后散步时,孩子们在花园里发现了一只没有壳的"蜗牛","哎呀,小蜗牛的房子掉了,它肯定很伤心,"妍妍说。可是,立刻有小朋友不同意了,"这不是蜗牛,这是鼻涕虫"。"不对,这就是没有壳的蜗牛"……究竟是没有壳的蜗牛,还是鼻涕虫,孩子们争论不休。而这时,就需要教师通过适当的方法,或是进行集体教学活动的引导,或是支持幼儿的日常调查等各种方法支持幼儿的进一步探究。

第三,探究过程中出现困难,难以深入。在幼儿的自主探究中总会遇到各种各样的困难和问题,这些问题和困难如果不能得到支持和解决,不仅会直接影响幼儿的探究兴趣和欲望,还会让幼儿的探究活动不能继续,更加不用说深入发展和产生新的探究活动了。因此,当发现幼儿在探究过程中出现困难时,教师一方面可以询问幼儿遇到了什么问题,另一方面可以通过提供材料和方法,甚至是和他们一起探究,帮助幼儿解决问题,使探究活动能继续开展和深入下去。

第四,幼儿有了成功的发现。这时教师也可以和他们一起分享,肯定他们的努力,还可以通过集体分享、展示和介绍的方法,让幼儿充分感受探究带来的乐趣。总之,教师的介入和支持一定是基于幼儿需要,同时能推动幼儿探究发展的。

四、家庭和社区中的科学教育

家庭教育是一切教育的起点，是幼儿生长的重要环境，是其生命中不可替代的重要部分。而社区作为一定地域范围内人们所组成的社会共同生活体，不仅扩大了幼儿园科学教育的地域和人力范围，同时也是幼儿跨出家庭、走出幼儿园，面向更广阔世界的重要场所。因此，幼儿园利用家庭和社区资源进行科学教育，与家庭、社区合作共同开展科学教育，不仅能为幼儿的科学探究提供丰富的资源，同时也有利于形成全社会共同关注幼儿科学教育的良好氛围，为幼儿科学素养的提升提供助力。

（一）家庭中的幼儿科学教育

家长和孩子们一起走进自然，探索周围世界和生活中的事物和现象，不仅能激发幼儿的探究兴趣和欲望，还能帮助幼儿健康、科学地生活。

1. 家庭中幼儿科学教育的特点

（1）个别化。和幼儿园一对多的教育方式相比，家庭教育更多的是一对一或多对一。特别是独生子女家庭，家长有更多时间和机会对孩子进行一对一、面对面的共同探索和指导。与此同时，家长每天都和孩子生活在一起，更加了解孩子的兴趣和爱好，孩子在生活中也能更加自由和轻松地向家长提出自己的问题和疑问，而家长也能基于孩子独特的兴趣和问题进行有针对性的指导，培养孩子的科学兴趣和科学能力。

（2）灵活和随机。灵活和随机是指家庭中科学教育的开展可以随时随地，内容、形式、时间和地点都不受限制。家长和孩子在生活中经常会碰到各种各样的问题，如做饭时的面粉和水的比例问题、关门时的用力大小问题、睡觉时的影子变化问题等，这些问题或多或少都与科学探究有关，父母可以根据幼儿兴趣和需要，以问题发生的情境为契机，灵活机动地开展科学教育。

（3）持久和连续。家庭中科学教育的实施场所就是家庭，而家长和孩子之间的科学探究往往是在有意和无意、自觉和不自觉之间进行的。因此，和幼儿园有计划、有目的、主题式的科学教育相比，其持续的时间可能会更长，并且可能会随着时间的积累，逐渐形成一种"科学"的家庭氛围，会对家庭的几代人产生影响。

（4）潜移默化的感染力。最后，父母与孩子之间的血缘关系是与生俱来的，父母和其他家庭成员的每一种情绪变化，都会对幼儿产生重要影响，而家庭中的科学教育是家长和幼儿在家庭日常生活中随机和灵活展开的，它既是儿童生活的重要组成部分，也是幼儿科学教育的过程，这就决定了科学教育的影响是潜移默化的，并且这种影响是与儿童的身心发展特点和规律相适应的，因此，家庭中的科学教育适合通过家长和孩子之间的相互感染来实现。

2. 家庭中幼儿科学教育的指导

家庭是儿童最开始接触科学教育的园地，儿童在家庭中形成的科学经验和探究能力是幼儿园乃至学校科学教育的重要基础。因此，在幼儿园科学教育中，教师不仅要充分认识家庭教育的重要性，充分利用好家庭科学教育的资源，还应该基于了解，为幼儿家庭科学教育提供资源和适当的支持与指导，使家庭和幼儿园形成合力，共同为幼儿科学素养的培养奠定基础。

（1）让家长了解幼儿科学教育的特点。学前儿童的很多科学知识和经验都来源于家庭日常生活中的非正规学习，但多数家长不了解幼儿科学教育的特点，或是将幼儿科学教育与小学的科学课画等号，或是将"科学"与高深的科学原理和概念、精密的科学仪器联系在一起，还有的家长虽然有幼儿科学教育的理念，但却缺乏与幼儿有效互动的策略和方法。因此，教师在支持家长开展家庭科学教育的时候，一方面需要通过多种方式和途径帮助家长了解幼儿科学教育的特点，另一方面还需要为其提供指导幼儿科学教育的有效方法和策略。例如，在进行幼儿园科学教育活动的设计时，有机结合幼儿在家庭日常生活中常见的现象和事物，如种植活动、光影探索、沙水游戏等，让家长体验到他们最平常的生活中蕴含着无限的幼儿科学教育契机。还可以通过班级群、现场家长会和一些参与性比较强的活动，帮助家长掌握一些指导幼儿科学教育的方法。如"幼儿园科学亲子游园会"，在特定的时间，请幼儿和家长共同参与幼儿在幼儿园常玩的、喜欢玩的科学游戏，不仅能帮助家长了解幼儿所学的科学知识，还能通过一些现场互动和指导要点提示，帮助家长更好地与幼儿互动。让家长在充分了解和理解幼儿园科学教育的基础上，帮助家长消除对科学的"恐惧和困惑"，让他们意识到家庭中科学教育的重要性，自己也拥有大量的科学知识，可以很好地支持和引导幼儿的科学探究。

（2）延伸幼儿园探究支持家庭科学教育。教师还可以通过家庭作业的方式延伸幼儿在幼儿园的科学探究活动，使家长和幼儿在幼儿园一起参与和支持幼儿的科学学习。例如，大班开展"旋转王国"主题活动时，教师和孩子们一起讨论和搜集自己知道的旋转玩具，并邀请家长和孩子们一起在家制作会旋转的玩具，通过这样的"家庭作业"，不仅大大拓展了孩子们对"旋转"的知识经验，突破了"旋转和陀螺"的固有思维，还让家长和幼儿在共同制作风车/纸杯风扇/拉拉转等玩具的过程中，感受科学制作的乐趣，体验幼儿园科学教育活动的趣味性。在进行"小农场"

种植活动的时候，请家长和幼儿一起选择自己喜欢的植物进行家庭种植，并随时记录和分享自己的种植发现和问题，通过幼儿园观察记录和家庭观察发现的互动和互补，不仅有机弥补了幼儿园种植活动缺乏"个性化"的问题，也为家庭种植中家长如何支持和引导幼儿的观察和发现提供了具体的、可操作的方法和策略。

（3）提供亲子资源助力家庭科学教育。还可以提供一些适合家庭开展的亲子科学教育资源，支持家长和幼儿的共同探究。例如，幼儿园可以提供一些科学小游戏资源包，资源包里有游戏材料、介绍操作方法的亲子游戏单，家长可以根据幼儿兴趣借用资源包回家和孩子共同探究，并且可以记录游戏过程，供幼儿带回幼儿园分享交流。这样的资源提供，不仅为家庭开展高质量的科学教育提供支持，同时也是幼儿园开发和实施适宜幼儿需要和发展的科学教育的重要抓手，不仅增强了家庭和幼儿园间的教育沟通，也是幼儿园和家长形成合力，共同培养幼儿科学素养的重要途径。当然，除了可以操作的资源包，教师还可以通过微信班级群等线上途径，为家长推荐优秀的科学知识类图画书、有趣的科学活动视频等，让幼儿和家长有机会接触和获得更丰富的科学教育资源，为家庭科学教育活动的开展提供资源和方法的支持。

（二）社区中的幼儿科学教育

社区是社会学的专业名词，在我们的日常生活中被广泛运用。当说到社区时，可能大家脑中立刻会浮现出"×××社区委员会"或是"×××街道"。在我国，由于社区工作的开展多数与政府行政职能部门相关，因此，社区与政府行政区的划分有着紧密的联系。但事实上，社区是聚居在一定地域范围内的人们所组成的社会生活共同体，其范围比较灵活，可大可小，大到一座城市，小到一个街道，甚至是一个居委会所在区域都可以看成一个微型社区。在这里，我们遵从大家原有的"社区"概念，将"社区"默认为幼儿园和幼儿家庭所在"街道"或"社区委员会"管辖的区域。

当前，幼儿园和社区合作共育成为幼教领域共同关注的问题，幼儿园的科学教育也逐渐走向社区，将社区资源作为幼儿园科学教育的有益补充。特别是近来非常受欢迎的"博物馆课程"，是幼儿园充分利用社区资源，将之纳入幼儿园课程的有效尝试。社区资源的有效利用，为幼儿提供了与真实世界互动的机会，让幼儿在与自然、与社会的充分互动中，获得对自然现象、现代科技和生命的真实体验。

1. 社区中的幼儿科学教育资源

社区中蕴含着丰富的幼儿科学教育资源，无论是物质资源还是人力资源，都可以成为幼儿园科学教育的素材。同时，物质资源和人力资源又有很多不同类别，且各具特点，并具有独特价值。

（1）物质资源。社区物质资源按其不同属性，可分为自然环境资源、设施设备资源。其中，自然环境资源是指山川、河流、森林、草地等。设施设备资源包括专业的场馆，如博物馆；社会公共设施，如医院、消防队等；行政机构，如居委会、派出所等以及一些科技公司和企业等。这些物质资源的有效利用，不仅能弥补幼儿园科学教育设备的不足，同时也能让幼儿更加真实地感受科学和生活之间的关系。例如，孩子们在喝牛奶的时候，对牛奶究竟是怎么来的产生了浓厚的兴趣，而幼儿园附近刚好有一个奶牛场，于是，幼儿园和奶牛场联系，组织孩子们去参观，让孩子们亲手挤一挤牛奶，了解牛奶的制作过程，通过现场实践去寻求问题的答案。

（2）人力资源。社区中的人力资源包括社区中的一些专业人士，如专业特长人员和专业科技人员，还有一些从事特殊职业的人员，以及一些热心的退休人员等，他们都是幼儿园科学教育中可以利用的人力资源。例如，幼儿园大班的孩子们正在尝试做一把会转动的伞，他们遇到了很多问题，也进行了很多探索。而小区的便民服务系统中有一位修鞋修伞的师傅，虽然他不是专业制伞人员，但在长期的修理过程中，积累了大量与伞制作有关的知识和经验。于是，幼儿园和师傅进行联系，带孩子们一起去参观师傅的修理铺，观看了师傅的修伞过程，并请师傅和孩子们互动。回到幼儿园后，孩子们表示：虽然师傅的普通话不标准，但还是解决了他们在制伞过程中遇到的很多问题。

2. 社区中幼儿科学教育的形式

幼儿园利用社区资源进行科学教育的类型分为走出去和请进来两种，走出去的活动多以参观和游览自然环境和机构设施为主，而请进来的活动则以教师利用社区的人力资源，获取一些知识和信息，丰富幼儿和教师的知识和技能为主。

（1）走出去——参观游览。参观游览是幼儿园利用社区资源的重要形式，但需要注意的是，带有探究性质的"参观游览"与传统意义上的"春游""秋游"等以休闲娱乐为主的活动组织是不同的。虽然它们都涉及活动计划和人员安排等诸多问题，但带有探究性质的"参观游览"一般都有明确的主题，参观地点多与幼儿将要探究的主题或正在探究的主题密切相关。与此同时，无论是活动前、活动中还是活动后，教师都会围绕参观场所进行有目的、有意识的提问或任务引导。

（2）请进来——信息输送。幼儿园引入社区资源支持幼儿科学教育的方式主要有两种，一种是利用社区的人力资源，帮助教师和幼儿获得与探究有关的知识和技能，如邀请社区卫生所的医生为教师进行健康知识培训，和孩子们一起探讨"健康饮食"和"适度锻炼",请社区工作人员给孩子们进行环境保护的宣传,等等。当然,社区中的五金店主可以成为幼儿园木工坊的工具师傅,河流的清洁人员可以为孩子们讲解河流的历史和如何保护河流。还有一种方式是社区物质资源进入幼儿园,支持幼儿园的科学探究。例如,开展"消防车"主题时,请社区消防大队将消防车开进幼儿园供幼儿探索;开展"会动的小人"主题时,可以和社区的科技公司合作,在幼儿园举办一场"会动的小人"展览,共同激发幼儿的探究兴趣。

3. 社区中幼儿科学教育的策略

(1) 强化沟通,分类梳理社区资源。虽然社区中有着丰富的科学教育资源,但当前幼儿园社区资源的利用更多处于随机状态,即"遇到了就用",缺乏对资源的有效规划和整合,并且对物质资源的利用更多,缺少对人力资源的了解和运用。因此,幼儿园需要加强与社区的沟通和交流,充分了解社区资源,对其进行分类梳理,防止出现因信息沟通不畅而导致的幼儿园需要资源却找不到,而社区资源丰富却用不上的情况。

(2) 基于课程,深度整合社区资源。社区资源是幼儿园课程资源的重要组成部分,因此,幼儿园需要在不断思考和优化自身园本课程的基础上,对社区资源在课程开发和实施中的具体运用进行深度整合。在沟通、梳理和分类的同时,还能根据课程需要,长期并有针对性地进行综合开发,通过社区资源与课程的充分融合,实现资源的深度整合,充分发挥社区资源的价值。

第三节 学前儿童科学教育的方法

方法是为一定的目的服务的。教学方法通常是为了完成教育目标而设立的,包括教师的教育方法和幼儿的学习方法,是教师引导幼儿掌握知识技能、获得身心发展而共同活动的方法。学前儿童科学教育的方法,就是为完成学前儿童科学教育的目标所采用的具体方式和手段。学前儿童科学教育以探究为主要活动方式。

一、学前儿童科学教育的基本方法

《指南》指出,好奇、好问、好探索是幼儿的年龄特点。探究既是科学学习的目标,也是科学学习的方法。探究是科学研究的基本方法,科学探究是指科学家们用以研究自然界并基于此种研究获得的证据,提出各种解释的多种不同途径。从幼儿的科学学习来看,相关科学研究和教育实践研究的结果已经证实:探究应成为幼儿科学学习的核心,它既是幼儿科学学习的目标,也是幼儿科学学习的方法。正是通过科学探究,幼儿才能经历发现和获取知识的过程,领悟科学的思想观念,体验科学家研究自然界所用的方法。

(一) 幼儿科学探究的内涵

幼儿科学探究是指在教师的指导下,幼儿通过自己的方式获得知识和经验,自己寻找答案、解决问题的过程。科学探究不是简单等同于幼儿摆弄材料、动手操作。科学探究的实质是解决问题,即提出问题、寻找答案。动手操作是形式,动脑思考才是根本。

幼儿的探究能力因不同年龄段幼儿的认知、语言、动手能力等方面的发展水平不一致而呈现差异。小班幼儿尚未具备明确的问题意识,不能带着问题去进行尝试和操作以及有目的地寻找答案,常常表现为随机性的探究。中班幼儿开始具有一定的问题意识,能够有目的地进行尝试和操作,通过动手操作寻找事物之间的联系。大班幼儿则能够猜测问题的答案,并有意识地收集证据,验证自己的猜测。

(二) 幼儿科学探究的方法

研究证实,用探究的方式进行科学教育,不仅能极大地激发幼儿科学探究和学习的热情,而且能够增进幼儿对科学本质的理解,培养他们尊重事实、乐于探究和创造等科学品质,获得内化的科学概念、知识经验和相关技能。中国工程院院士韦钰就倡导开展探究式科学教育,她强调幼儿期的科学教育应注重让幼儿亲身经历探究的过程,认为采用探究方式有利于充分调动幼儿的视觉、听觉、触觉等,激发幼儿的探究兴趣和探究热情,使其积极参与到科学知识的探究活动中,并能提高科学教育的有效性,有利于实现素质教育的目标。幼儿正是运用不同的探究方法,在经历发现问题、分析问题和解决问题的过程中获得探究能力的。

从探究方法来看,幼儿一般会使用观察、比较、分类、概括、分析、实验验证、计划和实施调查、记录和收集信息等方法开展科学探究活动。从探究过程来看,幼儿的探究包括提出问题、猜测假设、调查验证、收集信息、结论解释、交流分享等基本环节。

1. 提出问题

发现和提出问题是科学探索的起点，有效的问题可以把幼儿引到问题的情境中，启发他们去观察、探索、发现。教师要以多种形式给予幼儿提出问题的时间与机会，激发幼儿探究的兴趣。

幼儿探究活动解析——不同纸张的风车

2. 猜测假设

猜测假设是对要解决的问题的答案、结果，以及探究的过程和要使用的方法进行预测。这是一个幼儿运用思维和进行推理主动建构知识的过程。教师切忌包办代替，急于提出自己所谓"正确"的想法。

3. 调查验证

调查验证是寻找答案、解决问题的过程。幼儿需要根据探究的任务和对问题的猜测假设，选择适宜的观察、实验、测量等方法，制订研究的计划和调查的方案。幼儿根据方案进行实际观测、实验和调查，并根据实际情况对计划和方案做适当的调整。教师要给幼儿充分的时间与空间，鼓励和引导幼儿按照自己的计划进行客观而细致的观察、实验与验证，培养幼儿对事实的尊重和对证据的重视。

4. 收集信息

根据探究的问题和任务有意识地收集信息有助于问题解决和完成探究任务。记录是收集信息的有力工具，是幼儿探索历程与认识发展真实客观的呈现，是幼儿自我调整建构知识经验的见证，也是幼儿表达个人发现与意见的依据。教师要鼓励和培养幼儿记录的意识与能力，尊重幼儿的年龄特点，鼓励幼儿用图画、符号、表格、文字、照片等多种适当的方式，记录活动的主要过程和关键步骤。

5. 结论解释

得出结论是幼儿根据观察、实验和调查的结果，形成解释的过程。在这个阶段，幼儿间的交流与讨论，对幼儿获得科学知识与经验有着重要的作用，这是一个需要思维和语言高度参与的过程。教师要引导幼儿回顾和综合思考探究的过程、发现的现象，并初步给出合理的解释，鼓励幼儿大胆地发表个人见解和专心倾听他人的见解，养成尊重事实、尊重他人的良好品质。

6. 交流分享

交流是探究过程的关键步骤之一，它既是幼儿对探究过程和结果、结论的表达，也是与同伴分享，倾听同伴意见，或进行讨论、争论，达成初步共识的过程。教师要鼓励每个幼儿积极表达自己的观点,无论观点对与错。要让幼儿懂得,每个人都可以对同伴和教师提出质疑,对结果的质疑有助于澄清问题,引出新的实验,但质疑必须以观察到的事实为依据。

虽然幼儿的科学探究具有一定的流程,但并非意味着科学探究活动就一定要严格按照这样的流程开展。幼儿的科学学习是一个主动建构的过程,他们主动建构自己的知识,而不是被动地接受教师的灌输或某种现成的知识。因而,教师应积极引导幼儿主动参与到科学探究中去,引导幼儿进行多角度的逐步深入的探索与研究,使科学探究成为幼儿解决实际问题的内在需求,幼儿不再为了"探究"而"探究",而要真正成为学习科学的主人。

(三)基于探究的学前儿童科学教育常用方法

科学探究是学前儿童科学教育的基本方法,但并非唯一方法。在必要的时候,教师也可以直接告诉幼儿一些事实。这种教导式的方法作为幼儿科学探究的补充,是非常必要的。因为,不是所有的知识都能够通过幼儿的直接探究而获得,也不是所有的知识都必须通过直接探究而获得。幼儿在成长过程中一直从外界接收各种信息,接收学习也同样可以成为一种有效的学习。在教育实践中,教师不应将科学探究与教导式教学简单对立,而应立足于幼儿的科学探究,通过不同方式和不同程度的指导,对幼儿的科学探究施加影响。基于探究的学前儿童科学教育的常用方法有观察法、实验法、制作法、讨论法等。

1. 观察法

观察法是指幼儿在教师有目的、有计划的引导下,运用多种感官感知客观事物和现象、获得经验和开展科学学习的方法,它是学前儿童认识世界、增长知识、发展技能的重要方法。观察法可以让学前儿童直观地接触和感受事物,运用眼、耳、口、鼻等感觉器官,通过看、听、尝、闻、触等方法生动具体地了解事物。观察法的应用可以有效丰富学前儿童的感性经验,提高学前儿童的思维能力,掌握科学的观察方法和技能,培养其运用感官探索世界的习惯。观察法有直接观察和间接观察两种方式。直接观察是运用感官对物体进行直接的观察的方式。比如,在"认识西红柿"的教学活动中,学前儿童利用视觉观察西红柿的颜色,利用触觉触摸西红柿,利用味觉品尝西红柿的味道,都属于直接观察。直接观察的优点在于让学前儿童有亲身体会和感受。间接观察则是利用仪器设备间接地对物体进行观察的方式。间接观察利用先进的仪器仪表,扩大了观察的精度、速度,可以有效拓展学前儿童观察的范围。

观察的类别可以从不同的角度划分:按照观察对象的数量,可以分为个别观察和比较观察；按照观察的地点，可以分为室内观察和室外观察；按照观察的时间，可以分为间或性观察和长期系统的观察；按照有无预先计划，可分为偶发性观察和有目的、有计划的观察。观察的这些方式方法在学前儿童科学教育活动中相互交叉、渗透，可以有效地完成学前儿童对周围世界的观察和认识。

2. 实验法

实验法是指在人为控制的条件下，教师或幼儿利用一些材料、仪器或设备，通过简单演示或动手操作，以发现客观事物的变化及其因果联系的方法。实验法是科学实践的重要形式，也是人类获取信息、检验理论的基本手段，是最能反映科学方法的活动，也是认知上较高层次的探究活动。学前儿童的科学实验不同于成人的科学实验，学前儿童的科学实验内容简单常见，对设备、条件及技术的要求简单，一般都带有游戏性，且趣味性强。

按照不同的目的，实验可分为探索性实验和验证性实验。探索性实验是人们根据一定的目的，创造一定的条件，探索未知的自然现象或物质性质的实验。验证性实验则是验证已知的认识或假说是否正确而进行的实验。学前儿童的科学实验大多是验证性实验。比如，"沉与浮""有趣的磁铁"等均是对已知物理现象和规律的验证。但是，对学前儿童来说，这些自然现象和规律又是他们未知的，可以很好地满足他们的好奇心和探索欲。

3. 制作法

制作法是指学前儿童通过学习使用某些简单工具和科技产品的方法，进行科学小制作，从而了解技术、体验技术，思考、探索其中蕴含的科学原理的方法。在制作的过程中，学前儿童可以了解简单的科学技术，体验技术带来的生活变化，探索科学原理，掌握相关的科学知识。

制作活动主要包含两类：一类是工具或技术的使用，学前儿童通过自己动手操作，学习生活中一些简单工具或技术的使用，体验科技给日常生活带来的便利，如剪刀、订书机、手机等的作用。另一类是科技小制作，为学前儿童准备相关材料，让他们独立操作，制作简单的科技小产品，如中班的风车制作和大班的不倒翁制作等。制作法不仅可以促使学前儿童学会制作方法、增长科学知识，而且可以增加学前儿童的自信心，提高学前儿童参加活动的兴趣。

制作活动有难有易，教师既不能打击孩子们制作科技小产品的积极性，也不能越俎代庖，替代孩子们制作。同时要注意科学制作与美术活动中手工制作的差异。

4. 讨论法

讨论法是指幼儿围绕某一活动主题，在收集、整理资料的基础上，通过与教师、同伴的平等交流，陈述自己的发现、观点与困惑，接受和理解别人的发现与看法，在各种不同看法的相互碰撞和交融中求同存异，达成共识的学习方法。讨论法在学前儿童科学的学习与活动中是一种广泛使用的方法，它既可以作为一个环节在学前儿童科学教育活动中实施，也可以贯穿整个活动。对于一些学前儿童无法通过直接操作来了解的内容，如保护环境、家用电器使用等活动内容，均可以让学前儿童通过讨论获取知识，提高表达能力，学会合作交流的技能。讨论法不仅仅指用语言进行讨论，还包括用手势、动作、表情、图像等非语言方式进行交流、讨论，这不仅能丰富幼儿的表达形式，而且能帮助幼儿更加清晰地表达自己的想法，促进对彼此观点的理解。

以上各种方法贯穿于幼儿日常生活的始终，从集体教学活动到区角活动，再到生活活动。既可以在教师的指导下进行，也可以由幼儿自主进行；既可以面向集体使用，也可以针对个别幼儿使用。在实际的幼儿园科学教育活动中，多是围绕活动要解决的核心问题有所侧重地综合使用以上方法中的几种。

二、学前儿童科学教育的 5E 教学模式

当前的科学教育国际趋势越来越重视向整合的方向发展，STEM 教育被认为是应对这一趋势的有效方式，基于 STEM 教育的"5E"教学模式越来越受到重视。

（一）"5E"教学模式概述

20世纪60年代，美国学者卡普拉斯与金在科学教学中提出"学习环"教学模式，其本质是以科学探究为核心的教学流程的模式化，包括初步探究、概念引入和概念应用三个环节。"学习环"教学模式为科学教学走出困境提供了一种教学方法。此后，美国的生物科学课程研究所（Biological Science Curriculum Study，BSCS）于1989年提出了基于建构主义理论和概念转变理论的"5E"教学模式。"5E"是 Engage、Explore、Explain、Elaborate 和 Evaluate，即参与、探究、解释、迁移和评价五个教学环节。这是一种可以用于设计科学课程的探究式教学模式，因为这五个环节的英语单词首字母都是"E"，故简称"5E"教学模式。其中 Explore、Explain 和 Elaborate（探究、解释和迁移），与"学习环"教学模式的初步探究、概念引入和概念应用三个环节相对应，Engage（参与）和 Evaluate（评价）是新增的两个环节。"5E"教学模式中的每一个环节必不可少。到了20世纪90年代，"5E"教学模式在美国等国家和地区被广泛应用，并被证明是有效的科学教学模式。最近，美国《新一代科学教育标准》的实施给科学教师提出了独特的挑战，因为在美国国家研究委

员会主持发布的《K-12科学教育框架：实践、跨学科概念、学科核心思想》（简称《科学教育框架》）中，教师负责通过整合三个维度来促进基于探究的教学，这三个维度包括科学与工程实践、跨学科概念和核心概念。科学工程实践重新定义了基于探究的科学概念，要求学生积极参与以工程为纽带的、与科学模型或科学概念有关的科学探究。而一直以来，建构主义十分强调诸如基于问题和项目的学习，这与《新一代科学教育标准》的理论是相符的，科学概念的教学也主要集中于皮亚杰的思想和建构主义学习理论的原理。因此，基于建构主义理论的"5E"教学模式发展起来，以用于扭转学习者的错误概念。多项研究也已表明，基于建构主义知识观的"5E"教学模式可以有效促进师生科学概念的转变。

（二）"5E"教学模式的操作环节

实践证明，"5E"教学模式是激发幼儿学习兴趣的高效教学模式和教学方法，包含参与、探究、解释、迁移和评价五个教学环节，如图3-1所示。

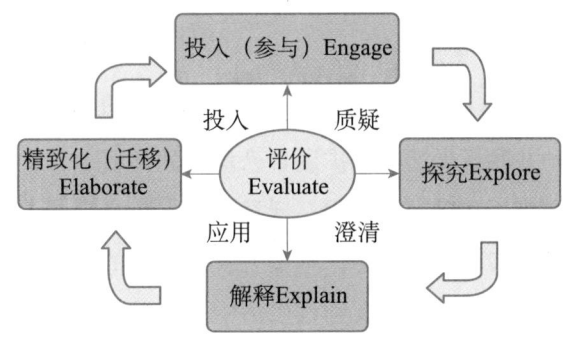

图3-1 "5E"教学模式

1. 参与

这是"5E"教学模式的初始环节，其目的是让幼儿将问题情境与现实生活联系起来，触发幼儿探究的热情，继而主动构建学科知识。教师需要根据幼儿熟知的事物或创设一些熟悉的情境来引入科学问题，引导幼儿更好地参与科学活动，并帮助幼儿将所学的科学知识与活动目标有效地联系起来，并制订合理的研究计划。参与阶段是兴趣导入的环节，教师要激发幼儿探索知识的欲望，鼓励幼儿参与实验研究，并通过搜集一系列数据来解释实验中出现的科学现象和现象间的紧密联系。

2. 探究

探究是"5E"教学模式的核心环节，这一环节主要是引导幼儿依据已制订的计划进行研究，进而搜集证据，回答问题。这个阶段要给幼儿提供直接参与调查研究的条件和机会，教师要充分利用参与环节中产生的认知冲突，通过一些有趣的、意想不到的、与一般常识相违背的差异性实验，引导幼儿自主地操作实验材料，详细地观察实验现象，以此来积累感性的经验，并形成思考。在这个环节中，体现了以幼儿为主体的教学理念，教师在活动中起到相应的辅助和支持作用。

3. 解释

解释是"5E"教学模式的关键环节，这一环节就是幼儿先对自己观察到的现象或收集到的证据做出解释，这是幼儿经验的抽象化和理论化过程。在解释环节，教师要鼓励幼儿用自己的话语来解释概念，也可结合自己的证据或者论点阐述自己的理解，还可以通过演示、提问、讨论、画图、录像等手段进行启发式教学，最终引导幼儿自己得出结论。幼儿对科学概念、知识的理解和掌握，主要是通过探究、交流、阅读和思考得出的，而不是通过教师直接"传授"得出的。教师应由单纯知识的传授者、灌输者转变为幼儿主动建构意义的帮助者、促进者。教师要为幼儿搭建全面深入理解新学知识经验的平台，创造充分表达其想法的机会，要有意识地引导幼儿比较自己所作的解释与同伴、教师的解释，为质疑和发现新的问题创造机会。

4. 迁移

迁移是"5E"教学模式的应用环节，这个环节就是以幼儿为中心的知识的应用和扩展阶段，就是幼儿联系生活实际扩展自己构建的新概念，在新的环境和新的问题中去实践、检验、应用和巩固的过程。迁移事实上也是一个归纳总结的过程，是幼儿对自己的实验经历和思考的总结，本质上就是在新的情境下应用或扩展幼儿所发展的概念。在这个环节中，教师要创设生活中真实的情境，引导幼儿将自己学到的知识和生活情境相结合，引导幼儿将新概念与已有概念建立联系，拓宽概念的基本内涵，进而让幼儿运用新知识去解决实际问题。教师要注重引导幼儿"举一反三，触类旁通"，只有这样幼儿才能灵活地运用知识去分析和解决问题。

5. 评价

评价是"5E"教学模式的最后一个环节，它贯穿整个活动，并且是诊断教学过程的一种"形成性评价"。这一环节能为幼儿提供迅速的反馈，使他们能更快、更有效、更准确地完成活动任务，还能帮助教师有效地调整教学进度和教学方法。"5E"教学模式中的评价具有多元化特征，评价的主体不仅仅是教师，还可以是幼儿、家长及幼儿园管理者等，评价的形式是多样化的，可以采取定性、定量的评价，也可以进行自我评价和同伴互评等。评价不仅仅是教师对幼儿的学习成果的评价，还包括对幼儿的学习过程的评价和幼儿发展性评价，如评价科学精神、创新能力和合作能力等。

（三）"5E"教学模式对学前儿童科学教育的启示

"5E"教学模式强调以幼儿为主体，注重培养幼儿动手操作的实践能力，要求幼儿能运用调查和实验的方法解决问题。"5E"教学模式的各个环节环环相扣、层层递进，具有很强的连贯性。幼儿参与环节产生的认知冲突或是疑惑为探究环节提供主题，幼儿动脑动手探究活动或者依据教师所给的方案进行探究，而通过对探究结果的分析初步形成对参与环节所遗留问题的解释，其在教师的补充下得到完善。之后幼儿又将所获得的科学概念迁移应用，用以探究日常生活问题或是解释某些日常生活现象，从探究中获得知识，又将知识用于探究，而评价一直贯穿于整个教学活动，包括幼儿的自我评价与教师的评价。

在这一模式下，幼儿不仅仅学习了知识，更得到了认知过程技能的提高，真正体会到知识来源于生活又改造生活。"5E"教学模式的实践价值在于：为教师遵循清晰的探究性思维路径设计更加有探究性的课程提供了逻辑方法；"5E"教学模式的每个教学环节都能充分唤醒幼儿的主体意识，充分调动幼儿的认知兴趣和思维，注重问题解决和任务驱动，强调知识的应用与创新，强调概念的自主构建，更有利于激发幼儿的兴趣，帮助幼儿展开探究式深度学习，培养幼儿交流讨论、解决问题、实践创新的能力。

"5E"教学模式强调探究是关键环节，与《指南》中学前儿童科学教育的关键目标相吻合，对学前儿童科学教育具有一定启示。

1. 对探究理念的正确理解

"5E"教学模式是重视以科学探究为核心的教学模式，但也应该清醒地认识到，探究性学习在我国大班教学模式中客观上存在一定的局限性，不是所有学习内容都适合去探究、去发现，也不是所有的探究性学习和发现学习都是有意义的。我们不能把所有的内容拿来探究，更不能用科学家探究的性质和水平来看待幼儿的探究性学习，即避免探究的"泛化"和"神化"。在学前儿童科学教育中，我们应当强调突出科学探究能力培养，但探究并不是科学教学的唯一方式，如讲授式、启发式、合作式、多媒体式、角色扮演式等都可以在教学中灵活地穿插运用，教学是教师的一种创造性活动，它具有很大的弹性和灵活性，其教学方式也是灵活多样的，教师应根据具体的教学内容，以及幼儿和教学资源的具体情况，选择最佳的教学方式和策略，形成优化的教学模式，达成有效教学。

2. 对幼儿主体和教师指导的认识

教学活动包括教师的教与幼儿的学，幼儿既是教师教的对象，也是学习活动的主人,是自身学习和发展的主体,具有主体性。但缺失了教师的指导,幼儿的主体性发挥就会受到限制,教师是幼儿学习的支持者、促进者和引导者。只有真正让幼儿成为活动的主人,才能激发幼儿不断求知的主动性。因此教师在教学时,首先应该注意从幼儿熟悉的事物出发,设计幼儿喜欢的活动,并根据幼儿园和幼儿的具体情况,尽量使用自制教具和成本低廉、随手可取的材料设计可行性强的探究活动。其次,科学探究活动的设计形式应是灵活多样的,可以是完整的探究过程,也可以是部分的探究活动或只有几个环节,只要能体现科学探究的思想和基本特征即可。最后,在实施探究学习刚刚起步的阶段,教师的指导作用非常重要,没有教师的引导,幼儿的探究就会表现出盲目性和随意性,幼儿的"自主"可能会变为"自流",当然教师在探究活动中的指导性太强,就会削弱幼儿的自主性,减少幼儿独立思考的机会,不利于能力的培养。所以,随着幼儿学习的不断深入,以及幼儿学习方式的逐渐改变和思维能力的不断增强,教师应结合教学内容,设计一些更加具有开放性的探究活动。

3. 对评价的重构

在教学活动过程中,由于各种因素,我们往往只注重幼儿的学习成果,以成果去衡量或反映幼儿的学习过程,而不是关注幼儿的学习过程,及时地给予反馈以促进幼儿的学习。我们应该重视幼儿的形成性评价,关注幼儿的学习起点、过程变化及最终结果,在过程中要有意识地对幼儿进行及时指导。而教学中的评价,无论是形成性评价还是总结性评价,较多的都是教师对幼儿的评价,教师及幼儿的自我评价寥寥无几,而自我评价是促进幼儿自我反思从而取得进步的有效途径。教师应重视设计出使幼儿不感到任何压力、乐意去进行,又能客观准确地反映出每个幼儿学习效果的评价方法。教师要正确地引导幼儿进行自我评价及他人评价,并且对教师的教学进行评价,提出合理的建议。

单 元 回 顾

⊙ 单元小结

本单元主要介绍三方面内容:一是学前儿童科学教育实施的基本含义、取向;二是学前儿童科学教育实施的途径;三是学前儿童科学教育实施的基本方法。

一个好的教育活动设计,只有付诸实践才能更好地凸显其教育价值。学前儿童科学教育的实施即是考虑教育者怎样把幼儿组织起来,通过学与教使师幼紧密联系,怎样科学地利用空间、时间和其他教学条件来安排教学活动,使教师有效地教、幼儿有效地学，从而实现教学目标。学前儿童科学教育的实施主要存在着两种截然不同的取向，即学科取向的学前儿童科学教育与生活取向的学前儿童科学教育。

学前儿童科学教育的途径可以是集体的形式，也可以是区角的形式，还可以渗透在一日生活的各个环节，甚至可以在家庭与社区中联合开展。这一节中主要介绍了各种形式的科学教育活动的特点、指导原则和具体的实施建议等。

学前儿童科学教育的方法，就是为完成学前儿童科学教育的目标所采用的具体方式和手段。学前儿童科学教育以探究为主要活动方式。探究既是科学学习的目标，也是科学学习的方法。正是通过科学探究，学前儿童经历发现和获取知识的过程，领悟科学的思想观念，体验科学家们研究自然界所用的方法。

"5E"是 Engage、Explore、Explain、Elaborate 和 Evaluate，即参与、探究、解释、迁移和评价五个教学环节。这是一种可以用于设计科学课程的探究式教学模式。

我们不能把所有的内容拿来探究，更不能用科学家探究的性质和水平来看待幼儿的探究性学习，即避免探究的"泛化"和"神化"。

⊙ 拓展阅读

1. 张俊. 幼儿园科学教育活动指导. 北京：人民教育出版社，2009.
2. 施燕. 学前儿童科学教育. 上海：华东师范大学出版社，2006.（第四章）
3. 王春燕，秦元东，黎安林. 探究·体验·发现：幼儿园科学教育理论与实践. 南京：南京师范大学出版社，2010.（第五章和第六章）

⊙ 巩固与练习

一、名词解释

1. 科学探究　　2. "5E"教学模式

二、简答题

1. 简述学前儿童科学教育实施的两种取向及其异同。
2. 简述集体教学中的科学教育价值特点。
3. 简述区角活动中的科学教育设计原则和指导要点。

三、论述题

1. 试结合幼儿园科学教育案例，论述集体教学和区角活动中的科学教育的关系。
2. 结合幼儿科学学习的案例，论述幼儿科学探究的特点。

四、实践内容

尝试在幼儿园分别开展一个集体科学活动、区角科学活动和整合性的科学活动。

五、案例分析

大班的"热胀冷缩"科学探究活动片段[①]

在大班的"热胀冷缩"科学探究活动中，教师将水银温度计插入热水中，这时红色水银柱缓缓上升。

师：小朋友们，你们看到了什么？

众幼：细管中红色东西慢慢上来了。

师：为什么细管中红色液体会上来呢？

幼1：因为外面是热水，所以水柱上来了。

幼2：是不是下面的水把它（管子中的水）推上来了？

师：究竟是什么原因呢？请你们摸一下，细细的玻璃管底部并没有破，可管子有什么变化？

众幼：是热的。

师：因为外面是热的，里面的水也就热起来了，温度升高，液体的体积变大了，所以水柱就上升了。

孩子们一脸茫然地听着……

请结合幼儿的思维特点和科学探究方法分析上述案例中教师的行为。

[①] 王春燕，秦元东，黎安林. 探究·体验·发现：幼儿园科学教育理论与实践. 南京：南京师范大学出版社，2010：10.

第四单元 学前儿童科学教育活动的设计与指导

导 言

在某幼儿园里，一批幼师实习生正在实习。上午十点是集体活动时间，由实习生负责上课。一实习生来上课，小班十分钟的课，她一分钟上完了。结束后我问她怎么才上了一分钟，她说实在不知道讲什么。实习还没结束，她就说再也不做幼师了，实在不知道怎么上课。像她这样的学生还不在少数。另一实习生情况稍微好点，她给中班幼儿上课，集体讲解十分钟后，她就给幼儿分组，让幼儿自己进行操作活动，她跑去整理上课用的东西。

在上课前应该如何设计一节课才能避免这样的尴尬呢？在活动中教师应该如何指导幼儿的学习？接下来，我们就带着这些问题学习本单元的内容。

学习目标

了解：生命科学，物质科学，地球科学，科学、技术与工程等各类活动的基本概念

一般掌握：各类活动的设计原则、指导要点和案例评析

重点掌握：运用所学知识设计相关的学前儿童科学教育活动

学习重点：生命科学、物质科学、地球科学等各类活动的设计与指导

学习难点：科学、技术与工程类活动的设计与指导

思维导图

学前儿童科学教育活动的设计与指导
- 学前儿童科学教育活动设计与指导概述
  - 基本概念
  - 基本原则
  - 典型类型
- 生命科学活动的设计与指导
  - 生命科学活动概述
  - 生命科学活动的设计
  - 生命科学活动的指导要点
  - 活动案例及评析
- 物质科学活动的设计与指导
  - 物质科学活动概述
  - 物质科学活动的设计
  - 物质科学活动的指导要点
  - 活动案例及评析
- 地球科学活动的设计与指导
  - 地球科学活动概述
  - 地球科学活动的设计
  - 地球科学活动的指导要点
  - 活动案例及评析
- 工程与技术活动的设计与指导
  - 工程与技术活动概述
  - 工程与技术活动的设计
  - 工程与技术活动的指导要点
  - 活动案例及评析
  - 学前儿童STEM活动的设计与指导

第一节　学前儿童科学教育活动设计与指导概述

一、学前儿童科学教育活动设计与指导的基本概念

幼儿园教育活动的含义具有广义和狭义之分。《纲要》第三部分"组织与实施"的第二条指出："幼儿园的教育活动，是教师以多种形式有目的、有计划地引导幼儿生动、活泼、主动活动的教育过程。"这里的"教育过程"包含学前儿童在园的一切活动，是广义的幼儿园教育活动。狭义的幼儿园教育活动则是指幼儿教师在一定时间内专门组织的教育活动。同样，学前儿童科学教育活动也有广义和狭义之分。本单元的学前儿童科学教育活动的设计与指导主要指的是狭义的定义。

二、学前儿童科学教育活动设计与指导的基本原则

（一）生活化原则

生活化原则指的是幼儿教师在设计和指导科学教育活动的时候要紧密结合学前儿童的日常生活，将科学教育活动融入学前儿童的日常生活。我国著名教育家陶行知老先生提出"生活教育理论"——"是生活就是教育，不是生活就不是教育……是科学的生活，就是科学的教育，是不科学的生活，就是不科学的教育"。[1] 其主张教育一定要在生活中进行，也只有在生活中进行的活动才能称为教育，脱离生活的教学活动不能称之为教育，只有在科学生活中进行的活动，才是科学的教育。所以，科学教育活动的设计和指导离不开学前儿童的生活。

生活化原则要注意以下几点。

---

[1] 徐莹晖，王文岭. 陶行知论生活教育. 成都：四川教育出版社，2010：12-13.

1. 科学探索对象从最接近学前儿童日常生活经验入手

儿童对自己日常生活中经常看到的、接触到的、熟悉的事物更有兴趣。所以，我们应该选取与幼儿日常生活经验相关的探索对象。比如开展"小动物"科学主题活动时，教师选择小白兔、小鸡、小蜗牛、小金鱼、小乌龟等学前儿童在日常生活中接触过的小动物作为探索对象，更能激发学前儿童的探究欲望和讨论的兴趣。

2. 科学探索活动可以渗透在学前儿童的日常生活中

幼儿教师要善于利用学前儿童的日常生活引导学前儿童进行科学探索。比如幼儿吃饭的时候可以认识各种不同的蔬菜、海鲜等，甚至可以让学前儿童参与到食物制作过程中，让其更好地认识食物产生的条件、食物在受热的作用下发生的变化；洗手的时候可以认识水和肥皂的特性；玩的时候可以认识光影关系。

3. 充分利用偶发事件中的科学教育契机

其实很多偶发事件也蕴含着科学教育的契机，幼儿教师要抓住学前儿童在日常生活中的偶发事件对其实施科学教育。比如瑞吉欧提出的教学项目多是源自学前儿童在偶发事件中引发的话题，其中最广为人知的就是影子的故事。因为学前儿童在玩的时候突然发现了影子的存在，所以教师就借此引导他们认识光影关系。

（二）趣味性原则

《3—6岁儿童学习与发展指南》指出：学前儿童科学学习的核心是激发探究兴趣，体验探究过程，发展初步的探究能力。成人要善于发现和保护学前儿童的好奇心，充分利用自然和实际生活机会，引导学前儿童通过观察、比较、操作、实验等方法，学会发现问题、分析问题和解决问题；帮助学前儿童不断积累经验，并运用于新的学习活动，形成受益终身的学习态度和能力。因此，幼儿教师在设计和指导科学活动的时候一定要考虑活动的趣味性。

实施趣味性原则要注意以下几点。

1. 活动材料要新颖、有趣，能引发学前儿童的探究兴趣

在设计科学教育活动的时候，要尽可能为学前儿童提供一些有趣的探究工具或探究材料，以激发学前儿童的探究欲望。首先，提供的工具应该是新颖的。比如，用放大镜来观察人体的皮肤或者毛发，或者借助手电筒来了解影子，这些在生活中不太常用的探究工具往往可以更好地激发学前儿童的探索欲望。其次，所提供的探究材料最好是能操作、多样化、多功能的玩具材料或废旧材料的半成品，比如，提供洗发水、洗洁精、胶水让学前儿童自己探索配制泡泡水，提供易拉罐让学前儿童

制作听音筒等。这种低结构的材料往往利于学前儿童动手操作，实际探索事物间的因果关系。

2. 活动形式要多样化、有趣，能满足学前儿童的探索兴趣

学前儿童的专注力较弱，对同一事物的注意力及兴趣保持的时间相对较短，因此，在设计教育活动的时候，幼儿教师要根据教学内容设计合适的、多样化的活动形式，可以利用实验法、讨论法、观察法、亲身体验法、调查法、游戏法等，通过形式的变换，提高活动的趣味性。活动形式的多样化包括两层含义：一是整个学期教育活动形式要多样化；二是单个教育活动的形式要多样化。如小班科学教育活动"认识橘子"就可以使用四种不同的方法：游戏法、观察法、操作法、亲身体验法。首先，我们可以采用游戏法，让学前儿童摸装在密封袋子里的东西，猜一猜里面装的是什么；然后，通过观察法了解橘子的外部特征，如颜色、形状、气味等；接着，可以通过亲自动手剥橘子感受橘子皮和果肉之间可剥离的关系，通过品尝感受橘子的味道。

3. 幼儿教师要保持积极的探究兴趣

在指导科学教育活动的时候，幼儿教师一定要对探究对象充满好奇，以自己积极主动的态度感染和带动学前儿童。并不是所有的科学教育活动都是充满趣味性的，尤其是在探索过程中遇到困难的时候，学前儿童往往更容易放弃，这个时候就需要幼儿教师用自己的探索热情去带动学前儿童，引导学前儿童克服困难，坚持探索。

（三）实践性原则

科学不仅是一种知识，更是一种过程，即获取知识的过程。《指南》指出：幼儿的科学学习是在探究具体事物和解决实际问题中，尝试发现事物间的异同和联系的过程。幼儿的思维特点以具体形象思维为主，应注重引导幼儿通过直接感知、亲身体验和实际操作进行科学学习。

根据皮亚杰的认知发展阶段理论可知，2—7岁的学前儿童的思维具有具象性的特点。具象性指的是学前儿童在认识问题的时候，更多的是依赖所感知的现象，因此他们无法脱离具体的事物进行抽象的思考。而科学是一种反映事物发展过程中事物之间内在的、本质的、必然的、联系的客观规律，是真理性知识生产的过程，带有非常强的严肃性和客观公正性。科学本身带有很强的逻辑性和概念的抽象性，需要以大量的实践经验为支撑，通过推理得出结论，而学前儿童因为生活经验少而很难做出比较客观的推理和理解。意大利著名教育家蒙台梭利有句经典名言："我听

过了，我就忘了；我看见了，我就记得了；我做过了，我就理解了。"因此，幼儿教师在设计科学教育活动的时候，一定要考虑到活动的可操作性和实践性，让学前儿童在做中学，通过直接感知、亲身体验和实际操作进行科学学习。比如，让学前儿童理解密度这个抽象概念，最好的办法不是让学前儿童记住密度的含义，而是做一个能体现密度变化的实验。

实施实践性原则的注意事项如下。

1. 确保学前儿童实践的主体地位

我们要保证学前儿童在科学教育活动中实践的主体地位。学前儿童只有成为科学教育活动的小主人，才能发挥其主动性，主动进行探究。学前儿童只有成为实践的主体而不是被幼儿教师牵着鼻子走的时候才能进行真正的思考，才能发现问题，才愿意花时间去想办法探索问题。以学前儿童为主体，意味着活动的设计既要有科学性，又要有趣味性，能激发学前儿童的探究欲望；意味着活动的设计要给学前儿童进行自主探索的机会；意味着活动的指导要重视学前儿童在活动中的疑问，并能通过对话的方式引发学前儿童的思考和进一步探索；意味着活动的指导要能将学前儿童提问的问题再抛还给学前儿童，让学前儿童想办法去解决。也只有确保学前儿童在科学教育活动中的主体地位，才能促进学前儿童有效地深度学习。

2. 保证学前儿童有充足的实践时间

科学教育活动在设计的时候要注意活动环节在时间上的分配，以确保在活动中学前儿童有足够的时间去感知、去体验、去观察、去发现、去质疑、去多次求证。如果没有时间上的保证，所有环节都无法真正落实。

3. 保证学前儿童有充足的适宜探索的操作材料

科学教育活动材料非常重要，没有足够、适宜探索的材料，活动就很难进行下去。教师在提供材料时尽量提供半成品或简单材料，最好是自然材料，让学前儿童在探索和使用材料的过程中探索材料的性质，获得相关知识。

（四）整合性原则

学前儿童的思维模式是整体的、混沌的、未开化的。皮亚杰认为混沌状态是学前儿童知觉的突出特征。这种混沌的知觉所产生的一般图式使学前儿童把自己从混沌知觉中得到的任意两种现象联系起来，而完全不顾它们中间是否真正存在这种联系。他们在感知事物的时候，很难用逻辑的方式进行理性的分析，而是用一种整体的方式感知。比如，学前儿童可以在看到一个人的时候感知到这个人是善意的还是恶意的，但很难理性地说出理由；甚至一个小婴儿就可以通过目测判断物体距离自己的远近程度。因此，我们在设计科学活动的时候要考虑学前儿童整体性感知的思维特点。

1. 活动内容的整合

活动内容的整合主要指两个方面：一是指跨领域活动内容的整合，也就是要将科学领域的内容和其他四大领域——艺术、语言、社会、健康的内容进行整合。比如，开展认识风的科学活动时，可以与语言活动相结合。可以学习诗歌《风》——春天里，东风多，吹来燕子做新窝。夏天里，南风多，吹得太阳像盆火。秋天里，西风多，吹热庄稼吹热果。冬天里，北风多，吹得雪花纷纷落。再比如，开展认识树叶的科学活动时，可以与制作树叶画的艺术活动相结合。在搜集树叶、制作艺术作品的过程中，学前儿童会对树叶的种类、形状、特性等有一个比较深入的了解。二是指科学活动领域内活动内容的整合。比如，开展认识秋天的科学活动时，就可以把动物、植物、天气、衣着、时间等内容整合在一起。

2. 活动方法的整合

学前儿童科学教育的方法有很多种。在设计和指导某一个科学教育活动的时候，幼儿教师要考虑将多种方法纳入教学活动中，以满足学前儿童尝试使用不同方法进行探索的愿望。

3. 资源的整合

幼儿园在实施科学教育活动的时候，最好能将城市、社区和家庭的资源进行整合。比如认识各种各样的动物，最好能让家长带着学前儿童先去动物园、海洋馆进行参观，积累丰富的感性经验后再组织活动效果会更好；比如认识工具，可以和城市的博物馆进行联系，先带领学前儿童参观博物馆，扩大学前儿童的认识面；比如可以把社区作为一个枢纽，社区中心可以帮忙搜集社区中的各种废旧可利用物品，当幼儿园开展活动时，幼儿园可以随时向社区领取需要的废旧物品。

（五）差异性原则

1. 活动目标的制定要有一定的弹性，以适合不同发展水平的学前儿童

《指南》指出：每个幼儿在沿着相似进程发展的过程中，各自的发展速度和达到某一个水平的时间不完全相同。要充分理解和尊重幼儿发展进程中的个别差异，支持和引导他们从原有水平向更高水平发展，切忌用一把"尺子"衡量所有的幼儿。学前儿童原有的科学发展水平以及发展的速度都存在个体差异，因此对同一个班级的不同学前儿童的期望应该有所不同。在设计目标时要有一定的弹性，兼顾不

同发展水平的学前儿童的不同需求。比如在大班科学活动"沉与浮"中，有些学前儿童通过一次活动仅能发现沉浮与物体的重量的关系，而有些学前儿童则能发现沉浮不仅与物体的重量有关，而且与物体的体积、形状等有关。

2. 提供的材料要有层次性，能满足不同发展水平的学前儿童的探索需求

差异性原则不仅要体现在目标制定的弹性空间上，而且要体现在材料的提供上。只有提供的材料呈现出层次性，才能真正满足学前儿童的差异化的需求。

3. 尊重学前儿童差异化的探究方式

最后，我们要尊重学前儿童差异化的探究方式，比如在探索如何将掉到洞里的球取出来时，有的学前儿童可能会用胳膊伸进洞里取；有的学前儿童则会选择用带钩的棍子钩；有的学前儿童会选择用磁铁吸；有的学前儿童会选择往洞里灌水；有的学前儿童会选择用棍子夹；等等。幼儿教师在指导时要对学前儿童差异性的探索方式给予肯定，让学前儿童用自己的方式去探索。

幼儿探索沉浮——教师通过分层提供材料引导

三、学前儿童科学教育活动设计与指导的典型类型

对于科学教育活动的分类，当下的研究中主要有以下三种。

（1）根据幼儿教师指导程度的不同，可分为预成式科学教育活动、选择性科学教育活动（又称非正规性科学教育活动，是幼儿在科学活动室、自然角或活动室的区角等设施内进行的科学教育活动）和生成式科学教育活动。[①]

（2）根据学前儿童学习方式的不同，可分为观察认识型科学活动、实验操作型科学活动、科学阅读型科学活动、技术操作型科学活动、科学讨论型科学活动。[②]

（3）根据科学活动组织方式的不同，可分为教学活动、区域活动、日常生活中的教育活动。[③] 本书学前儿童科学教育活动的类型是依据美国国家研究理事会于2011年7月发布的《科学教育框架》对科学教育活动进行的分类。《科学教育框架》是根据科学的核心概念进行分类的，创造性地将科学分成4个学科领域：生命科学、物质科学、地球科学，以及科学、技术与工程。传统的科学教育的分类，往往存在"1英里宽，1英寸深"的问题，使得学生学习了很多零碎的、专业化的知识，但难以被学生吸收且应用到实践中。而根据科学的核心概念进行分类，可以使

[①] 刘立民. 幼儿园科学教育. 北京：北京理工大学出版社，2016：50.
[②] 王潇. 学前儿童科学教育活动设计与指导. 北京：机械工业出版社，2017：31.
[③] 张俊. 学前儿童科学教育与活动指导. 长沙：湖南大学出版社，2016：67.

学生有更多探索与辩论的同时，更好地突出科学的实践本质，更易于学生深入思考和动手探索。

第二节 生命科学活动的设计与指导

生命科学是自然科学中研究生命体的一个分支，在蹒跚学步的个体开始对人类的出生、蝴蝶的振翅、树叶的凋零产生疑惑时，生命科学就在学前儿童的心中孕育出了萌芽。面对他们的询问："为什么蚕会吐丝？""小鸡为什么是从鸡蛋里出来的？'我'也是从鸡蛋里出来的吗？"你会怎样回答？作为一名幼儿教师，该如何保护幼儿对周遭生命体的好奇心，以及如何积极引导学前儿童，做好学前儿童生命科学的启蒙工作，让学前儿童的探索行为更有意义呢？

本节将从生命科学的核心概念出发，梳理各年龄阶段学前儿童对应的生命科学相关关键经验，提供生命科学活动的设计方法与教学案例，帮助教师更好地开展生命科学活动。

一、生命科学活动概述

（一）生命科学活动的含义

生命科学是自然科学的一个门类，又称生物科学或生物学，是研究生物的结构、功能、发生和发展规律，以及生物与周围环境关系的科学[①]。学科教学知识（Pedagogical Content Knowledge，PCK）在幼儿园教育中推广之后，生命科学作为一项特定主题教育开始引起教育者的重视。幼儿园生命科学活动与专业学科中的生命科学工作有何不同？了解幼儿园生命科学活动的含义是开展幼儿园生命科学活动的基础与

---
① 刘乃华. 幼儿生命科学教育教程编制和实施的行动研究. 上海：上海华东师范大学，2007.

前提。

刘占兰认为：幼儿园生命科学活动是帮助幼儿建立生物与非生物的概念；了解和体验科学家研究生物的探究过程和方法，以关心和尊重的态度对待所有的生物和它们的环境[①]。

张俊认为：幼儿园生命科学活动是通过帮助幼儿探索生物的基本特征、基本需求、生命周期、多样性等，使幼儿建立起对生物概念初步的认识，理解生物间以及生物与环境间的交互作用，培养善于观察、乐于探索的能力[②]。

朱家雄认为：幼儿园科学教育的内容涉及生命科学和物理科学两大部分。在生命科学的范畴内，幼儿园科学教育围绕科学教育目的、目标展开，具体涉及以下方面的内容：①动植物的形态、名称、功能、多样性等；②与人体有关的结构（如骨骼、肌肉等）与功能（如动作、感觉、呼吸、消耗等）；③生物的生命过程和生命周期；④生物与环境（适应性与依赖性）；⑤人类对生物的利用。[③]

美国《新一代科学教育标准》强调，幼儿园生命科学活动应当让幼儿获得动植物及人类生存需要的有关知识。

结合上述对幼儿园生命科学活动这一概念主流的定义，本书认为，幼儿园生命科学活动是帮助幼儿建立生命概念、认识各类物种和初步掌握探究生命体方法的相关活动。

（二）生命科学活动的内容

《纲要》指出，幼儿园科学教育目标应当包括爱护动植物，关心周围环境，亲近大自然，珍惜自然资源，有初步的环保意识。结合幼儿教育实际，我们可以将学前儿童生命科学活动划分为以下两个方面。

1. 有关人体的探究

幼儿园五大领域教学中的健康领域，也提到了关于学前儿童探究人体的内容，而生命科学活动中，有关于人体的探索相较于让学前儿童养成良好的生活习惯以及让其懂得如何保护自身安全等相关知识的健康领域教学活动，侧重于让学前儿童更好地认识剥离社会属性的人，了解人的自然属性、探索生命的过程、培养学前儿童科学的生命观。

（1）认识人体的结构，了解人体器官的功能，学习如何保护自己的身体。学习

---

① 刘占兰. 幼儿园科学教育资源. 北京：人民教育出版社，2014：116.
② 张俊. 幼儿园科学领域教育精要：关键经验与活动指导. 北京：教育科学出版社，2015：82.
③ 朱家雄，高一敏. 幼儿园科学教育与活动设计. 北京：高等教育出版社，2014：46－50.

有关人体结构的知识。鼓励学前儿童去探索人体的结构，知道人体主要由哪些部分构成，了解人体的各类肢体活动是如何运作的。学习人体各种器官类型、功能的相关知识。让学前儿童了解人体主要的感觉器官及其功能，如眼、耳、口、鼻等；知道人体内部的主要器官，如心脏、肺、大脑等，了解它们的作用；懂得在日常生活中保护自己的身体器官。

（2）了解人从出生到死亡的生命过程，树立正确的生命观，爱惜自己的生命。探索人出生以及生长发育的过程及条件：知道"我"是从哪里来的，是如何从一个胚胎发育成人的。了解生命从出生到死亡的过程：知道每个人都将要经历成长与衰老，了解不同时期人体发育的特点，学会保护学前儿童、尊重老年人。懂得每个人的生命都是十分宝贵的，死亡是不可逆的，学会珍惜自己与他人的生命，有保护自己与他人生命的意识。

2. 有关动植物的探究

大自然中的动物、植物，对学前儿童有着天然的吸引力，强烈的好奇心不断推动学前儿童去观察、探索有关动植物的各种问题。《指南》在科学探究部分中提出：幼儿教师应当让学前儿童养成亲近自然、喜欢探究的习惯，以及培养学前儿童能在探究中认识事物和现象的能力。引导学前儿童系统地观察动植物，探究动植物的生物特性，理解生物与环境之间的密切关系是幼儿园生命科学活动的重要内容。

（1）动物。了解动物种类的多样性及不同种类的特征：能够区分鸟类、鱼类、昆虫类、爬行类、哺乳类等动物种类，知道划分动物种类的标准。探究常见动物的外部特征与生活习性：知道生活当中或者学前儿童感兴趣的动物，如小鸡、小狗、马、天鹅等动物的体貌特征，以及繁衍方式、饮食习惯、特有的行为等。

（2）植物。了解植物种类的多样性及不同种类的特征：对树、花、草等植物大类有系统的认识，知道它们的特点以及区别。探究常见植物的特征、生长规律：认识常见植物的名称与特征；知道植物的根、茎、叶、果实等器官的作用与特征；探究植物的繁殖方式以及生长所需要的条件。掌握初步的培养植物的技巧。

（3）探究生物间的依存关系以及生物与环境的联系。了解物种之间的生物依存关系：知道在一个生态系统中，物种与物种之间有着各种直接或者间接的联系，如植物为鸟类提供食物，鸟类通过排泄帮助植物播种，同时，植物又从动物的粪便中汲取养分。探索环境与生物之间相互作用的关系：知道环境变化会使生物的行为模式发生改变，还可以引起种群数量的变化，如因气候变暖导致北极浮冰融化，致使北极熊数量急剧下降，濒临灭绝等。

（三）生命科学活动的价值

1. 培养学前儿童的整体意识

大自然是一个整体，物种之间是相互依存的，每个物种都是自然界保持平衡的一个小环节，一类物种的兴盛抑或消亡，都会对其他物种产生巨大的影响，每一个小环节的此消彼长不断打破大自然的稳定，又使大自然在紊乱的过程中逐渐适应，重新进入稳定的状态。

学前儿童在学习生物种群的过程中，理解自然界是一个环环相扣的整体，懂得物种与物种之间、环境与物种之间密切联系的关系，而这种全局观的形成能帮助学前儿童更好地发现问题、解决问题，用联系的观点看问题。综合课程的理念不断渗透在学前教育之中，幼儿教师强调的五指活动、五大领域的融合、问题型导向的教学活动亦是对学前儿童整体观的培养做出的肯定，将生命科学相关知识纳入统一的科学概念、规律、原理之中，就是为了让学前儿童养成用开阔的视野多角度地、综合地、系统地思考问题、解决问题的习惯。

2. 启蒙学前儿童的生命教育

死亡对学前儿童来说是陌生的。什么是死亡？关于死亡，有许多绘本用童稚的方式让学前儿童去理解，如《獾的礼物》《一片叶子落下来》《活了一百万次的猫》等，这些绘本都间接地描绘了死亡。而教育者能借助生命科学活动让学前儿童切身体悟生命的消亡，获取关于生死的直接经验。

学前儿童能在培育番茄的过程中，观察到种子的萌发、果实的成熟和叶的枯萎；在饲养小蝌蚪的过程中，观察到蝌蚪的蜕变、青蛙的出现，以及青蛙的产卵、死亡过程。这种新生命的勃发壮大到衰老枯萎的过程，让学前儿童真切地感受到生命的过程，帮助学前儿童去认识生命，体会生命的意义以及存在的价值，培养敬畏生命、热爱生命、尊敬生命的情感。

二、生命科学活动的设计

（一）生命科学活动目标的定向

生命科学活动主要探究的是生命与环境交互关系的问题。根据《指南》中有关科学领域的学前儿童发展目标（见表 4-1），我们可以提取相关信息，找准生命科学活动的核心经验。

表4-1 有关生命科学活动的学前儿童学科领域发展目标

目标	3—4岁	4—5岁	5—6岁
亲近自然，喜欢探究	(1) 喜欢接触大自然，对周围的很多事物和现象感兴趣。 (2) 经常问各种问题或好奇地摆弄物品	(1) 喜欢接触新事物，经常问一些与新事物有关的问题。 (2) 常常通过动手动脑探索物体和材料，并乐在其中	(1) 对自己感兴趣的问题总是刨根问底。 (2) 能经常动手动脑寻找问题的答案。 (3) 探索中有所发现时感到兴奋和满足
具有初步的探究能力	(1) 对感兴趣的事物能仔细观察，发现其明显特征。 (2) 能用多种感官或动作去探索物体，关注动作所产生的结果	(1) 能对事物或现象进行观察比较，发现其相同与不同之处。 (2) 能根据观察结果提出问题，并大胆猜测答案。 (3) 能通过简单的调查收集信息。 (4) 能用图画或其他符号进行记录	(1) 能通过观察、比较与分析，发现并描述不同种类物体的特征或某个事物前后的变化。 (2) 能用一定的方法验证自己的猜测。 (3) 在成人的帮助下能制订简单的调查计划并执行。 (4) 能用数字、图画、图表或其他符号记录。 (5) 探究中能与他人合作与交流
在探究中认识周围事物和现象	(1) 认识常见的动植物，能注意并发现周围的动植物是多种多样的。 (2) 初步了解和体会动植物和人们生活的关系	能感知和发现动植物的生长变化及基本条件	(1) 能察觉到动植物的外形特征、习性与生存环境的适应关系。 (2) 初步了解人们的生活与自然环境的密切关系，知道尊重和珍惜生命，保护环境

（二）生命科学活动核心经验的选择

根据幼儿园生命科学活动的内容，我们可以将该领域的活动划分为以下几类学习主题：生物的结构特征、生物的基本需要、生物的简单行为、生物的生命过程、生物与环境的交互作用。依照这五项教学主题，我们可以分别提炼其中的关键经验，作为幼儿教师设计活动目标的依据。

1. 生物的结构特征

不同的生物有自身特有的结构特征，如颜色、形状、结构及其独有的行为特征，而这些独特之处也是3—6岁学前儿童最感兴趣的。例如，长颈鹿的脖子很长；兔子的眼睛是红色的，耳朵很长，腿也很长；小刺猬背上有许多刺，受到惊吓时会蜷缩成一个刺球；小猴子的手臂很长，可以迅速地爬上树；牵牛的花长得像一个喇叭，它的藤会沿着篱笆或者墙面生长；一串红的花朵里有许多甜甜的花蜜，可以吸食。

117

随着年龄与认知能力的增长，学前儿童从最初对生物外貌特性的观察开始过渡到对生物结构与功能的探究。我们根据学前儿童的学习特点，可以分年龄段归纳出"生物的结构特征"的核心经验，如表4-2所示。

表4-2　各年龄段学前儿童适宜的"生物的结构特征"核心经验[①]

年龄	目标
3—4岁	（1）辨别各类动植物的基本外显特征（颜色、大小、形状）。 （2）知道生物是由不同的部分组成的（植物有根、茎、叶）。 （3）认识人体的外部特征及各部位的作用（眼睛看东西、鼻子闻气味）
4—5岁	（1）辨别和比较动植物的特征（除了颜色、大小和形状之外的特征）。 （2）知道生物的不同组成部分对生物有不同的作用（鸭子的脚蹼帮助它游泳）。 （3）能够判断生物与非生物（知道植物也是生物，玩具不是生物）
5—6岁	（1）知道生物的结构与功能的关系（植物通过根来吸收养分）。 （2）初步理解人体器官、结构的功能与作用。 （3）能够区分两种或者多种生物的异同

2. 生物的基本需要

生物的生存都有自身必备的基本条件，即生物的基本需要。例如，动物需要食物、空气、水、安全的住所；植物的生存需要阳光、水分、空气。同时，不同生物的基本需要具有差异性。例如，食肉类动物需要吃肉来维持生命，食草类动物需要吃植物来维持生命；喜阳的植物对水的需要远远大于喜阴的植物。学前儿童能够通过照顾小动物、培育植物来学习生物的基本需要以及不同生物间基本需要的差异。各年龄段学前儿童适宜的"生物的基本需要"核心经验如表4-3所示。

表4-3　各年龄段学前儿童适宜的"生物的基本需要"核心经验[②]

年龄	目标
3—4岁	知道生物的生存需要满足一定的需要
4—5岁	（1）知道空气、水、食物、住处是动物生存必不可少的。 （2）知道水、阳光是植物生存必不可少的。 （3）知道动植物的基本生存需要满足不了便会死亡
5—6岁	（1）知道所有动植物的共同基本需要。 （2）理解各种植物和动物满足其基本需要的不同方法。 （3）初步知道人的生存需要

3. 生物的简单行为

受生存环境的影响，每一种生物都演化出自己独特的谋生手段，就动物的觅食

[①] 张俊．幼儿园科学领域教育精要：关键经验与活动指导．北京：教育科学出版社，2015：82-83.
[②] 张俊．幼儿园科学领域教育精要：关键经验与活动指导．北京：教育科学出版社，2015：84.

和繁殖行为来说，不同的生物有特定的行为表现：母蚊子通过口器吸取人类的血液维持生命；牛通过反刍行为，消化不易分解的谷物和植物；小鸡在鸡蛋中孕育，而小猪从胚胎的形成到降生，都在妈妈的肚子中度过。幼儿教师应该积极引导、鼓励学前儿童通过直接观察、阅读、讨论等方式建构有关生物简单行为的相关经验，加深对生物行为的理解。各年龄段学前儿童适宜的"生物的简单行为"核心经验如表4-4所示。

表4-4 各年龄段学前儿童适宜的"生物的简单行为"核心经验[1]

年龄	目标
3—4岁	知道生物的各种行为（如觅食、防御、繁殖等）
4—5岁	（1）知道不同生物的同种行为具有差异性。 （2）知道生物通过不同的行为手段维持生存。 （3）知道植物同样能与环境发生交互行为
5—6岁	知道生物的行为受环境与自身结构的影响（如蚯蚓可以在土壤中钻来钻去）

4. 生物的生命过程

"人死了会去哪里？""人为什么会死？"对于"生死"这个问题，学前儿童往往充满好奇，而对于这个问题的思考，学前儿童还有着充满童真的回答："也许人死了就变成了一只蝴蝶。"然而，学前儿童不成熟的时间知觉，难以让他们真切地感受到人类漫长的生命周期。对于幼儿教师来说，可以从生命周期短的、日常可见的动植物入手，引导学前儿童观察这类生物生命周期中的某些阶段，丰富学前儿童关于生命的理解与思考，让他们了解生命周期的普遍性与生命过程的阶段性。各年龄段学前儿童适宜的"生物的生命过程"核心经验如表4-5所示。

表4-5 各年龄段学前儿童适宜的"生物的生命过程"核心经验[2]

年龄	目标
3—4岁	（1）知道动植物在其生命周期中会不断变化。 （2）知道各生命阶段的生物特征
4—5岁	（1）知道生物都会经历出生、发育、繁殖和死亡的过程。 （2）能预见自己的个体发育
5—6岁	（1）知道不同生物生命周期的差异性。 （2）了解人的生命周期

---

[1] 张俊. 幼儿园科学领域教育精要：关键经验与活动指导. 北京：教育科学出版社，2015：85.
[2] 张俊. 幼儿园科学领域教育精要：关键经验与活动指导. 北京：教育科学出版社，2015：86.

5. 生物与环境的交互作用

学前儿童能从生物的生存方式、生物特征等方面，观察到生物的生存会受到环境的影响：北极狐为了保护自己，身体的皮毛逐渐进化成白色，与周围环境相匹配，躲避天敌的攻击，而沙漠中的狐狸，拥有与沙砾颜色一样的皮毛；岩羊为了补充盐分，进化出能在悬崖上行走的身体结构。同时，环境因为生物的作用，也会发生改变：人类城市化进程的扩大，导致森林面积缩小、水源受到污染；蝗虫数量增多，形成规模，破坏森林植被，使绿地变成荒地。

随着学前儿童对生物的认识加深，幼儿教师应该引导学前儿童去思考生物与环境的关系，明白生物与生物、生物与环境是相互依存的，让学前儿童树立起保护环境、与自然和谐相处的意识。各年龄段学前儿童适宜的"生物与环境的交互作用"核心经验如表4-6所示。

表4-6　各年龄段学前儿童适宜的"生物与环境的交互作用"核心经验[1]

年龄	目标
3—4岁	（1）知道动植物的生存离不开环境。 （2）知道人类的生活活动会影响动植物种群的变化
4—5岁	（1）知道生物的生存依赖其他生物与环境。 （2）能初步思考生物与生活环境之间的关系
5—6岁	（1）知道生物活动会引起生存环境的改变。 （2）知道环境会影响动植物的生物特征与生物行为。 （3）初步了解人类的生存依赖其他物种与环境，同时人类活动会反作用于自然界

（三）环境与材料的支持

1. 利用适宜的探索资源

在小规模的园舍中，幼儿教师可以在班级内依据主题活动、当地的气候条件、学前儿童的兴趣等因素创设带有本班特色的自然角，陈设辣椒、芋艿、土豆等植物或者蚕宝宝、小兔子、仓鼠等方便饲养的小动物，供学前儿童日常观察与探究；在规模较大，有空旷场地的园舍中，幼儿教师可以开辟一定的公共种植园、养殖区，种植当地常见的蔬菜，饲养家猪、山羊等温顺的中型动物。还可以建立班级包干区，让同班级的幼儿共同劳动，种植植物。

根据园舍所处的地理位置，也可以开展不同类型的生命科学活动。地处城镇的

---

[1] 张俊. 幼儿园科学领域教育精要：关键经验与活动指导. 北京：教育科学出版社，2015：86.

幼儿园，可以利用校舍周边的公园、自然博物馆，让学前儿童去认识花草树木，寻找或认识各类动物；地处郊野、农村的幼儿园，可以利用农田、树林、水库等资源，让学前儿童去探究动植物与自然环境。

2. 提供探索活动的辅助工具

在以植物为探究对象的活动中，幼儿教师面对学前儿童不同的探索阶段，需提供对应的探索工具。在植物幼苗阶段，应提供适宜的花盆、浇水用的花洒、翻土用的钉耙等工具；在植物营养生长阶段，应提供适量的营养肥料、除虫工具等。

在以动物为探究对象的活动中，幼儿教师亦应提供相应的探索工具：饲养小动物，如仓鼠、兔子、金鱼等动物所用的笼子、鱼缸、喂食容器等；培育昆虫，如蚕、蜗牛等昆虫或者爬行类动物所用的玻璃容器等。

同时，学前儿童在培育、照料植物以及饲养动物的过程中，幼儿教师必须及时提供供学前儿童观察、测量、记录探究对象的工具，如放大镜、尺子、记录表等，引导学前儿童采用科学的方法仔细观察和记录探究对象的生长与变化。

3. 创设优质的探究环境

环境的营造对于学前儿童主动学习和探索有着积极的影响，幼儿园可以充分利用班级或者公共区域的墙面部分，为学前儿童营造一个探索生命的世界。将墙面进行分割，依据学前儿童探究的过程与阶段，分别展示学前儿童开展探索前的思维导图、探索过程中的观察趣事等。同时，将学前儿童的观察日志的内容图文化，以富有童趣的方式展现在墙面上。

在图书角陈列相对应的绘本或者开展与探索活动密切联系的绘本阅读课，也是为学前儿童创设优质的探索环境的方式之一。借助绘本，让学前儿童了解观察对象的生活习性及特点，帮助学前儿童更好地开展真实的探究活动，同时，也能用卡通图画的形式增加学前儿童的兴趣，使学前儿童增强对该项活动的专注力。

三、生命科学活动的指导要点

（一）培养学前儿童专业的科学精神

培养学前儿童专业的科学精神并不是指让学前儿童拥有与生物学家同样的科学知识储备，而是让学前儿童以生物学家研究动植物的方式与态度去研究他们感兴趣的动物和植物。在开展生命科学活动时，幼儿教师应该提供放大镜、测量仪器、观察手册等辅助工具，引导学前儿童用严谨的态度去观察、测量、记录被观察的生物，让学前儿童通过科学的数据去分析被观察的生物并深入思考。当学前儿童掌握了科学的观察、记录方法，对生物的了解与归类便成为一项学前儿童易于理解和接受的科学行为。

（二）注重学前儿童观察活动的坚持性与长期性

不同生物有不同的生命过程，有的长则数十年，有的短则几周、几个月，但无论长短，对其进行科学探究，都需要一个很长的过程。比如，观察辣椒发芽、生长、开花、结果；观察落叶阔叶植物由季节交替导致的树叶的变化；观察蚕宝宝吐丝成茧的过程。而学前儿童的注意力具有很强的不稳定性，一方面体现在学前儿童注意力保持的时长很短，只有5—15分钟；另一方面体现在学前儿童很容易被其他事物吸引，对之前的观察活动失去兴趣。因此幼儿教师应为学前儿童营造安静、专注的氛围，帮助他们集中注意力，做好每一次观察与探究活动。同时，需要不断围绕学前儿童的观察记录开展课堂讨论，使学前儿童将各阶段的探究活动建立联系。

（三）强调探究活动的目的性

如前所述，生命科学活动的内容有很多。幼儿教师应该根据当前活动的探究对象以及学前儿童的兴趣，设定适宜的观察和探究目标，引导学前儿童开展有目的、有意义的探究活动。

（四）因地制宜，开展多种多样的探究活动

生物因素存在于任何场景，如班级的自然角，幼儿园的种植区、饲养角，社区内的绿化区域等。幼儿教师可以根据学前儿童的兴趣、自然因素（季节、动植物种类的分布）等情况开展不同的探究活动。同时，学前儿童的探究活动也不是固定的，可以是长期的观察，也可以是短期的探究；可以根据幼儿教师设计的活动开展，也可以根据学前儿童的兴趣生成探究活动。

景洪市望天树幼儿园幼儿在园内探索自然

四、活动案例及评析

⊙活动案例

中班科学活动"圆圆的肚脐"

活动目标

1. 通过自主阅读，能观察、比较梨和胎儿的生长过程，了解脐带的作用。

2. 尝试用绘画的方式表达自己的创想，并能大胆地与同伴交流、分享。

活动准备

1. 经验准备：与学前儿童讨论"你知道肚脐在哪里吗？有什么用呢？"等相关话题。了解学前儿童对肚脐的认知经验。

2. 物质准备：科学图画书《圆圆的肚脐》若干；学前儿童事先画好的妈妈图片、笔若干。

活动过程

（一）观察图片，聊一聊"我的出生"

1. 幼儿教师向学前儿童出示图书中新生命诞生的连页画面。

2. 引导学前儿童观察画面并谈论：

（1）有些学前儿童一直在想一个问题，他们到底是怎么出生的？看看他们想到了什么？（鼓励学前儿童用自己的语言来表述看到的画面内容）

（2）那你们的想法呢？你希望自己以怎样的方式出生？（鼓励学前儿童大胆想象，并进行交流与分享）

（环节说明：科学图画书《圆圆的肚脐》呈现出一些关于宝宝出生的奇思妙想，对学前儿童关于出生的原有经验会有一定的冲击，也能引发学前儿童进一步探究这个问题的兴趣，因此幼儿教师采用倒叙的方式，将这幅连页作为活动的导入环节，试图激发学前儿童产生更多富有童趣的想象与表达。）

（二）自主阅读图书前半部分，观察、比较梨和宝宝的生长过程

1. 幼儿教师向学前儿童出示图书中梨子与肚子的比较图。

师：现在，我们来看看这两幅图，猜猜它们是什么？

师：那梨的生长和宝宝的生长及出生有什么相同和不同的地方？

2. 学前儿童自主阅读图书中梨子与婴儿生长的比较图。

师：看了图书，你有什么发现？

梨的生长过程是怎样的？那宝宝呢？

你觉得它们哪些地方很像？哪些地方不一样？

3. 师幼共读图书，幼儿教师做小结。

师：当梨长得又圆又大、成熟了的时候，农民伯伯用剪刀一下把果柄剪断了。而小宝贝也一样，等你长得结结实实，从妈妈肚子里出来的时候，医生也用剪刀一下把那根长长的线剪断了。

（环节说明：《圆圆的肚脐》前半部分的画面，旨在说明胎儿的生长及出生的问题，而作者在画面呈现的过程中，运用了和梨进行"类比"的方法。因此，整个环节首先从梨和肚子两张相似画面引入，引导学前儿童观察、比较，发现图片上的两

者很相似，让他们在猜测过程中说说自己的理由，从而引发继续阅读和探究的欲望。同时，让学前儿童尝试自主阅读，运用"类比"的方法了解胎儿的生长过程及脐带的作用。)

(三)了解脐带的作用，尝试创想画

1. 幼儿教师向学前儿童出示图书中毛线与脐带的比较画。

2. 谈论：小朋友，你知道这根长长的线是什么吗？

有个小朋友觉得自己和妈妈之间是这样连接的，看看他们的连接方法是怎样的？你觉得你和妈妈是怎样连接在一起的？把你的想法画出来吧。

3. 学前儿童自主绘画，并与同伴自主交流。

(环节说明：《圆圆的肚脐》中很多画面是以一种富有童趣的方式来向学前儿童呈现科学的内容，其中，妈妈手里的毛线连接了母子的画面，可以引发幼儿思考：脐带真是这样连接妈妈和宝宝的吗？因此在这个环节中设计学前儿童的讨论和绘画，引导他们对脐带的连接有更多的想法，并通过绘画的方式进行表达。)

(四)展示学前儿童的绘画作品，幼儿教师梳理经验

1. 幼儿教师将学前儿童的作品进行展示，并选取一些典型的作品进行介绍。

2. 出示绘本中婴儿诞生的内容画面。

3. 幼儿教师小结：原来，我们出生的时候，医生把脐带剪断后用小夹子夹住，差不多一个星期以后，脐带自己就脱落了，就变成了我们现在的圆圆的肚脐。(师幼共读，幼儿教师引导幼儿梳理肚脐的形成过程)

4. 师：看看，你的肚脐长什么样？和旁边的小伙伴相互比比看，你们的肚脐长的一样吗？(鼓励学前儿童之间相互看看、比比、说说)

(五)活动延伸——区域游戏"身体的奥秘"

师：通过看书，我们知道了肚脐是一个怎样的洞，但在这本书里还有很多关于肚脐的有趣的内容。在接下来的游戏时间中，我们可以去阅读区继续翻看这本书，也可以玩一玩其他游戏，了解更多我们身体里的奥秘！

(杭州市蓓蕾幼儿园)

案例分析

认识自己的肚脐是生命科学活动中有关学习人体知识的一节课。传统教法往往是让学前儿童从观察入手，观察自己的肚脐与他人的肚脐有何不同，再查询资料，或者由幼儿教师教授间接知识，比如人的肚脐是如何形成的、有何作用等。而此活动借助绘本，用童趣的方式激发学前儿童的学习兴趣。同时将水果——梨与学前儿童的肚脐建立联系，让学前儿童探索、发现不同物种间生命的共性，让学前儿童在快乐中主动探索、建构知识。在此次活动中，幼儿教师应注重以下几

个方面。

（1）关注兴趣，有效组织。幼儿教师以设问的形式引入主题，调动学前儿童参与课程探究的积极性。幼儿教师出示绘本图片，组织学前儿童进行猜想，在分享与探讨的过程中，感受活动的乐趣。

（2）借用外物，拓展思维。幼儿教师在帮助学前儿童建构有关肚脐、脐带的概念时，用梨成长的过程类比胎儿在母亲肚子里成长的过程，用简单易懂的方式让学前儿童理解脐带的作用，避免了晦涩的专业科学知识。学前儿童不仅能在此次类比中发现脐带的作用，而且还会思考人的成长与其他生命成长的异同，并发现生命体的共性。

（3）关注能力，有效体验。在阅读绘本、学习科学知识之后，幼儿教师用让学前儿童动手绘画的方式巩固所学知识，然后进行交流和探讨。活动中，幼儿教师与学前儿童不再是灌输与被灌输知识的关系，而是对话式的双向交流的有效体验和成长。

第三节 物质科学活动的设计与指导

大自然不仅有着丰富的、令学前儿童着迷的动植物资源，还有许多让学前儿童捉摸不透、不断思考的自然科学现象。学前儿童在探索世界的时候，常常会发出疑问："为什么水会从高处往低处流？""影子是哪里来的？为什么人的影子一会儿出现一会儿消失？还会不停地变化？"这些问题的提出，预示着学前儿童开始与物质世界生产交集，萌发了物质科学的幼苗。从专业的物质科学角度来说，一切物质变化都离不开基本原理以及物理定律的范畴。幼儿教师如何将这些基本原理与物理定律活动化，帮助学前儿童建构有关物质科学的基本经验，为以后的学习打下基础是本节的学习内容与重点。

本节将从物质科学的核心概念出发，梳理各个年龄阶段学前儿童对应的物质科学相关关键经验，提供物质科学活动的设计方法与教学案例，帮助幼儿教师更好地开展物质科学活动。

一、物质科学活动概述

（一）物质科学活动的含义

在自然科学中，物质科学包括物理与化学，分别研究自然现象的规律和物质的特性及变化规律。穆莫认为，幼儿园的物质科学应该包括探究材料的物理属性、物体的运动，以及影响物质状态的力。其中有关物体的特性，如重量、形状、大小、质地、颜色、温度等为探究的主要对象，同时也涉及与运动相关的概念和行动，如推动、漂浮等[1]。张俊认为，幼儿园物质科学活动不是对物质科学基本原理和物理定律的学习，而是帮助幼儿积累有关物质科学的经验，为后期学习做铺垫的一种探究活动[2]。刘占兰根据《指南》精神，将幼儿科学教育内容划分成七大板块，物质科学活动即其中的"常见的物体""常见的物理现象"两个板块[3]。澳大利亚幼儿园及小学一年级科技大纲提出，该年龄段学前儿童应当了解一定的物理现象，如能用力推拉物体，使物体运动或静止；知道物体需要能力才能运动；能感知物体与人体温的温度差等。[4]

从上述学者或者组织的论点来看，我们能发现幼儿园物质科学活动与自然界的物质科学既有联系又有区别。幼儿园物质科学活动探究的内容属于自然科学中物质科学的内容。但是，这与真正意义上的科学概念大相径庭，我们只能称幼儿园物质科学为"前科学概念"，即幼儿园物质科学教育不以科学原理的学习为中心，更关注科学经验的积累，科学精神的培养，为日后系统地学习严密的、专业的科学知识打下基础。

（二）物质科学活动内容

《指南》有关科学领域的各年龄阶段幼儿园发展目标的内容中指出：3—4岁的学前儿童应当达到能感知和发现物体和材料的软硬、光滑和粗糙等特性的发展水平；4—5岁的学前儿童应该达到能感知和发现常见材料的溶解、导热等性质或途径，感

---

[1] 穆莫. 早期STEM教学：科学、技术、工程与数学的整合活动. 李正清, 译. 南京：南京师范大学出版社, 2017：9.
[2] 张俊. 幼儿园科学领域教育精要：关键经验与活动指导. 北京：教育科学出版社, 2015：89.
[3] 李季湄. 冯晓霞.《3—6岁儿童学习与发展指南》解读. 北京：人民教育出版社, 2013.
[4] 全国幼师工作协作组. 幼儿科学教育活动指导. 北京：北京师范大学出版社, 2002.

知和发现简单物理现象，如感知物体形态位置变化。5—6岁的学前儿童应当达到能发现常见物体的结构与功能之间的关系、能探索并发现常见的物理现象产生的条件或影响因素，如影子、沉浮现象等。根据这些发展目标，参照各学者对物质科学的阐述以及本书对幼儿园物质科学教育的定义，我们大致可以把幼儿园物质科学活动内容范围分为"声、电、光、热、力、磁、物质材料"等几个方面。

1. 声

声音是由物体振动产生的一种波，这种波是学前儿童感受世界、接收信息时最重要的来源。声音的高低、长短、音色都有自身独特的含义，学习声音的相关知识，是积累物质科学经验的基础。有关"声音"的学习内容，包括探索声音的传播方式、辨别好听或者难听的声音、探索不同物质产生声音的异同、知道不同声音的含义等。

2. 电

电作为电荷运动产生的一种物理现象，在生活中有许多不同的表现形式，如天空中的闪电、穿脱衣物时产生的电火花、给电子产品带来"活力"的电等。我们在科学活动中，关于"电"的内容，包括认识物理意义上的电以及知道电给人带来的利与弊，如了解电是如何产生的、探索电器与电动玩具的功能、学习用电的方法、知道在用电的过程中如何保护自己等。

3. 光

光与声音一样，也是一种波，在学前儿童的科学教育活动中，有更加丰富的探索形式。有关"光"的活动包括探究光与影子的关系、开展反射及折射的实验探究活动、探索颜色与光的关系、学习不同光源产生不同的光等。

4. 热

热是物体温度高低带来的一种感官体验。通常来说，幼儿教师一般围绕学前儿童的生活经验，来帮助学前儿童开展探究活动，比如学会用温度计测量物体的冷热，掌握保温与降温的方式，探索热胀冷缩的现象等。

5. 力

"力"的范围很广。从力的概念上来说，力是两种或者多种物质之间发生运动而产生的，重力、浮力、摩擦力、弹力等都是力的表现形式。"橡皮鸭为什么可以浮在水面上？""从积水的路面走过为什么会滑倒？"这些问题都是学前儿童在与"力"打交道的过程中产生的。正因为力的表现形式千差万别，又随时出现在学前儿童的生活中，因此，有关"力"的科学探究活动主题鲜明、形式多样，如通过实验探索各种力（推力、拉力、浮力、重力、摩擦力、弹力、吸引力、电力、风力等）、探索力的用途、探索杠杆原理、通过跷跷板与天平等工具体验力的平衡等。

6. 磁

磁是物体在磁场中与电流产生的作用力。关于"磁"的学习，有探究各种大小和形状的磁铁、发现磁铁具有吸引铁和铁制品的性质、探索磁铁之间的吸引与排斥现象、探索磁铁的用途等活动。

7. 物质材料

有关"物质材料"的学习主要指的是感受物体的特性（认识物体的形状、颜色、硬度、光滑度、纹理、质地等）以及性质与用途。在幼儿园的科学活动中，常见的活动有探索液体在不同容器中会发生什么样的变化、对不同软硬程度的物体进行归类等。

（三）物质科学活动的价值

丰富的生活经验能让学前儿童接触到许多神奇的物质变化，但由于缺乏正确的科学知识积累，学前儿童会将这些现象归结为无法解释的谜，而这种谜对学前儿童后续的科学学习会产生积极的促进作用或消极的阻碍作用。部分学前儿童会对物质的变化产生兴趣，去寻求原因，也会有部分学前儿童见到与科学知识相违背的物质变化，会根据自己的生活经验将这类现象用自己片面的朴素理论去归结，脱离科学的轨道。

开展物质科学活动，即是在教育实践中通过相应的策略让学前儿童修正与科学违背的经验，给予学前儿童应有的时空条件，让学前儿童有一个真正的理解。这种理解，就是帮助学前儿童建构科学概念。学前儿童的科学概念不同于专门的科学原理或者理论知识，而是属于"前科学概念"，前科学概念是依赖于日常生活经验，对所接触的物质形成的一类概念。从学前儿童的物质科学活动的开展方式来看，我们可以发现，这些科学探究活动以动手操作、实验、讨论为主，同时，受到思维发展水平的影响，学前儿童无法接受专门的科学原理，因为其科学知识是建立在实践经验上的知识结论。

幼儿教师在探究活动中应当帮助学前儿童在获得的知识结论中抓住事物的本质，剔除无关的、错误的知识结论，帮助学前儿童为日后的科学学习建立基础，做好铺垫。

二、物质科学活动的设计

（一）物质科学活动目标的定向

物质科学活动主要探究的是物质性质与变化的问题。根据《指南》中有关科学领域的学前儿童发展目标，我们可以提取相关信息，找准物质科学活动的核心经验。表4-7呈现的是物质科学活动不同于生命科学活动的发展目标。

表4-7 有关物质科学活动的学前儿童学科领域发展目标

目标	3—4岁	4—5岁	5—6岁
在探究中认识周围事物和现象	能感知和发现物体和材料的软硬、光滑和粗糙等特性	（1）能感知和发现常见材料的溶解、导热等性质或用途。 （2）能感知和发现简单物理现象，如物体形态或位置变化等。 （3）初步感知常用科技产品与自己生活的关系，知道科技产品有利有弊	（1）能发现常见物体的机构与功能之间的关系。 （2）能探索并发现常见的物理现象产生的条件或影响因素，如影子、沉浮等

（二）物质科学活动核心经验的选择

我们可以根据其属性及产生的方式，将声、电、光、热、力、磁、物质材料这七项学前儿童物质科学内容划分为三大类：一是物质材料，即物质的特性；二是力，即物体发生的运动；三是物质能量，即物体产生的能量。不同年龄阶段有关"物质材料"的核心经验、不同年龄阶段有关"力"的核心经验、不同年龄阶段有关"声、电、光、热、磁"的核心经验如表4-8、表4-9、表4-10所示。

表4-8 不同年龄阶段有关"物质材料"的核心经验[①]

年龄	目标
3—4岁	（1）感知不同物质材料的不同触感，如粗糙或者光滑、坚硬或者柔软。 （2）通过操作活动感受液体的流动性。 （3）观察不同液体进行混合后产生的变化
4—5岁	（1）能凭借物质材料的特点对物质进行区分。 （2）知道不同物质属性有不同的运动轨迹和运动方式。 （3）能够了解材料的性质并不是稳定的，如颜料的混合。 （4）了解材料的导热性与溶解性，知道各类材料的用途

---

① 张俊. 幼儿园科学领域教育精要：关键经验与活动指导. 北京：教育科学出版社，2015：90-94.

年龄	目标
5—6岁	（1）探索不同物体结构对其功能的影响作用。 （2）对物质的固、液、气三态有正确的认知。 （3）能够使用工具对物体进行测量

表4-9 不同年龄阶段有关"力"的核心经验①

年龄	目标
3—4岁	（1）知道物体需要受到外力作用才能发生运动变化。 （2）感知不同的物体在水中有不同的沉浮表现
4—5岁	（1）知道物体的形态或者位置会受到力的作用发生变化。 （2）探索让物体运动或者停止运动的各种方式。 （3）对摩擦力有初步的认识，知道在光滑程度不同的平面上运动的物体的运动速度是不同的
5—6岁	（1）探索影响物体运动的各类因素。 （2）感知物体的运动状态会随外界条件（平面摩擦力、斜坡角度等）的改变而发生变化。 （3）能进一步探索各种力的现象。 （4）探索各种机械，发现机械的作用

表4-10 不同年龄阶段有关"声、电、光、热、磁"的核心经验②

年龄	目标
3—4岁	（1）感知生活中各种不同的声音。 （2）了解各种声音背后的含义。 （3）感知不同的物体产生的声音是不同的。 （4）了解光可以由不同的光源产生。 （5）初步认识光影知识。 （6）发现磁铁的吸力。 （7）感知不同物体的冷热差别
4—5岁	（1）感知声音的不同特质，初步尝试改变物体产生的声音特征。 （2）探索让不同物体产生声音的方法。 （3）了解声音的传播方式。 （4）探索影子的变化特征。 （5）了解静电。 （6）探索产生热量的各种方法

---

① 张俊．幼儿园科学领域教育精要：关键经验与活动指导．北京：教育科学出版社，2015：90-94．
② 张俊．幼儿园科学领域教育精要：关键经验与活动指导．北京：教育科学出版社，2015：90-94．

续表

年龄	目标
5—6岁	（1）了解什么是噪声及其危害。 （2）探索光源与光源距离对光的亮度产生的变化。 （3）探索影响影子大小与形状的因素。 （4）学习简单的电路知识。 （5）会使用常见的电子产品。 （6）探索磁铁相吸或者互斥的现象，会运用相应的原理开展简单的游戏。 （7）感知热的传导

（三）环境与材料的支持

1. 提供适宜的探索资源

幼儿教师应当根据园舍的条件，创设适宜的探索区域。在小规模的园舍中，幼儿教师可以在班级内依据主题活动、学前儿童的兴趣等因素创设科学探究区，陈设各类不同材质的物体以及探究工具，让学前儿童有机会、有场地去探究物质的特性。在条件良好的园舍中，幼儿教师可以在全园范围内，针对全体学前儿童开设科学探究专项室，并提供丰富、专业的探究材料，让幼儿围绕某一项物质开展专门的探究活动，并对该问题进行深入研究，比如创设探究声音的科学探究室，让学前儿童去探究声音的产生过程、声音的种类、声音的传播方式以及声音在传播中发生的变化，等等。

2. 提供探索活动的辅助工具

由于物质科学活动的种类繁多、探究对象多样，幼儿教师应该根据探究任务，为学前儿童提供相应的探究工具与探究材料。常见的物质科学活动所需的辅助材料如表4-11所示。

表4-11 常见的物质科学活动所需的辅助材料[①]

探究内容	辅助材料
颜色的变化	容器、调色笔、小勺子；红、黄、蓝等各类颜色
磁铁的性质	各种形状、不同大小的铁磁；各类不同磁属性的物品
静电	塑料制品（吸管、梳子）、碎纸屑、尼龙制品（丝袜）
摩擦力	粗糙程度不同的各类平面；能滑动的物体（玩具车、轮胎）

---

① 刘占兰. 幼儿园科学教育资源. 北京：人民教育出版社，2014：58.

3. 创设优质的探究环境

环境的营造对于学前儿童主动学习、探索有着积极的影响，幼儿园可以充分利用班级或者公共区域的墙面部分，为学前儿童营造一个探索物质的世界。幼儿教师可以根据学前儿童不同的探索阶段，设立不同的墙面内容，如在探索准备阶段设立"问题栏"，由幼儿教师提出，或者学前儿童提出一些学前儿童感兴趣、想要探索的问题，幼儿教师根据这些问题，引导学前儿童去思考并准备下一阶段的探究活动。同时，墙面也可以将学前儿童探索的过程陈列出来，让学前儿童能够回顾自己的探究过程，从中发现不足，吸取经验。亦可将学前儿童探索的结果与发现罗列出来，回答"问题栏"中的问题，让学前儿童体验到探究的成就感，培养探究的兴趣。

在图书角陈列相对应的绘本或者开展与探索活动密切联系的绘本阅读课，也是为学前儿童创设优质的探索环境的方式之一。借助绘本，让学前儿童了解各种物质的特性特点，帮助学前儿童进行更有目的性的探究活动，同时，也能通过卡通图画的形式增加学前儿童的兴趣，使之提高对活动的专注力。

三、物质科学活动的指导要点

（一）培养学前儿童专业的科学精神

培养学前儿童专业的科学精神并不是指让学前儿童掌握物理定律和科学原理，而是让学前儿童以严谨的方式与态度去研究周围他们感兴趣的物质。在开展物质科学活动时，幼儿教师应该投入放大镜、测量仪器、观察手册等辅助工具，引导学前儿童用科学家的方式去观察、测量、记录所探究的物质，让其尝试用科学家的态度与思维分析物质。

（二）注重学前儿童探索的渐进性

学前儿童对物体的探究水平受到其年龄特点和个体心理发展规律的影响，幼儿教师在指导学前儿童开展探究活动时必须遵循个体发展的客观规律，应该分阶段、循序渐进地提高学前儿童的探究能力和经验水平。以探究颜色的科学活动为例，幼儿教师可以根据学前儿童的经验准备，分三个阶段开展活动。

第一阶段：自由探索。这个阶段，学前儿童的主要活动是对颜色进行随意操作和控制，学前儿童可以根据自己的意愿去涂色、混合颜料、自由创作。幼儿教师扮演的是引领者的角色，让学前儿童保持对颜色探究活动的兴趣与欲望。

第二阶段：探索颜色的搭配，产生第三种颜色。在上一阶段的随意探索中，学前儿童有了混合颜料的经验,并发现不同颜料混合在一起会产生另一种颜色。此阶段的探究,主要围绕颜料的混合有什么固定的搭配以及颜料变化的规律是什么。

第三阶段:探索颜色深浅变化以及会对混合颜色产生什么样的影响。

(三)强调探究活动的操作性

学前儿童感知物体的性质是通过摆弄、操作物体的方式来获得的。如通过实验和操作,学前儿童可以体验能量的变化会使物体的形状发生改变(用力将粉笔碾碎,会发现粉笔是由粉笔灰组成的);通过实验和操作,学前儿童会发现物体之间的作用力会影响物体的运动成效(将粗糙的表面打磨光滑,玩具车在同等推力的作用下,可以滑得更远)。幼儿教师在设计物质科学活动时,应给学前儿童提供更多的动手操作机会,让学前儿童更加直观地去感受物体的各种特性。

五个有趣的科学小实验

四、活动案例及评析

⊙ 活动案例

小班科学活动"神奇的沉与浮"

活动目标

1. 观察水果在水中的沉浮现象,获得物体沉浮的经验。
2. 认识标记"↑""↓",能根据沉浮标记简单分类。
3. 激发幼儿对科学游戏的兴趣。

活动准备

经验准备:幼儿已经初步了解轻重不同的物品在水里的沉浮不同。

物质准备:各类时令水果若干、"↑"与"↓"的标记各一、沉浮兄弟头饰各一、盛水容器若干、箩筐两只。

活动过程

(一)猜猜谁会沉下去,谁会浮上来

1. 师:"小朋友们,今天我们班来了两位小客人。老师准备了许多水果来招待这两位小客人。你们看,都有什么水果?"

(幼儿一一指认水果。)

2. 师:"今天要来的两位小客人非常奇怪,哥哥叫浮起来,专吃浮在水面上的水果,你们看,他吃多了浮在水上的水果,嘴巴都往上翘了(师出示标记'↑');

弟弟叫沉下去，专吃沉在水下的水果，你们看，他吃多了沉在水下的水果，嘴巴都往下垂了（师出示标记'↓'）。我们可不要学他俩。"

师："可是不行呀，如果沉浮兄弟吃错了水果，就要拉肚子，所以我们要帮兄弟俩把水果分出来。"

（二）浮起来又沉下去

1. 师："小朋友们，你们想一想，这些水果放在水里，哪些会浮起来，哪些会沉下去呢？"幼儿自由讨论后回答。

2. 师："刚才小朋友们各有各的说法，我们也不知道到底哪些水果放在水里是沉下去的，哪些水果是浮起来的。现在就请小朋友每人拿一样水果，放到水里去试一试，看看你拿的水果在水里到底是沉还是浮。"

3. 师："小朋友，你们先来猜一猜，这些水果放在水里，哪些会浮起来，哪些会沉下去呢？"（幼儿自由讨论后回答。）

请幼儿讨论哪些是沉的水果、哪些是浮的水果，幼儿教师给予补充。

4. 师："刚才小朋友们都说了很多水果，现在我们也不知道，到底哪些水果放在水里是沉下去的，哪些水果放在水里是浮起来的。现在就请小朋友每人拿一样水果，放到水里去试一试，看看你拿的水果在水里到底是沉还是浮。"

请幼儿分别在两只箩筐里选择水果，感知不同水果的沉浮。

（三）幼儿自己动手实验，并把自己的实验结果告诉其他小朋友

教师分别出示"↑"和"↓"的标记。帮助幼儿正确运用"沉"和"浮"来表述自己的实验结果，幼儿教师巡回指导幼儿进行实验。

师："现在谁愿意把自己的发现讲给大家听听？"

幼1："我拿的是苹果，我发现苹果是浮起来的。"

幼2："我拿的是提子，我发现提子是沉下去的。"

（四）巩固沉浮兄弟的特征，进一步认识标记"↑"和"↓"

1. 师："小朋友们真棒，帮助沉浮兄弟找到了他们爱吃的水果，现在我们一起来将这些水果按照'浮上来↑'和'沉下去↓'分开放在两只箩筐里好吗？"（请幼儿根据刚才的实验结果分放。）

幼儿教师将标记"↑"和"↓"分别贴在两只箩筐上。

2. 师："沉浮兄弟为了感谢我们，把这些水果送给了我们，我们一起来尝尝这些好吃的水果吧！"请幼儿选择一种水果，并与他人互换品尝，体验分享的快乐。

（成都市协和幼儿园）

案例分析

正确理解沉浮的概念需要幼儿同时考虑物体质量和体积的影响，这是幼儿阶段

不容易理解的科学原理。因此，幼儿教师利用卡通形象设计了"浮起来"和"沉下去"两个人物，将"沉""浮"概念直观化。本活动通过猜一猜、想一想，让幼儿运用已有经验进行猜想和判断，让他们主动建构知识经验来验证自己刚才的猜想，从而调整自己的认识，并让幼儿懂得了要得出结论必须以客观事实为依据。最后出示沉浮兄弟，让幼儿根据沉浮兄弟的特征送水果，也让沉浮兄弟验证幼儿分类的结果，在愉快的分享中结束本次活动。

通常来说，幼儿园中探究沉浮的活动应该包含探究沉浮的影响因素以及改变物体沉浮状态的方式。此次活动，幼儿教师虽然照顾到幼儿的年龄阶段，选择探究沉浮的影响因素作为本次探究活动的内容，但是没有在结束环节作经验归类总结，不能很好地引发幼儿自己的解释性理解，缺乏提升。

第四节 地球科学活动的设计与指导

皮亚杰曾经进行过学前儿童对风的认识的研究。他发现，学前儿童对风的成因往往认为是由人或者神引起的，或是由呼吸或者机器引起的。[①] 对于其他的自然现象，学前儿童也有十分有趣的理解：云融化之后就变成了雨；两朵云发生碰撞后，会产生雷电。学前儿童的异想天开，就是自己对自然现象与地球的思考："为什么我走月亮也走？""为什么沙漠和海边都有沙子？"地球科学活动就是帮助学前儿童去认识周遭的世界，解释抬头望见的星空，解释低头跨过的岩石。

本节将从地球科学活动的内容出发，梳理各个年龄阶段学前儿童对应的地球科学相关关键经验，提供地球科学活动的设计方法与教学案例，帮助幼儿教师更好地开展地球科学活动。

---

① 王振宇. 学前儿童发展心理学. 北京：人民教育出版社，2004：382-384.

一、地球科学活动概述

高等教育出版社出版过《地球与空间科学》[①]一书。该书认为，地球与空间科学的研究对象是日地空间物理环境，包括地球的宇宙环境、地球的概念、岩石与土壤圈、大气圈、水圈与生物圈，涵盖了气象学、地质学、生物学、天文学等多个学科。我们所说的幼儿园地球科学与上述书目所划定的研究范围其实是一致的。唐华、王玥等人所著的《学前儿童科学教育》[②]中就提到：神秘的天文现象、变化的气候、季节现象、生态环境等属于科学教育的范围。夏力认为，3—6岁的幼儿应当掌握自然物体，如水、沙、石、土、空气、日、月、星等知识以及天气与季节的变化[③]。《早期STEM教学——科学、技术、工程与数学的整合活动》一书中写道：地球科学主要围绕对地球各组成成分的研究以及对空间物体的观察，幼儿园应当帮助幼儿认识地球物质的属性，让幼儿学会使用术语表示白天和黑夜、观察天气，了解个人的行为会造成物质的变化[④]。

结合《3—6岁儿童学习与发展指南》，本书将学前儿童地球科学活动的内容划分成以下四个方面。

（一）基本的地球物质

地球科学活动中，基本的地球物质主要为水、空气、沙、石、土等。这些物质是构成地球生态系统最基本的物质。在开展对这类地球物质的探究时，可以与生命科学、物质科学的学习相结合，因为在生命科学中，生物的生存离不开水、土壤这类地球物质，同时在物质科学中，也有对基本的地球物质的探究活动，如水的浮力探究活动、沙石的摩擦力探究活动等。

1. 水

探索水的浮力，能用不同的方法改变其他物体在水中的沉浮情况。知道水的物质属性，如颜色、气味、状态等。知道水对于生物的重要性。

2. 空气

知道空气是生命体生存的必要条件，知道空气看不见、摸不着。了解空气的流

[①] 刘南. 地球与空间科学. 北京：高等教育出版社，2010.
[②] 唐华，王玥. 学前儿童科学教育. 北京：中央广播电视大学出版社，2017：22-26.
[③] 夏力. 学前儿童科学教育活动指导. 3版. 上海：复旦大学出版社，2014：42-44.
[④] 穆莫. 早期STEM教学：科学、技术、工程与数学的整合活动. 李正清，译. 南京：南京师范大学出版社，2017：10.

动，例如，风是怎么形成的，以及其他有关空气的知识。

3. 沙、石、土

知道这三者的关系及三者的演变。了解沙、石、土的物质特性、用途，以及这三者对生物体的生存及地质地貌形成的影响。

（二）常见的天体

学前儿童对天文的探究开始于对太阳、月亮、星星的思考与探索。学习的内容包括月亮的月相变化、太阳的形状和颜色、简单的星座等。

（三）天气和气候

学习天气与气候的相关知识，主要是让学前儿童感知天气、气候与人或者动植物的生活、生存的关系，以及学习风、云、雨、雪等天气现象的成因等。

1. 天气

探究风是如何产生的，知道风的类型以及对人生活的影响。观察不同天气时云的样子与成因。知道雨的种类；知道雨在不同的季节对生物生存的意义；知道夏季常见的天气现象。知道冰、霜、雪的成因、区别和联系，了解各类天气在日常生活中的现象与作用。

2. 气候

知道一年有四个季节，知道每个季节的名称、顺序及其典型特征，了解季节与季节的变化发展情况。

（四）地球生态

了解生态环境中非生命物质与生命体是相互联系、相互依存的，理解基本的地球物质对生命的重要性。知道地球上的资源是有限的，懂得珍惜资源，节约资源。了解环境污染问题，保护环境。

二、地球科学活动的设计

（一）地球科学活动目标的定向

地球科学活动主要探究的是常见的简单的地理问题。根据《指南》中有关科学领域的学前儿童发展目标，我们可以提取相关信息，找准地球科学活动的核心经验。有关地球科学活动与生命科学活动、物质科学活动不同年龄段学前儿童学科领域发展目标如表4-12所示。

表4-12 有关地球科学活动的学前儿童学科领域发展目标

目标	3—4岁	4—5岁	5—6岁
在探究中认识周围事物和现象	能感知和体验天气对自己生活和活动的影响	（1）能感知和发现简单物理现象，如物体形态或位置变化等。 （2）能感知和发现不同季节的特点，体验季节对动植物和人的影响	（1）感知并了解季节变化的周期性，知道变化的顺序。 （2）初步了解人们的生活与自然环境的密切关系，知道尊重和珍惜生命，保护环境

（二）地球科学活动核心经验的选择

各年龄段"基本的地球物质"核心经验如表4-13所示。

表4-13 各年龄段"基本的地球物质"核心经验①

年龄	目标
3—4岁	（1）知道地球是由许多基本物质构成的。 （2）初步了解空气的特征。 （3）了解沙、石、土基本的物质特性
4—5岁	（1）能够描述基本的地球物质的类型和特点。 （2）知道地球物质各自的用途
5—6岁	（1）知道同种地球物质内部有不同的种类，且各具特色。 （2）知道人与动植物的生存离不开这些基本的地球物质

各年龄段"常见的天体"核心经验如表4-14所示。

表4-14 各年龄段"常见的天体"核心经验②

年龄	目标
3—4岁	（1）知道太阳和月亮的位置是不断变化的。 （2）掌握有关日月星辰的基本词汇
4—5岁	了解月相的变化（阴晴圆缺）
5—6岁	（1）了解太阳和月亮的公转和自转。 （2）知道太阳为地球生命的生存提供了必需的光和热

各年龄段"天气和气候"核心经验如表4-15所示。

---

① 张俊．幼儿园科学领域教育精要：关键经验与活动指导．北京：教育科学出版社，2015：94-95．
② 张俊．幼儿园科学领域教育精要：关键经验与活动指导．北京：教育科学出版社，2015：96．

表4-15　各年龄段"天气和气候"核心经验①

年龄	目标
3—4岁	(1) 感知各种天气现象。 (2) 了解常见天气的特点。 (3) 掌握有关天气的基本词汇
4—5岁	(1) 知道各种天气现象及其特征。 (2) 知道各个季节的特点和特征。 (3) 知道环境会因为季节的转变而发生变化
5—6岁	(1) 感知一天中天气的变化情况。 (2) 知道每个季节的天气都存在一定的特殊模式。 (3) 体验四季变化的周期性与顺序性。 (4) 知道天气可以通过温度、风速、风向等测定的量来表示。 (5) 知道季节的变化对人、动植物的生活和生存会产生不同的影响

各年龄段"地球生态"核心经验如表4-16所示。

表4-16　各年龄段"地球生态"核心经验②

年龄	目标
3—4岁	(1) 知道人类生活在地球上。 (2) 知道天气的变化会影响人的活动方式
4—5岁	(1) 知道地球的物质提供了人类使用的多种资源。 (2) 知道季节的变化会影响人的生活方式。 (3) 知道人的生存离不开空气
5—6岁	(1) 知道地形地貌在各种因素的影响下不断发生变化。 (2) 知道地球的变化会影响人的生活。 (3) 了解环境污染及自然灾害对人类的危害。 (4) 懂得保护环境、节约资源

(三) 环境与材料的支持

1. 合理利用社会资源

由于地球和空间科学活动的特殊性,幼儿教师为学前儿童提供的探索资源主要为当地的博物馆、地质馆、气象所等专门场所,让学前儿童能够实地参观、学习,然后再根据学前儿童的考察经历与考察结果制作日志,供学前儿童学习与分享。

趣味二十四节气儿歌,让孩子认识节气

---

① 张俊.幼儿园科学领域教育精要:关键经验与活动指导.北京:教育科学出版社,2015:96-97.
② 张俊.幼儿园科学领域教育精要:关键经验与活动指导.北京:教育科学出版社,2015:98-99.

2. 提供探索活动的辅助工具

幼儿教师要针对不同的探索活动，提供适宜的探索工具及材料。例如，学前儿童在学习有关天气的知识时，幼儿教师可以提供温度计、风向标来帮助学前儿童区别各种天气的特点。幼儿教师也可以带领学前儿童通过网上查询、阅读图书、走访有经验的人等，了解地球和空间科学的知识。

3. 创设优质的探究环境

地球科学活动探究环境的营造也可以采用装饰班级墙面和绘本区更新相关绘本内容的方式。将墙面进行分割，依据学前儿童探究的过程与阶段，分别展示学前儿童开展探索前的思维导图、探索过程中的观察趣事等。同时，将学前儿童的观察日志的内容图文化，以童趣的方式展现在墙面上。在绘本区放置相关的优秀绘本，如《我们的世界》《哇！地球》《挖地球》《妙想科学》等。

此外，可以开展季节性环境装饰的活动。在班级内设立四季桌，在不同的季节，将相关的自然资源搬入教室内，让学前儿童可以直观地感受自然环境的变化。比如在冬天，可以放置穿着冬装的人偶在季节桌上，用雪人泥塑、枯萎的落叶、掉落的树枝、白色泡沫颗粒布置成冬天的场景。

三、地球科学活动的指导要点

（一）因地制宜，联系生活实际

由于全国各地的地理环境和气候条件不同，各地区学前儿童所积累的生活经验均不同，因此幼儿教师需因地制宜，根据当地资源和条件设置科学活动。例如，西南地区地震频发，当地幼儿教师可以开展有关地震的探索活动，诸如了解什么是地震、如何在地震中保护自己等；在东南沿海地区，可以开设探究台风的课程。在探索天气与气候的活动中，幼儿教师可以按照当地冬季干冷或者湿冷或者四季有无大差别等情况开设特色课程，让学前儿童对所处的环境有更深的了解。

（二）保证教学活动形式的多样性

科学活动中有许多学习核心经验的方式，比如观察、实验操作、技术制作、交流讨论等，不同类型的科学活动所选取的学习方式各有侧重。我们在学习摩擦力的时候，往往使用实验操作的方式获得相应的关键经验；在学习关于蚕、马铃薯、兔子等动植物的相关知识时，一般会开展饲养、种植等活动，通过观察记录的方式去积累经验。地球科学活动的研究范围相较于其他的科学活动更加广泛，涉及地质学、气象学、天文学等多个领域，包括对岩石、土壤、水分等物质的探究，也包括对月亮、太阳等天体的研究等。研究对象的多样性决定了我们在探究地球科学时必须兼顾各种活动形式，做到"对症下药"，针对特定的研究对象，采用最合适的活动方式去开展探究活动。

四、活动案例及评析

⊙ 活动案例

中班科学活动"冬天和夏天"[①]

活动目标

1. 鼓励学前儿童积极参与谈话，并能大胆说出自己对冬天和夏天的感受。
2. 理解和学习词汇：寒冷、炎热。

活动准备

冬天与夏天的场景、图片等。

活动过程

1. 幼儿教师引导学前儿童看两个场景，说出它们有什么不同？分析是什么季节？（冬天和夏天）再说一说冬天是怎么样的？夏天是怎么样的？（学习词汇：寒冷、炎热）最后谈一谈，在冬天人们能做哪些事？夏天又能做什么事情？

2. 幼儿教师自然引出谈话话题：你喜欢冬天还是夏天？为什么？

请数名学前儿童讲述之后，再请每名学前儿童和身边的同伴说一说你喜欢哪个季节？为什么？也可以问问同伴喜欢哪一个季节。最后集体谈话，鼓励学前儿童在集体面前大胆说话。

3. 请喜欢冬天的学前儿童坐进冬天的场景里，喜欢夏天的学前儿童坐进夏天的场景里。

幼儿教师拓展话题，利用学前儿童自己的话向学前儿童提出问题：刚才，喜欢冬天的小朋友说不喜欢夏天，喜欢夏天的小朋友说不喜欢冬天。为什么呢？

"冬天组"和"夏天组"的学前儿童分别和同伴自由交谈不喜欢冬天或夏天的原因，然后大家集中谈一谈。

4. 进一步拓展话题：刚才大家讲了很多不喜欢冬天和夏天的原因，大家接着讨论，谈一谈自己想出来的解决问题的好办法。如：

[①] 张琳. 幼儿园教育活动设计与指导. 北京：高等教育出版社，2016：96–97.

(1) 夏天太热了，怎么凉快一点？

(2) 冬天太冷了，我们有什么办法取暖？

(3) 夏天有苍蝇嗡嗡飞、蚊子会叮人，怎么办呢？

(4) 夏天的太阳太晒了，你上街去怎么办？

(5) 冬天想游泳，有办法吗？

在学前儿童说出解决的办法时，幼儿教师可以出示相应的图片帮助学前儿童加深记忆。

5. 幼儿教师小结：冬天和夏天虽然都有人们感到不好的地方，但是还有很多小朋友喜欢，因为它们也给我们的生活带来乐趣。人们会动脑筋，想出许多办法来解决冬天或夏天里遇到的问题，使我们在冬天和夏天都过得很舒服、很快乐。

案例分析

这一活动属于讨论探究型活动。主要运用了场景和图片等直观教具，采用了比较观察的方法，让学前儿童区别冬天与夏天。

通过谈话和讨论，鼓励学前儿童大胆地在集体面前表述自己对冬天和夏天这两个季节的认识，如喜欢哪个季节，为什么；不喜欢哪个季节，为什么；采用什么方法解决这个季节遇到的问题。使学前儿童进一步加深对这两个季节特点的认识，探究解决生活中问题的方法。

第五节 工程与技术活动的设计与指导

一、工程与技术活动概述

张俊对技术和工程的定义是，技术是有关"做什么""怎样做"的方法和技巧，以及相应的工具和产品；工程是运用技术进行设计、解决问题、制作产品的过程。

由此，工程和技术活动可定义为：了解和运用技术以及工具的活动或者运用技术和工具设计、解决问题、制作产品的活动。

二、工程与技术活动的设计

工程与技术活动的设计主要涉及活动目标的确定、活动内容的选择、活动材料的准备和活动过程的设计。

（一）活动目标的确定

工程与技术活动领域的目标主要可以归纳为三个方面：认识与使用工具、工程设计与制作、了解现代科技产品。具体内容如下，供大家在设计活动时参考。

1. 认识与使用工具

（1）了解并乐于使用常见的工具，了解其不同的特点和作用。《指南》指出学前儿童要能"好奇地摆弄物品"。在摆弄物品、使用工具的过程中，可以更好地了解其特点及作用。

（2）能运用工具进行简单的制作活动。学前儿童可以在使用工具进行制作的过程中深入地探究物质的属性。

（3）能够根据活动的特点和需要选择适宜的工具。《指南》在科学领域——"探究中认识周围事物和现象"中提出目标：能发现常见物体的结构与功能之间的关系。因此，我们还要引导学前儿童在探究中思考，尝试发现不同活动对工具的属性的要求，从而能根据活动的特点和需要选择合适的工具。

2. 工程设计与制作

《指南》指出，学前儿童要在成人的帮助下制订简单的调查计划并执行。这一要求体现在工程与技术领域，最主要的就是有初步的设计与制作能力。

3. 了解现代科技产品

《指南》在科学领域——"探究中认识周围事物和现象"中提出目标：初步感知常用科技产品与自己生活的关系，知道科技产品有利也有弊。这里总结了以下三个目标。

（1）了解生活中常见的科技产品及其作用。

（2）知道科技产品给人的生活带来的便利。

（3）初步了解科技产品对人的生活的不利影响。

（二）活动内容的选择

根据工程与技术活动的目标，其内容主要分三大模块：认识与使用工具模块、设计与制作模块、了解科技产品模块。这三大模块分别可以开设的活动内容是非常多的，在此介绍一部分供大家参考。认识与使用工具模块可以开设的活动有：手电筒、放大镜、各行各业的好帮手、我家的修理工具、好用的厨房用具、省力的轮子、衣架、有用的尺子、有趣的秤、认识交通工具等。设计与制作模块可以开设的活动有：制作点心类——小花卷、饺子、汤圆、粽子、月饼、果汁、冰激凌、雪糕、豆浆等；设计制作类——听音筒、笔筒、不倒翁、娃娃、弹簧玩具、伞、降落伞、风车、飞盘、小船、小火箭、各种各样的车子、电动玩具、自制泡泡液、自制喷泉；设计拼搭类——桥、轨道、高塔、房子、花园、大炮、船、坦克、飞机等。了解科技产品模块可以开设的活动有：纸、塑料制品、玻璃制品、电风扇和扇子、电话、电脑、电灯、孵蛋器、录音机、照相机、宇宙飞船等。

（三）活动材料的准备

在准备工程与技术领域的活动材料时，主要需要考虑以下两个方面的要素。

1. 材料准备要围绕活动目标、要全面

幼儿常见的主题制作活动以及所需的工具材料

工程与技术活动领域的活动以学前儿童动手操作为主，因此在准备材料时，幼儿教师一定要考虑周到，尽可能全面地提供学前儿童在设计和制作过程中需要的所有物品。幼儿教师除了要准备供学前儿童观察、讨论引发兴趣的材料，也要准备设计需要的纸和笔，还要准备制作的材料，甚至要准备验证制作成果的材料或者享用制作成果的盘子、刀、叉、杯子等。比如在设计和制作小汽车的活动中，就既要准备设计需要的材料，如笔和图纸，也要准备制作的材料，还要准备制作小汽车的主体材料，如做车身需要的各种纸盒、纸筒、易拉罐，做车轮的瓶盖、木头等；也要准备一些辅助材料如纸带、绳子、铁丝、胶水、皮筋等连接车身和车轮的材料和小红旗、彩带、彩笔或毛笔、颜料等各种可以装饰小汽车的材料；还要准备一些制作过程中需要的工具，如剪刀、锤子等。

2. 材料的数量要适宜

幼儿教师在准备材料时，不仅要考虑准备各个环节需要的各种各样的材料，还要考虑材料的数量。活动材料不是数量、种类越多越好，而是要根据学前儿童的年龄特征以及活动的性质而定。

不同年龄的学前儿童，其心理特征存在很大的差异。小班幼儿因为处于前运算阶段的前期，自我中心特征比较突出，在活动中与同伴之间的互动较少，较多地是与材料相互作用，比较容易出现"自私"的行为——独占材料，也容易因为争抢材料而发生矛盾冲突。因此，在准备材料时最好能人手一份。到了中大班，学前儿童逐渐出现"去自我中心化"的特点，愿意与他人共享材料，能配合他人的行为，逐渐出现合作行为。因此，在提供材料时就可以考虑一组共享一份材料。

同时，幼儿教师在提供材料时还要考虑到活动的性质以及材料在活动中的重要性，比如设计、制作小车或者降落伞、不倒翁等活动的材料就需要人手一份。但是设计、制作听音筒只需要两人一份就可以了。而设计、建造一座桥或者一个小花园，大家共享一份材料即可。设计、制作小车或者降落伞时，设计用的笔和图纸以及制作小车的主体材料肯定要人手一份，但是装饰小车的辅助材料就可以小组共享。

（四）活动过程的设计

工程与技术领域的活动过程的设计大体上主要分为三个部分：开始部分、展开部分和结束部分。开始部分，幼儿教师导入活动；展开部分，幼儿教师要通过各种方法引导学前儿童进行探索；结束部分，幼儿教师与学前儿童共同对活动进行评价和小结。

1. 开始部分

开始部分也就是我们通常所说的导入部分。此部分占用时间不宜过长，一般2—3分钟即可，但是非常重要，此环节决定了后面整个活动是否可以顺利开展。工程与技术领域的导入部分可以采用各种各样的导入方法来吸引学前儿童的注意力，比如提问法、演示法、欣赏法、情境表演法等。比如在学习磁铁性质的时候，可以使用"钓鱼"工具来"钓鱼"，并问小朋友们为什么"鱼竿"没有钩却能把鱼钓上来，通过抛出问题让学前儿童思考的方式来引入正题；也可以通过展示其他学前儿童作品的方式进行，比如拿一个其他学前儿童用雪花片搭的摩天轮来激发学前儿童的兴趣等。

2. 展开部分

此部分是活动设计的主要部分，所占时间也最多。在设计展开部分的内容时，幼儿教师首先要根据以下三个问题设计出此部分的主要环节：

第一，该部分主要分为几个环节？一般来说，展开部分的主要环节设计3—5个比较合适，环节太多往往容易导致内容太多，环节太少容易使活动方式单一、枯燥。幼儿园集体教学活动的时间是有明确规定的，小班10—15分钟，中班20—25分钟，大班 30—35 分钟。当然根据教学内容不同和学前儿童在活动中的反应，可以适当缩短或者延长一点时间，但总的时间偏差不会太大。所以，幼儿教师要合理安排活动环节，既要保证课堂内容的质和量，又要避免内容超载。

第二，每个环节的主要内容是什么？这个要根据不同的活动来具体考虑。

第三，所占的时间比例如何分配？不同环节采用的主要活动方式和活动形式有哪些？活动方式有观察法、实验法、游戏法、操作法、讨论法等，活动形式有集体活动、小组活动和个别活动。在此要注意活动方式既要多样化，又要避免过渡环节太多引起消极等待问题，还要注意动静交替但又不宜太过频繁，这样会导致学前儿童刚刚静下来进入探究的状态，马上被叫起来。

设计好环节后，接下来要对每个环节所包含的小步骤进行设计，具体参考建议有两个：①每个环节中的步骤应围绕该环节的内容；②步骤是环节的细化，表述必须具体、详细，且具有可操作性，它涉及幼儿教师的具体做法、指导用语和学前儿童可能会使用的语言和具体表现。

3. 结束部分

结束部分和导入部分一样，不需要太多时间，2—3 分钟即可。此时，学前儿童的精力已经基本耗尽，如果此部分耗时过长，反而会引起学前儿童的反感或者引发混乱。结束的方式也可以有多种：可以以总结、评价的方式结束，也可以提出要求或建议，以活动延伸的方式结束，还可以以学前儿童相互展示自己的制作成品的方式结束，也可以采用与导入部分呼应的情境表演的方式结束等。

幼儿园集体教学中常犯的12个错误

> **小贴士**
>
> 我国著名教育家刘占兰提出设计与制作的活动过程的中间部分主要有四个环节：提出目标、产生设计、制作、交流与评估，具体内容如下。
>
> 1. 提出目标
>
> （1）提出可能办到的事情，在幼儿教师的帮助下可作调整。
>
> （2）提出可能办到的事情，说明理由，并根据已有的经验和收集的信息，使目标更切合实际。
>
> （3）与有关人员讨论，确定可行的目标。
>
> 2. 产生设计
>
> （1）能用行动表明自己的想法。

(2）能表达针对目标所制订的计划、采取的行动以及与此有关的各种想法。

（3）能用交谈、图像、图样、模型等手段来设计自己的草案，并能简单说明为什么要选择这种方式。

（4）开发各种想法，能利用有关材料、人员及制作过程等信息，通过对各种想法的选择，设计出一个草案，并能说明选择的理由。

3. 制作

（1）能利用各种材料和设备制作简单物品。

（2）能使用简单的工具、材料和部件。

（3）在面临未曾预料的困难时，能针对有限的材料、资源和技能想出应变措施。

4. 交流与评估

（1）能向他人叙述自己已做的工作及其效果。

（2）能根据原始意图和工作的进行情况与教师和其他人讨论对自己的设计和技术活动的满意程度。

（3）能向他人叙述自己对一些熟悉的人工产品、系统或环境的喜欢和不喜欢之处，进行简单的评价。

（4）能对所用的材料、方法及工作过程进行评价。

（资料来源：刘占兰. 幼儿园科学教育资源. 北京：人民教育出版社，2014：266.）

三、工程与技术活动的指导要点

工程与技术活动的主要目标在于培养学前儿童的操作、设计和制作能力，其指导要点主要有以下几个方面。

（一）活动中要根据学前儿童的年龄特点采用不同的指导方法

3—6岁的儿童在工程与技术活动方面呈现出明显的年龄特点，因此，幼儿教师在指导学前儿童活动时也要考虑到年龄差异，根据他们的年龄提供不同的指导方法。

小班幼儿认识了各种常见的工具，初步了解了一些工具的作用和使用方法，虽然这时他们还没有设计的意识和能力，但是他们非常乐意探索各种工具，并使用工具进行各种制作。因此，对于这个阶段的学前儿童，幼儿教师重在为学前儿童提供适合的工具和材料供其探索。

中班的幼儿有了设计的想法并非常乐于制作，但对设计的必要性以及目标是否能达成并不关注。因此，幼儿教师对此阶段的学前儿童的指导重在激发其设计兴趣，引导其先设计再制作的意识。

大班幼儿已经具有很好的使用工具和进行技术设计与创造活动的热情，他们乐于设计和制作各种物品，做事的计划性也有了一定的提高。但当其计划和设计无法顺利完成，需要调整和改进时，幼儿往往缺乏耐心。因此，对于这个阶段的学前儿童，幼儿教师的指导要侧重于引导其在遇到问题和困难的时候不气馁，能想办法解决问题和困难，使其不断改进和完善设计的目标。同时，大班幼儿的语言表达能力和反思能力都有了很大的提高，因此，幼儿教师要在活动结束时，给大班幼儿一些分享和评价自己和同伴作品的机会。

（二）活动中要给学前儿童充分动手操作的时间

探索工具或者设计、制作相对来说花费时间都是比较多的，幼儿教师在活动中要确保时间的合理分配，把一节课中的大多数时间分配给学前儿童动手操作。

（三）活动中要时刻关注学前儿童的动态，并适时地给一些建议

在学前儿童的操作阶段，很多幼儿教师认为此阶段自己的任务已经结束，让学前儿童自己操作就好。但实际上，在这个阶段幼儿教师的作用还是非常大的。幼儿教师要时刻关注学前儿童的动态，了解学前儿童是否存在对材料和活动不感兴趣的情况，或者学前儿童是否在制作过程中出现了困难需要指导。幼儿教师只有时刻关注学前儿童，才能发现活动存在的问题以及学前儿童的需求，可以及时调整活动或者给学前儿童一些建议，从而使活动更好地进行下去。

（四）活动中要充分尊重学前儿童的设想

学前儿童在设计和制作过程中，幼儿教师要体现其主导地位，对学前儿童的操作活动适时介入并给予合理指导。但是这并不意味着教学活动要以幼儿教师为中心，学前儿童要完全按照幼儿教师的想法去做。相反，幼儿教师应该给学前儿童充分彰显自己个性的机会，当学前儿童出现一些天马行空的想象和创造时，可能这些想象和创造不太符合成人的思维逻辑，幼儿教师不要急于否定学前儿童的想法，不妨给学前儿童一些空间让学前儿童自由发挥，尊重学前儿童的这些不切实际的想法，让学前儿童大胆地进行设想和制作。

四、活动案例及评析

⊙ 活动案例

自制漂浮玩具（大班）[①]

活动目标

加深有关水具有浮力的认识。

进一步了解能够在水中沉或浮的各种物体的特点。

乐于进行设计和制作活动。

活动准备

(1) 主体材料：可以漂浮的各种物品，如塑料袋、塑料片和塑料泡沫板等。

(2) 辅助材料：黏合、连接用的乳胶、胶水、胶棒、胶带等，装饰用的彩色纸、彩色笔、颜料等。

(3) 验证沉浮效果的大小适宜的水槽或水箱、水盆或水桶，装上适量的水。

(4) 钳子、锤子等主要工具。

(5) 前期经验：学前儿童已经了解了水具有浮力，了解了能够在水中沉或浮的物体的特点。

(6) 幼儿教师需要事先了解和把握的主要科学概念包括：水具有浮力；有些物品会漂浮在水中，有些物品会沉入水底；工具是为了某个特殊目的而制造的；制作一个物品需要经历从设计到制作的过程；有些设计出来的物品由于条件的限制可能无法制作出来。

活动过程

1. 确定自己想要制作的漂浮玩具

鼓励学前儿童运用已有的有关浮力和物体沉浮的知识和经验，构想一个自己喜欢的漂浮玩具。

鼓励学前儿童与同伴交流自己的想法，鼓励同伴间互相质疑。

2. 形成设计方案，绘制草图

鼓励和指导学前儿童把自己想做的漂浮玩具设计并画出来，画出玩具的基本结构，以及使用什么材料、用几个等。

教师与学前儿童讨论方案的明确性和可行性，尤其要引导学前儿童看一看所需

[①] 刘占兰. 幼儿园科学教育资源. 北京：人民教育出版社，2014：304.

要的材料能否找到，如果找不到，用什么材料替代等。还要让学前儿童考虑可能用到的工具。

如果学前儿童也意识到自己的方案不可行，可以鼓励学前儿童调整或重新设计。

3. 进行制作和验证调整

鼓励学前儿童按自己设计的方案选择材料进行制作，帮助学前儿童解决遇到的难题。

待学前儿童制作完成后，鼓励学前儿童将玩具放入水中进行实验，看看玩具能不能漂浮在水面上。如果有问题，可以鼓励学前儿童改进和调整。

4. 交流和分享

在交流分享时，鼓励学前儿童描述自己的设计方案、制作过程中遇到的问题、验证的结果，以及自己所做的调整等。

活动延伸

（1）让橡皮泥浮起来。这个活动让学前儿童根据物体沉浮的特点，尝试改变物体的形状或增加辅助装置，让原本沉在水底的橡皮泥球浮起来。

（2）结合活动中的真实情境和学前儿童的实际经验，可以让学前儿童学习和运用的科学词语主要包括：漂浮、下沉，各种工具和材料的名称等词汇。

温馨提示

（1）学前儿童在自制漂浮玩具的过程中会遇到各种困难，幼儿教师要给予适当的帮助，既要鼓励学前儿童自己解决问题，又要充分考虑到学前儿童的承受能力，避免他们失去信心。

（2）学前儿童制作玩具的速度会不一样，对于那些设计和制作都比较快的学前儿童，幼儿教师可以鼓励他们设计不同的玩具。

案例分析

首先，此教案的活动对象选择大班幼儿是比较合适的。对于学前儿童来说，预先进行设计是一件比较难的事情，对于做事缺乏计划性的小班的幼儿，一些简单的制作活动，比如制作泡泡液或使用橡皮泥制作一些物品等是可以做到的，但预先进行设计并按照设计的内容进行制作是中班及以上的幼儿才能完成的。

其次，此教案的活动内容是自制漂浮玩具，学前儿童比较感兴趣，且难度相对较低、易操作。虽然大班的幼儿有了设计的想法和热情，但是先设计，再按照设计好的草图进行制作，在制作的过程中进一步改进设计，反思自己的设计等环节都非常考验学前儿童的想象力、创造力、制图能力和耐力等。因此，即使让学前儿童进行设计，也应选择难度较低、较易实施的活动。

最后，此教案的活动环节是有一定代表性的。此活动的环节主要有：构想、设计草图、制作并验证调整、分享和交流。在设计草图之前要和其他学前儿童进行讨论后进行构想，有了初步的构想后再设计草图，然后按照草图进行制作。在制作的过程中如果遇到不合理的情况可以及时调整，或者是制作完成后进行验证调整，最后将完善的成品进行分享，交流经验。如果在活动前能出示一些漂浮物，比如各种各样的船，并向学前儿童介绍一些船的结构和特点，让其了解之后再构想会更好。

五、学前儿童 STEM 活动的设计与指导

STEM 最早是美国国家科学基金会推行的教育理念和课程，是由四个英文单词的首字母组成的：科学（Science）、技术（Technology）、工程（Engineering）、数学（Mathematics）。

张俊认为：科学是关于"是什么""为什么"的知识，以及获取知识的过程和方法；技术是有关"做什么""怎么做"的方法和技巧，以及相应的工具和产品；工程是运用技术进行设计、解决问题、制作产品的过程；数学是对数、量、形等关系的研究。

目前学界关于 STEM 具体实施的理解还是有一些差别的。有的学者认为 STEM 是整合四个独立学科领域中的任意一个领域；也有学者认为 STEM 即使不包含所有四个学科，也至少需要整合其中一些学科领域，还有学者认为 STEM 教育必须在一个课程活动中整合至少两个 STEM 学科领域。

穆莫认为：早期 STEM 教育被定义为至少两个 STEM 学科的融合，通常指数学和科学。[①] STEM 作为一个整合课程，幼儿教师需要做的是加强科学、技术、工程和数学之间的内在联系，实现跨学科的整合学习，以科学探究为中心，培养学前儿童动手动脑的能力。也就是说，只要融合了 STEM 学科中两个以上学科的、以科学探究为中心的课程就是 STEM 教育。

（一）STEM 教育的内容

STEM 教育的内容主要以科学和数学为核心。

科学领域主要包括三个方面的内容：物理科学、生命科学、地球科学。关于这三个领域的具体内容在本单元的第二节至第四节已详细论述过，在此不再赘述。

数学领域的内容主要有数与运算、代数、几何、测量、数据分析和概率。

---

① 穆莫. 早期 STEM 教学：科学、技术、工程与数学的整合活动. 李正清，译. 南京：南京师范大学出版社，2017：2.

对于学前儿童数与运算包括以下几点：确定少量物体的数量；用多、少、相等来比较物体的集合；计数；数字排序；合并集合（早期加法）；从集合中取走（早期减法）；给朋友分东西（早期除法）。

代数包括理解模式和关系，以及分析、表征、模拟数学情境。

几何的内容包括认识形状、理解空间关系、表明位置以及二维和三维物体的属性。

测量包括理解物体可以测量的属性、建构关于适当测量单位的概念、运用数字进行测量；测量的比较。

数据分析包括收集信息；用有效的方式整理信息；提出与此相关的问题并回答。

概率主要指的是事情发生的可能性，比如盒子里有红、黄、蓝、绿四种颜色的球一样一个，闭上眼睛摸到每个球的概率都是25%。

（二）STEM 学科的融合

科学和数学的融合是比较容易的，比如"认识人体结构"的科学活动就需要统计人体的骨骼数量等。

技术主要通过工具的使用与科学和数学相结合。例如，学前儿童在科学活动中使用观察工具、实验工具以及测量工具和在数学活动中使用工具。学前儿童在科学探究中经常使用的技术工具有放大镜、显微镜、钳子、滴管、打气筒、塑料刀、筛子以及漏斗。在数学探究中常用的适合工具有天平、温度计、风车、风向标、量杯、量勺和计时器。

科学、数学与工程的结合主要以探索材料来实现，比如学前儿童在探究冰与水的关系的过程中，制作出一座冰山，这就是科学与工程的融合。

（三）STEM 课程的设计

融合的 STEM 课程通常以科学探究为中心。科学探究鼓励学前儿童像科学家进行研究一样提出问题、实施探究、形成推论，科学探究的基本要素[1]主要有以下几个。

预测：基于先前能够指导科学探究的经验，形成观点或期望。

观察：在自然环境或者实验条件下，仔细检查物体的特点。

实验：创造情境来研究预测或操作物体，以获得知识。

---

[1] 穆莫. 早期 STEM 教学：科学、技术、工程与数学的整合活动. 李正清，译. 南京：南京师范大学出版社，2017：14.

比较：通过对物体的观察或者实验建立关系。

测量：使用一定的方法来比较或者量化物体的特殊属性，如长度、重量、距离和速度。

推论：根据反复观察或实验结果形成假设。

交流：使用口语、书写、绘画或情境再现的方法，分享在探究过程中获得的知识。

在早期教育中实施 STEM 可以说是比较容易实现的。穆莫在《早期 STEM 教学——科学、技术、工程与数学的整合活动》一书介绍了 STEM 学习的六种形式[①]：创建 STEM 学习区角、日常教学活动、户外 STEM 教育、融合 STEM 的项目课程、便捷的 STEM 活动和基于 STEM 的实地考察。足见 STEM 课程其实可以在幼儿园一日生活的任何环节，在学前儿童生活的所有角落实现。接下来，我们来看穆莫是如何设计 STEM 课程的。

幼儿园如何开展STEM教育

1. 创建 STEM 学习区角

穆莫认为可以通过投放材料等引入数学、技术、工程的方式将科学区角变为 STEM 区角。比如可以通过投放测量工具或者数据分析图表的方式引入数学内容，通过提供工具比如剪刀、放大镜、尺子、摄像机等的方式引入技术，从而开展 STEM 课程。

2. 在教室各处探索 STEM

穆莫认为让学前儿童充分参与烹饪活动就是一种非常好的 STEM 活动。在烹饪活动中，学前儿童通过了解动植物如何满足人的需求以及动植物与人们生活之间的关系来探索生命科学；通过参与烹饪：剁碎、搅拌、混合、铺匀、倾倒、测量就与物理相联系；通过混合、加热、制冷等操作观察材料变化的过程就是在接触化学；称量食材的过程要运用到数学；使用工具比如搅拌器、烤箱、冷柜等就是一种技术的使用。

穆莫认为积木区也是一个非常好的 STEM 学习区域。首先引导学前儿童设计并搭建积木的过程就是一项工程的建造；在搭建的过程中引导学前儿童认识又宽又平的底座比又高又窄的底座更牢固，认识不同倾斜程度的斜坡与运动速度的关系就是一种物理科学的探索；同时引导学前

搭建区的STEM案例——能站稳的蛋宝宝

---

① 穆莫. 早期 STEM 教学：科学、技术、工程与数学的整合活动. 李正清，译. 南京：南京师范大学出版社，2017：15 – 17.

153

儿童在搭建的过程中计数不同的部分使用到不同形状的积木的块数是数学领域的一种能力。

在美术活动中也有很多 STEM 学习的机会。比如对美术工具——剪刀、笔的使用的过程属于物理领域对杠杆原理的探索；通过探索三原色的组合重新调色的过程也是一种物理领域的学习。

在音乐活动中对乐器的探索过程也是一个 STEM 学习的机会。比如探索小提琴时，学前儿童会发现同一个小提琴的不同琴弦或者不同大小的小提琴发出的音调的差异；使用弓的过程也是对杠杆原理的探索；要定期对小提琴的弓毛进行打蜡（松香），了解松香和制作松香的过程就是科学与工程的融合。

3. 户外 STEM

穆莫认为，户外活动也蕴含了很多 STEM 学习的机会。在户外，学前儿童可以探索动植物和自然现象，比如在下雨后探索光与影的关系、光与镜面的关系（雨后探索洼地里的倒影、雨过天晴如何判断地面是否有积水）；在玩沙的过程中，引导学前儿童探索玩沙工具，比如探索风车沙漏中的沙子流速影响因素、沙子流速与风车转速的关系等都是一种科学与技术的融合，而引导学前儿童使用铲子、耙子搭建城堡，为城堡引水等都是科学、技术与工程的融合。

4. 项目活动中的 STEM

STEM 是项目工作天然的组成成分，因为这两者的核心都是探究。学前儿童在探索他们感兴趣的话题时，会针对他们遇到的问题用材料进行实验，观察结果以及交流信息，这些都是科学探究的组成部分。

泳池探秘

单 元 回 顾

⊙ 单元小结

本单元主要介绍五个方面的内容：一是学前儿童科学教育活动的设计与指导概述；二是学前儿童生命科学活动的设计与指导；三是学前儿童物质科学活动的设计与指导；四是学前儿童地球科学活动的设计与指导；五是学前儿童工程与技术活动的设计与指导。

学前儿童科学教育活动设计与指导着重介绍了基本概念、基本原则和典型类型。

生命科学是研究生物的结构、功能、发生和发展规律，以及生物与周围环境关系的科学。生命科学作为一项特定主题教育已经引起教育者的重视，了解幼儿园生命科学活动的定义及其与专业学科中的生命科学的差异，是开展幼儿园生命科学活动的基础与前提。

物质科学主要研究自然现象的规律和物质的特性及变化规律。穆莫认为，幼儿园的物质科学应该包括探究材料的物理属性、物体的运动，以及与运动相关的概念和行动等。幼儿园物质科学活动不是对物质科学基本原理和物理定律的学习，而是帮助幼儿积累有关物质科学的经验，为后期学习做铺垫的一种探究活动。幼儿园物质科学活动与自然界的物质科学既有联系又有区别。幼儿园物质科学活动探究的内容属于自然科学中物质科学的内容，但是，这与真正意义上的科学概念大相径庭，我们只能称幼儿园物质科学为"前科学概念"，即幼儿园物质科学教育不以科学原理的学习为中心，更关注科学经验的积累、科学精神的培养，为日后系统地学习严密的、专业的科学知识作基础。

地球科学的研究对象是日地空间物理环境，包括地球的宇宙环境、地球的概念、岩石与土壤圈、大气圈、水圈与生物圈，涵盖了气象学、地质学、生物学、天文学等多个学科。我们所说的幼儿园地球科学与相关书目所划定的研究范围其实是一致的，幼儿园应当帮助幼儿认识地球物质的属性，让幼儿学会使用术语表示白天和黑夜、观察天气，了解个人的行为会造成物质的变化。

工程和技术活动是了解和运用技术以及工具的活动或者运用技术和工具设计、解决问题、制作产品的活动。STEM是科学、技术、工程、数学英文单词首字母的缩写，与工程和技术活动紧密相关。在幼儿园开展STEM教育有助于幼儿批判性思维和创新创造能力的培养。

⊙ 拓展阅读

1. 张俊. 幼儿园领域课程资源：科学. 北京：教育科学出版社，2014.

2. 刘占兰. 幼儿园科学教育资源. 北京：人民教育出版社，2014.

3. 巴伯. 宝宝迈向STEM：0—3岁儿童的科学、技术、工程和数学活动. 杜丹，刘四元，译. 南京：南京师范大学出版社，2019.

4. 康塞尔，埃斯卡拉达，盖肯. 与幼儿一起学习STEM：用斜坡和轨道开展探究性教学. 徐晶晶，译. 南京：南京师范大学出版社，2019.

⊙ 巩固与练习

一、名词解释

1. 科学教育活动设计与指导　　　　2. STEM

二、简答题

1. 简述科学教育活动设计与指导的基本原则。

2. 简述科学教育活动设计与指导的典型类型。

3. 简述生命科学教育活动的指导要点。

4. 简述物质科学活动的指导要点。

5. 简述地球和空间科学活动的指导要点。

6. 简述工程与技术科学活动的指导要点。

三、活动设计题

（一）设计题1

最近，大三班的许多小朋友用大大小小的纸盒制作小汽车等物品。马老师发现，制作的汽车装饰不太一样，但结构差不多，往往只有车厢、车轮、车灯等。马老师认为可以根据这种情况生成一个"汽车"主题活动，引发幼儿的深度学习。

请帮助马老师设计"汽车"主题活动。

要求：

（1）写出主题活动的总目标。

（2）围绕主题设计三个子活动。写出其中一个子活动的具体活动方案，包括活动名称、活动目标、活动准备和主要环节。

（3）写出另外两个子活动的活动名称和活动目标。

（二）设计题2

请根据下面的素材，设计大班主题活动方案，要求写出主题活动名称、主题活动总目标、两个子活动。每个子活动包括：活动名称、活动目标、活动准备和活动的主要环节。

周一早晨户外活动，幼儿被园子里五颜六色的花吸引了，有的在指认花的颜色，红的、黄的、白的、紫的；有的在数花瓣，三瓣、五瓣、六瓣；有的在争论花的名称，他们发现有的花朵长得一样但颜色不一样，有的花有香味，有的花没有香味……户外活动结束了，幼儿还一直很兴奋地谈论着……

第五单元 学前儿童科学教育的环境创设与课程资源建设

导 言

在"认识昆虫"的科学教育活动上,老师拿出照片,边指边告诉小朋友:"昆虫的身体分为头、胸、腹三部分。成虫通常有 2 对翅和 6 条腿……"小朋友们看着图,听着教师的话。慢慢地,有小朋友的注意力被窗外的声音吸引了。有小朋友说:"老师,外面有昆虫在叫。"其他小朋友都想循着声音去找昆虫。老师敲了敲图片说:"先认真听老师说,不然你们看见了昆虫也不认识!"于是,有的小朋友乖乖坐好,有的小朋友默默望向窗外,有的小朋友喃喃自语:"我认识昆虫的。"

……

你认为,案例中的科学教育活动符合学前儿童的兴趣吗?若不符合,问题出在哪里?你心中这类科学教育活动应该是什么样的?你认为案例中的科学教育活动有环境创设和课程资源的建设吗?有的话,说说有哪些;没有的话,谈一谈应该如何创设。你觉得学前儿童科学教育环境创设和课程资源建设重要吗?学前儿童科学教育环境创设和课程资源建设分别是什么?学前儿童科学教育环境创设和课程资源建设的价值取向是怎样的?学前儿童科学教育环境创设和课程资源建设有哪些分类和方法?下面开始进入相关知识的学习。

学习目标

了解：学前儿童科学教育环境创设的原则，课程资源建设的意义、类型和范围

一般掌握：学前儿童科学教育物质环境和心理环境的创设、课程资源的建设与利用方法

重点掌握：能合理创设环境，选择与利用课程资源开展学前儿童科学教育活动

学习重点：学前儿童科学教育环境的创设与利用、课程资源的建设与利用

学习难点：选择与利用课程资源开展学前儿童科学教育活动

思维导图

```
学前儿童科学教育的环境创设与课程资源建设
├── 学前儿童科学教育的环境创设
│   ├── 学前儿童科学教育环境创设的原则
│   ├── 学前儿童科学教育物质环境的创设
│   └── 学前儿童科学教育心理环境的创设
└── 学前儿童科学教育的课程资源建设
    ├── 学前儿童科学教育课程资源建设的意义
    ├── 学前儿童科学教育课程资源的类型与范围
    └── 学前儿童科学教育课程资源的建设与利用
```

第一节 学前儿童科学教育的环境创设

学前儿童科学教育的环境创设是科学教育的重要组成部分。2001年，教育部颁布的《幼儿园教育指导纲要（试行）》明确指出，对于五大领域中科学领域的环境创设指导，应为幼儿探究活动创设宽松的环境，让每个幼儿都有机会参与尝试，并支持、鼓励他们大胆提出问题和意见等；提供丰富的可操作材料，为每个幼儿运用多种感官、多种方式进行探索活动提供活动的条件等。2012年，教育部颁布的《3—6岁儿童学习与发展指南》中提出对科学教育环境的创设，幼儿教师应为幼儿提供有趣的探究工具、多变化的玩具材料或废旧材料，鼓励幼儿大胆联想、猜测，并设法验证等。学前儿童科学教育的环境，作为渗透性的学前儿童科学教育活动的重要组成部分，是指由教师设计、选择并提供给学前儿童的，以促进其科学素养发展的一切条件，包括物质环境和精神环境。①

一、学前儿童科学教育环境创设的原则

创设科学教育活动环境，应从科学教育的学科特性出发，立足学前儿童的年龄特点与需求，具体地说，既要体现我国学前儿童科学教育先进的教育思想，符合学前儿童科学教育的总目标，又要符合班级学前儿童的具体情况。学前儿童科学教育环境创设需要遵循以下几方面原则。

环境创设的原则

1. 科学性与启蒙性

支持与促进儿童科学素养的发展是学前儿童科学教育环境创设的最终目的。科学性与启蒙性是学前儿童科学教育环境创设的首要原则。科学性是指学前儿童科学环境创设应符合科学原理，不违背科学事实，紧跟前沿科学进程。启蒙性

---

① 王丽萍. 学前儿童科学教育环境的创设与利用. 北京：现代教育出版社，2015：2.（略有修改）

是指学前儿童科学教育环境创设应是粗浅的、符合学前儿童需要的，是能激发学前儿童好奇心和求知欲的，而不是系统的科学知识堆叠，不能超越学前儿童的发展水平和理解力。

2. 教育性与探索性

教育目标是教育活动的依据，教育环境应遵循教育目标的指引。教育性，即强调科学环境创设围绕科学教育目标进行，为教育目标服务。在具体的环境创设过程中，要再三衡量教育目标是否能在环境中实现，不能为了创设环境而创设环境，否则是本末倒置的。探索性是实现科学教育环境创设目标的关键原则。科学教育环境创设不能远离学前儿童，应尽量提供能让学前儿童自己尝试着去探索和发现的内容，尽量提供可操作的材料，主动探索以获得经验。

3. 主体性和选择性

主体性不仅指在科学教育环境创设过程中突出学前儿童的主体地位，更强调教育平等，要求体现对每一个学前儿童的尊重。尊重个别差异，尊重性别平等，不忽视不同民族的儿童，关注班级内可能存在的特殊儿童，尊重不同儿童的不同意见。选择性是指在主体性得到保证的基础上，科学教育环境创设由学前儿童和教师共同设计、布置，同时也要尊重学前儿童的个体差异，根据不同的兴趣爱好以及发展水平选择相应的内容。

4. 互动性和过程性

互动性是指科学教育环境创设不是一个简单摆放物品和展示物品的过程，而是幼儿之间、师幼之间相互启发，产生创造灵感，并在合作中体验创造快乐的过程。① 科学教育环境创设的过程不专属于教师，它的教育功能也不单单表现为环境创设完毕后，学前儿童通过与环境的互动所受到的影响。② 过程性是指科学教育环境创设应重视学前儿童经历发现和获取知识信息的过程及过程中的领悟与体验。科学教育环境创设的最终目的不是呈现抽象的科学信息，而是激发以及拓展学前儿童探究的过程，发展学前儿童初步探究和解决问题的能力，形成受益终身的科学态度。

5. 安全性和卫生性

安全性和卫生性即科学教育环境需要及时打扫、清理，避免细菌和病毒的传

---

① 夏洁. 与幼儿一起创设公共环境. 幼儿教育（教育教学版），2009（3）：52.
② 陶纪秋. 幼儿园科学教育环境创设的原则与策略. 学前教育研究，2010：64.

播。① 保证环境创设的安全性和卫生性，就是要保证儿童的安全与健康，在选择与创设科学教育环境时，不能给儿童带来任何身体上的伤害。具体地说，首先，应保持空间环境的清洁卫生，任何对儿童有害的自然物体都不应该给予孩子；其次，所涉及的教育环境还应该有利于儿童形成安全感。

二、学前儿童科学教育物质环境的创设

（一）学前儿童科学教育物质环境的类型

1. 科学发现区

科学发现区是指专门为幼儿建立的，给幼儿提供一些能够支持他们自主探究和自由发现的材料，支持他们探究物体和材料的物理特性、相互关系和有趣的科学现象；给幼儿提供适宜的工具，支持他们使用工具进行探究，给他们提供进行观察、测量和分类活动②的场所。这类场所具体包括班级科学区（角）和科学活动室。

班级科学区（角），顾名思义，是室内幼儿可以自由进行实验操作和科学探索的空间，可以与其他区域结合起来设置，也可以单独设置。教师可按照主题创设科学区，如光影区、电磁区、沙水区等；也可以让科学区与自然角结合；或者将科学区、数学区、语言区统称为益智区。③ 班级科学区（角）作为班级常规区域活动的重要组成部分，以最为经济便捷的方式，为学前儿童提供科学探究的独立空间与平台。通过教师有目的、有计划地创设班级科学区（角）环境，更新、投放有关科学区（角）材料，幼儿可以自主选择活动内容、材料、方式，按照自己的兴趣和需要进行科学探究和科学游戏。

班级科学区与自然角结合案例

进行科学探究和体验需要专门的材料和设备，有一些材料和设备比较容易摆放，有一些专业材料和设备因为体积过大或者成本过高需要轮流使用，需要专门的空间场所摆放，这样，科学活动室就产生了。科学活动室是指幼儿园专门设立的、专供幼儿进行科学活动的场所。科学活动室能更好地再现幼儿科学探索过程，幼儿可以更充分地去操作、去发现，不仅有利于幼儿科学经验的积累，也有利于培养幼儿积极主动探索的科学精神。

在科学发现区，教师要做好引导者、支持者、协作者，尽量让幼儿在观察、操

---

① 汤志民. 幼儿园环境创设指导与实例. 上海：华东师范大学出版社，2013：6.
② 李季湄，冯晓霞.《3—6岁儿童学习与发展指南》解读. 北京：人民教育出版社，2013：123.
③ 王丽萍. 学前儿童科学教育环境的创设与利用. 北京：现代教育出版社，2015：2.

作以及科学游戏中成为主动构建者。在科学发现区为幼儿建立发现日志也特别有意义,不仅能够激发和保持幼儿的探究兴趣,还有利于幼儿回顾经历过的探究过程和获得的探究结果,使研究得以延续和不断丰富与深化。① 教师不仅可以用各类媒介帮助幼儿记录,更应该发挥幼儿的主体作用,鼓励幼儿通过绘画、符号、数字等形式进行记录、探索和发现。

2. 自然角

自然角是指幼儿园班内设置的饲养小型动物、栽培小型植物或者陈列人工收集的与自然相关的非生物(如稻草、石子、贝壳等)的场所。它往往设置在幼儿园班级内、班级临近走廊处或活动室的一角。自然角放置的大多是易于在室内生长的植物和易于照顾的动物。幼儿园自然角主要包括两大类:动物品种,如鱼类、昆虫类、鸟类等;植物品种,水培植物(如洋葱、蚕豆、油菜、月季等)、盆栽植物(如芦荟、海棠、红豆杉、兰草等)。② 自然角就在幼儿身边,便于他们接近和开展活动,是科学教育环境创设常规的且利用率较高的场所。

自然角的安排与管理应该注意以下几点:①自然角的创设要与季节相配合,根据季节特点更换物品;②自然角的内容要与教育活动的内容相配合,自然角是对幼儿进行科学教育的场所,不能把自然角当作摆设,教师可以根据教育活动的主题,投放相应的材料,使幼儿的兴趣得到进一步增强;③ ③应在考虑幼儿兴趣爱好的基础上管理和布置自然角,注意布局结构和层次,促使幼儿产生探索的欲望,并充分发挥幼儿自主性,由幼儿管理,避免教师过度包办。

3. 园地

园地是指幼儿园房舍以外的场地,包括环境的绿化(如草地、花坛等)以及种植园地,动物饲养角,气象角,玩沙、玩水、玩土区等。这些场地可以被科学教育活动直接使用,成为学前儿童学习科学的环境和场所。

第一,种植园地。种植园地是为幼儿创设的环境,它的建立、活动开展都以幼儿作为主体,所以园地的建立应由教师与幼儿一起动手,如开辟园地、整理园地、选择种植的种类,使幼儿将种植园地的活动作为他们生活中的一部分,培养他们对植物的兴趣,以及劳动的习惯和热爱劳动的优秀品质。④ 种植园地的大小根据幼儿园面积大小不同而定,可以各班分散,

---

① 李季湄,冯晓霞.《3—6岁儿童学习与发展指南》解读.北京:人民教育出版社,2013:123-124.
② 张亚红.浅析幼儿园科学活动中心理环境的创设.甘肃教育,2011(13):44.
③ 穆慧.让自然角成为幼儿园教育的有效资源.东方教育,2014(7):154.
④ 黄英.幼儿园科学教育中问题环境的创设.幼教博览,2014(9):28-29.

也可以集中在一片地方。在形状上也不必拘泥于常规的造型，可以使用圆形、三角形、正方形、多边形等规则图形以及不规则图形，以引起幼儿的兴趣，也便于幼儿辨认。种植园地的探究过程，更应该因地制宜、因季节而变化，能够有利于幼儿更紧密地与大自然产生联系。不过，由于幼儿能力以及在幼儿园时间有限，种植园地所种植的一般应为易种植、易管理并且能在短时间内见到成果的植物。

第二，动物饲养角。动物饲养角是指幼儿园单独开辟的饲养小动物的空间。如果幼儿园条件允许，可以设置一些小屋或者小棚，一般饲养比较温顺的小型动物，如小鸡、小鸭、兔子等。可以将简单的喂养动物与打扫场地的工作分配给幼儿，便于幼儿观察动物，直观地了解动物的外形和习性。动物饲养角必须注意用水、排水、通风、光照等问题，尽可能远离幼儿频繁活动的区域，避免因护养不当造成健康安全问题。

动物饲养角
优秀案例

第三，气象角。这类气象角与幼儿园班级墙面环境布置的气象角有所区别，不再是说说天气、换换天气牌之类的被动活动，而是在条件允许的情况下，设置的简单的气象角。可以让幼儿学会简单的天气观测的顺序，对气象要素进行观测，直观地了解天气的变化情况，培养幼儿熟悉天气预报的内容以及对气象科学的兴趣。气象观测仪器可以使用自制材料，自制的过程也可以让幼儿简单参与，激发他们的好奇心与参与科学探究的热情。

气象观测仪器
安装要求

第四，玩沙、玩水、玩土区。玩沙、玩水、玩土区是指幼儿园专门设置一个区域，分别安置沙、水、土这些不定形材料，提供所需要的工具和指导，供幼儿进行探索游戏，在游戏中感受沙、水、土的特性，进一步感受物质的变化。例如，设置水池或者泳池，引导幼儿感受水的三种状态的变化。玩沙、玩水、玩土区通常安排在室外，如果幼儿园条件有限，也可以设置在室内。应保证材料的安全可靠，如沙土区，应提供清洁、柔软且不含杂质的沙土。

（二）学前儿童科学教育物质环境创设的实施

物质环境是学前儿童进行科学活动的重要保障，学前儿童科学教育物质环境创设主要从幼儿园自然环境的利用、活动空间的合理布置、园本活动的自然生成以及活动材料的科学投放使用四方面展开。学前儿童科学教育物质环境创设的实施的具体要求如下。

1. 贴近自然，体现自然科学的特点

《指南》明确将科学领域分成科学探究与数学认知两大板块。儿童对自然界中的事物和现象进行探索并形成解释的过程可以称为儿童的"科学探究",儿童基于对自然环境中事物和现象的认识进一步形成的对其逻辑关系的理解可以称为"数学认识"。[①] 也就是说,儿童科学探究和数学认识的对象都是自然环境中的事物和现象,自然环境是对儿童进行科学启蒙教育的最好的资源和课堂。因此,学前儿童科学教育物质环境创设首先应该做好对自然环境的利用。

首先,贴近自然,即尽可能地利用自然环境中的一切,以及自然规律带来的生动、有趣、丰富的变化,让幼儿尽可能地贴近大自然。让幼儿在真实的、自然的环境中接受科学教育。远离自然环境的科学环境创设是毫无意义的。例如,幼儿园的自然环境应尽可能做好绿化、美化;安排一些科学发现区,如木工坊、观察区等,可以将这些科学发现区安排在半开放的环境之中。除了打造好室外的自然环境,也可以将自然环境"搬进"室内。例如,带幼儿采集落叶,将落叶布置于教室环境之中,这既是探索发现的过程,也是幼儿呈现作品、提升学习兴趣和态度的过程。

其次,除了贴近自然之外,还要尽可能地体现自然科学的特点,比如,根据季节、气候、时令、节气等自然因素进行巧妙布置,体现自然环境的生动多变,保持幼儿探索环境的好奇心,激发幼儿探究的持续性。如案例"成都市天府幼儿园万家湾分园环境创设",该幼儿园的科学环境创设立足田园、回归自然,力求让幼儿有更多接触自然、认识自然的机会,合理地利用空间,营造出一体化的科学教育环境。

成都市天府幼儿园万家湾分园环境创设

2. 激发探索,合理布置活动空间

探索是学前儿童科学教育的目标和有效的学习途径。激发探索,旨在使创设的环境具备探索性,能够引发幼儿产生认知冲突,还能够支持幼儿的探索行为,使幼儿在环境中发现问题、提出问题、讨论问题、解决问题。例如,保留户外的落叶,比起清扫干净的草坪,落叶的自然状态和未知变化更能引起幼儿的好奇心和求知欲。甚至可以在秋季将落叶区域自然规划到科学教育的环境中来——活动空间的合理布置是激发幼儿探索的基础。

第一,根据科学活动环境的不同性质进行划分。例如,静态和动态、干性和湿性:科学、生活、美术等区域可以创设在一起,需要安静的环境,且靠近水源;与动态环境保持适当的距离,避免活动之间相互干扰。

第二,需要相关邻近。将关联度较高的区域安排在一起,通过一些隔离物(如矮柜、开放式栅栏等)营造成独立但开放的空间,便于幼儿参与并进行积极的交流

[①] 李季湄,冯晓霞.《3—6岁儿童学习与发展指南》解读.北京:人民教育出版社,2013:110.

与互动。例如，观察区域可以与自然角相邻，这样既便于幼儿拿取放大镜、显微镜等观察器材，又可以根据幼儿自身的兴趣和需求，拓展观察对象，实现环境之间的有机互动。

第三，室内外环境有机结合。基于学前儿童科学教育的自然取向，科学教育的物质环境创设要充分利用好室内与室外的环境。教师要善于将环境创设延伸到室外，也可以将室外的环境资源引入室内的科学环境。如案例"成都市金牛区机关第三幼儿园沙水区的利用"，教师充分利用了园区沙水区，作为"沉与浮"科学探索的环境，幼儿在室外自然环境下研究"沉与浮"的随机影响因素。这样的环境创设，显然比在室内刻意创设的实验环境要更加有趣，幼儿的探索也更为深入。

成都市金牛区机关第三幼儿园沙水区的利用

3. 因地制宜，生成园本代表性环境

从实际出发，生成具有园本代表性的环境是十分有必要的。每个幼儿园都是独一无二的，幼儿园的一日生活本就蕴含着丰富的个性化的教育机会，有着独特的教育意义。环境创设因地制宜、贴近生活，不仅指环境创设所使用的材料、内容等来源于幼儿园生活，而且指环境创设能够借助幼儿园一日生活来开展，有利于科学教育自然地、潜移默化地在环境中展开。

首先，具有园本代表性的环境创设，需要环境适合幼儿园本身的条件。幼儿园资金相对充足，购置一些现成的物品创设环境，这种做法当然是可以的，而且有些物品也是需要直接购买的。不过学前儿童更愿意探索与他们贴近的生活中的事物和现象。探究认识周围事物和现象也是科学教育的主要目的之一。因此，并不是一味购置物品来创设环境才是最好的，有效利用幼儿园本身的条件进行环境创设更加符合幼儿的需要与教学的要求。幼儿园可以利用幼儿生活中的自然物和自然现象，引导幼儿学习科学。如案例"安吉县实验幼儿园材料选择"，安吉县实验幼儿园在材料的选择上摒弃购买现成材料而选择生活环境中的自然材料和家庭中的生活材料，起到了非常好的效果。

安吉县实验幼儿园材料选择

其次，创设具有园本代表性的环境，不仅要讲究地方性，也要注重季节性。不同的季节，自然界会有不同的表现，这些幼儿能直接感知到的事物及其变化，能使幼儿产生最直观的好奇心与兴趣，是绝佳的环境创设材料。首先要从自然与社会资源中挖掘有价值的内容，从幼儿所处的地理环境条件入手，灵活地用当地的事物替换离幼儿较远或者难以获得的材料，根据季节的变化，恰当地更换环境材料。例如，南方的幼儿很少甚至没有见过雪，对雪有强烈的好奇心，但南方的冬季直接获得雪这个资源是有难度的。幼儿园可以从水入手，创设有关水的环境，通过引导幼儿探索水的各种形态，积累关于水、雪、冰的认识。

4. 强调互动，突出幼儿的主体地位

"野外垂钓区"的变化

创设科学教育环境的重要目的是使学前儿童更好地认识科学、了解科学、学习科学。因此学前儿童科学教育物质环境创设，要从幼儿的兴趣、需要出发，想幼儿所想，做幼儿所做。在实施的过程中，最有效的操作就是落实幼儿在环境创设中的主体地位，拒绝环境创设过程教师一手包办，要把环境创设交给幼儿。例如案例"野外垂钓区"的变化，当教师把环境创设的自主权交给孩子后，环境功能明显增多，孩子们参与的积极性也更高。

突出幼儿在环境创设中的主体地位，强调环境与幼儿的互动是第一步。首先，开放式的环境有利于拉近幼儿与环境的距离，便于幼儿自主投放和使用材料。例如开放的材料摆放架，可移动的器具、器材，都能给幼儿提供更多的主动创设环境的条件和机会。其次，材料的呈现方式应该是开放式的，即幼儿可根据自己的兴趣和意愿，选择和操作自己喜欢的材料。即使面对相同的材料，幼儿的操作、组合形式也有所不同。主体或任务式呈现，即教师预设某个活动主题或任务，并提供一定范围的相关材料，由幼儿操作学习；问题情境式呈现，即对材料的内部结构进行思考、设计，使其构成一个问题情境呈现在孩子面前，引发幼儿主动探究；分层呈现，即幼儿教师通过观察幼儿的操作情况、不断增加和改变材料的投放，引导幼儿由简单到复杂、由浅到深的递进学习和操作。[1] 最后，教师在管理和引导上应尽可能地开放，如让幼儿自行搬运材料和分类整理材料。孩子在搬运材料的过程中，不仅能动脑想出多种搬运的方法，还能在搬运过程中不断总结出搬得多、搬得快的方法；同样，在整理材料的过程中，幼儿可以学习不同的分类，并引发多种合作行为。[2]

三、学前儿童科学教育心理环境的创设

（一）学前儿童科学教育心理环境的类型

学前儿童科学教育心理环境，主要是指学前儿童在科学教育环境中的心理感受，进一步影响科学教育学习行为的心理场域。创设良好的心理环境，对于培养学前儿童良好的心理品质和提高科学教育学习质量有着重要的意义。幼儿园学前儿童科学

---

[1] 刘占兰. 学前儿童科学教育. 2版. 北京：北京师范大学出版社，2008：23.
[2] 张海雯. 从"操场"到"游戏场"的变迁：浅谈幼儿园户外游戏环境创设策略. 上海教育科研，2014（9）：72.

教育心理环境创设可以分为以下三大类。

1. 令人好奇的科学探究氛围

幼儿的科学学习不能以牺牲兴趣为代价来求取能力的发展和知识的掌握。[①] 保持幼儿的好奇心与探究兴趣是科学教育的首要追求。幼儿喜欢接触大自然，天生对新鲜的事物感到好奇，愿意到户外游戏。因此，科学教育环境不能只局限于室内，更需要支持幼儿来到户外，为幼儿提供适宜的探究机会与氛围。例如，在户外设置连廊、雨棚，便于幼儿雨天与大自然接触；在走廊、花园边摆放放大镜、昆虫箱，让幼儿在教师的指导下学会合理运用，并能够自行借用工具等。好奇心是幼儿科学探究的内在驱动力，科学探究的心理氛围。首先应该有能够支持幼儿产生好奇心和保持好奇心的环境，环境的创设有助于问题情境的产生。如案例"没有一处无用的环境"，瑞吉欧环境的巧妙设计令幼儿产生好奇，并进一步推动幼儿游戏与探索。

没有一处无用的环境

2. 自由宽松的科学探究氛围

在幼儿产生好奇心，并为满足好奇心而付诸行动之后，真正的探究开始于对问题答案的探索。自由宽松的科学探究氛围才能够促使幼儿"想问""敢问""好问"，"想试""敢试""好试"，在"刨根问底"与"积极尝试"中主动地进行科学探究。这样的心理环境需要教师给予鼓励，并创造条件支持幼儿目的达成。良好的师幼互动是自由宽松的科学探究氛围的重要保证。教师对儿童要进行有的放矢的指导，对孩子求异的思维和行为进行鼓励和赞扬。如案例中班教学活动"沉浮"中，在自由宽松的氛围中，幼儿不断寻找问题的解决方法，通过不断地试错，产生新的灵感，最终获得极大的探究满足。

中班教学活动——沉浮

3. 浓厚的科学探究氛围

从幼儿园的环境布置中，幼儿可以直接感受到科学探究氛围。例如，墙面布置了许多关于科学探究的材料或者宣传页；环境布置中有明显的科学教育的元素；有丰富且适宜的科学探究的物质环境创设；在课程安排上有足够的科学探究活动；教师给幼儿讲的故事中也不乏科学教育的内容等。这些都能体现出浓厚的科学探究氛围。浓厚的科学探究氛围也并非一成不变，对自然的探索是科学教育的主要内容，应随着自然的变化而变化。例如，当阳光在墙壁上投下树斑驳的影子时，教师就可以把一块布挂在这面墙上，让幼儿随时观察影子的变化。[②]

[①] 李季湄，冯晓霞.《3—6岁儿童学习与发展指南》解读. 北京：人民教育出版社，2013：116.
[②] 屠美如. 向瑞吉欧学什么:《儿童的一百种语言》解读. 北京：教育科学出版社，2002：49.

（二）学前儿童科学教育心理环境创设的实施

心理环境是学前儿童有效进行科学活动的必要保障，幼儿园科学教育心理环境的创设，主要从幼儿园物质准备与师幼良好互动两方面展开。

1. 利用物质环境创设，设置使幼儿感到奇怪的问题情境

当合理布置学前儿童科学教育物理环境之后，教师更要懂得利用已有的物质准备，设置使幼儿感到奇怪的问题情境。萨其曼认为，儿童的科学研究始于疑惑，而疑惑又源于问题情境，问题情境达到使儿童感到奇怪的效果，能打破儿童已有的认知平衡，使儿童的认知状态由平衡转向失衡，促使其产生认知上的冲突，这样就很容易唤起儿童探究的兴趣和欲望。[①] 使幼儿感到奇怪的问题情境，是指看上去似乎与常识相悖、出乎意料的情境。例如，有初步的关于影子经验的幼儿都知道，在台灯下放置物体会产生影子。这时教师在科学区角环境中，可以放置普通台灯与不同材料的物品（如卡纸纸片、透明玻璃纸、彩色玻璃纸等），还可以加入无影台灯供幼儿尝试探索。幼儿在游戏的过程中发现问题，探究意识得到激发，便会主动地去尝试对更多经验的探索。

首先，问题情境的设置应该难度适中，必须在幼儿的"最近发展区"内，与幼儿认知能力相匹配，具有合理的挑战性。问题情境过于简单，不存在探索的意义，幼儿将已有知识经验同化即可；问题情境过于复杂，超出儿童的探索能力，容易打击幼儿的探索兴趣及自信心。因此，问题情境的设置需简明扼要、线索清晰、不占用过多时间，以免幼儿注意力分散，失去探索的主观动力。

其次，问题情境的设置应贴近幼儿生活。在使幼儿感到奇怪的同时，也要让幼儿感到这一情境是真实的，是可能发生的。因此，问题情境不能远离幼儿的经验，应该是幼儿熟悉的内容。当幼儿看到自己熟悉的内容与自身认知不一样时，才会产生疑惑和好奇，自然而然地提出问题，进而想去寻找问题的答案，探索便由此展开。

2. 重视多元平等开放，打造有效应答的环境

当幼儿开始探究问题时，他需要从环境中获取有效信息。有效应答的环境是幼儿成功获得信息的保证。提供有效应答的环境，需要教师转换角色，从"教"转为"应答"，从将知识点教给幼儿，转变为带着知识点等待幼儿、协助幼儿。所以，教师除了一开始在探究问题之前对探究的规则和要求进行"教"之外，在这一过程中，教师还应该是一个合适的应答者。那么，教师应该成为一个怎样的应答者呢？

---

① 徐学福. 探究学习教学模式. 北京：人民出版社，2018：81.

第一，能科学地引导幼儿提问。如前所述，教师首先是自由宽松心理环境的构建者，应答的内容是幼儿内心的情感需求。只有真正走进幼儿的内心，实现共情，相互接纳包容，幼儿在极大安全感与满足感的鼓励下，才能够大胆地进行设问、提问、求知等行为。这个时候，师幼关系是平等的，对话关系也是平等的。平等的关系有助于幼儿不断地试错，进一步进行探究。其次，教师要引导幼儿有效提问。幼儿受到年龄特点与经验能力的影响，提的问题不一定很有质量，可能是模棱两可、过于宽泛和脱离探索的问题，也可能为了提问而提问，一下子问好几个问题等。作为有效的应答者，直接不假思索地回答所有问题是没有意义的，教师应对问题进行明确、梳理和提炼。例如，当幼儿提的问题模棱两可时，教师应确认"你说的是不是这个意思？""你可以再重说一遍你的问题吗？"或者"你可以提让我回答是和不是的问题吗？"再如，当提问过于宽泛或数量过多时，是不适合直接给出答案的，应先确定一个问题，再确定这个问题的具体条件等有关信息。如果无法确定，那么最好的做法是引导幼儿继续就单个问题进行尝试和探究，再发现具体问题，解决具体问题。萨其曼相信严格要求儿童准确提问，会有助于他们注意到事件的缘由可能涉及多个变量，而同一时间考虑到不同变量对其思维的发展有很大的促进作用。[①]

第二，在科学教育活动中，教师虽然有师幼互动的意识，但是面对幼儿抛过来的互动信号往往不能巧妙应对，缺乏教育机智。[②] 这样容易导致师幼互动模式过于单一、封闭。教师可以调整自己的应答策略，尽可能使用多元、开放的互动模式。首先，应答方式应支持化。有效的应答并非单纯地要求给出答复，而是告诉幼儿该怎么做。对幼儿表示诚恳支持是非常重要的。表扬、鼓励甚至奖励是常用的手段，但也不能一直这么做。当幼儿的探索活动出现某些问题时，教师应该给予合适的评价。值得注意的是，评价应聚焦于幼儿未发挥的能力及潜力，不能让幼儿产生能力不足、想法幼稚的消极观念。其次，应答应及时并主动。应答的环境并非等待幼儿提问之后再回答的被动环境，教师需要不断观察幼儿的行为和行为的发展，尤其当探索活动出现问题时，教师需要主动给予支持和帮助。应答也要积极并及时，以保证幼儿探索的积极性不至于丧失。最后，应答内容应隐性化。隐性化的应答内容，指并非明确的口头应答，而是通过其他方式对幼儿的行为进行反馈。例如，根据幼儿的探究进展，不断提供新的材料或是信息。如案例"影子有颜色吗"，教师通过观察，发现幼儿探讨的问题很有科学教育价值，但已有材料不足以支撑更深入的探究。教师通过增添有效材料，实现了隐性化的应答。

影子有颜色吗

---

① 徐学福. 探究学习教学模式. 北京：人民出版社，2018：83.
② 马玲亚. 幼儿园师幼互动中存在的问题及对策. 学前教育研究，2005（4）：55.

第二节 学前儿童科学教育的课程资源建设

课程资源是教育资源的子系统，是学前儿童科学教育课程实施及课程目标落实的质量保障。此处提及的"资源"，即构成课程系统所需要的资源。课程系统包括课程目标、课程内容、课程实施、课程评价等要素。因此，学前儿童科学教育的课程资源，即指实现学前科学教育课程各要素的所有资源。对学前儿童科学教育课程资源的强调，不仅要强调课程资源的重要意义，还要说明科学教育课程资源的类型与范围，更要强调教育工作者对课程资源的建设与利用。明确课程资源以及对其的选择、配置与利用，是探讨学前儿童科学教育课程资源建设的关键问题。

> **小贴士**
>
> 课程资源、教育资源与活动资源：
>
> 1. 课程资源建立在整个课程的基础之上，立足课程全局的观念，是集课程编制过程中的课程设计、实施与评价于一体的整个教学过程中可利用的人力、物力和一切自然资源的总和。
>
> 2. 教育资源就是指在整个教育过程中所占用、所使用、所消耗的一切人力、物力和财力的总和。
>
> 3. 活动资源是指在学习过程中支持、服务活动主体获得学习经验的一切可利用资源。
>
> 资料来源：①施良方. 课程理论：课程的基础、原理与问题. 北京：教育科学出版社，1996：16. ②顾明远. 教育大辞典：1. 上海：上海教育出版社，1991：45.

一、学前儿童科学教育课程资源建设的意义

掌握学前儿童科学教育课程资源建设的概念与价值,能够从理论的高度帮助我们有的放矢地为实践服务。下面我们来了解学前儿童科学教育课程资源建设的意义。

(一)课程资源建设有助于思考学前儿童科学教育中教与学的内涵

课程资源建设,顾名思义,是要在建设的基础上对课程资源发挥作用。仅仅是资源的原始状态是无法对课程发挥作用的,如先进的实验室如果不去使用,有丰富馆藏的科技馆如果不去参观,它们就不是真正意义上的课程资源。因此,从"教"的角度来看,课程资源建设,即课程资源的开发、利用、生成,要求教师更新"教"的观念,从知识传递者变成资源建设者,不仅会选择课程资源,更能根据科学教育的目的,配合幼儿的学习兴趣及需要,建设适当、合理的课程资源,帮助发展幼儿的科学思维。从"学"的角度来看课程资源建设,有助于贴近儿童的学习方式与学习兴趣,促进学习活动的发生和发展,帮助儿童全面、和谐发展。

(二)课程资源建设有助于保障学前儿童科学教育质量的实现

探究周围的事物和现象、在生活情境中促进数学认知能力的发展,是当今学前儿童科学教育的价值取向。传统的课程内容仅侧重于学科知识,或侧重于幼儿学习经验,或侧重于幼儿学习活动,忽视自然环境、社会环境等资源的建设,已不足以支撑学前儿童科学教育课程活动目标的实现。课程资源建设,打破了传统课程内容狭隘、封闭的状态,以开放、综合、生成性的姿态支持着课程的目标、内容、组织、实施和评价,动态地贯穿于课程活动的整个过程之中,不仅保证了学前儿童科学教育的落实,更是学前儿童科学教育有效实施的有力保障。

(三)课程资源建设有助于实现学前儿童科学教育主体的多样化

为实现学前儿童科学教育课程资源建设,需要不同机构及人员参与和开发。课程资源所需的自然资源、社会资源和文化资源,需要通过不同机构的工作人员、相关研究者、教师、家长、幼儿等共同合作呈现。课程资源的专业性需要教研人员把控与其他人力、物力和财力的补充。课程资源的丰富性和综合性,要求课程资源建设主体的多元化,要求各级教育行政机构、各类研究机构、各类社会机构、学校、各个机构中的人员,以及教师、家长、幼儿,都能在建设资源的过程中自然地融入,参与到学前儿童科学教育中去。这种良性循环不仅能够丰富课程资源,推进资源建

设的效果，同时也有利于实现科学教育主体的多样化。

二、学前儿童科学教育课程资源的类型与范围

所谓课程资源的类型与范围，就是把众多的课程资源按照一定的标准归并到一起，以便更好地认识和掌握。根据不同的维度，这里对几种常见的类型进行介绍。

（一）园内课程资源和园外课程资源

园内课程资源指幼儿园内的场所、材料，人文资源以及与科学教育密切相关的各种活动。场所如科学区，科学发现室，科学桌，自然角，园地，气象角，玩沙、玩水、玩土区等。材料如科学研究的材料、工具、影音资料等，如放大镜、容器、天平、计数器、小铲子、铅笔、测量绳、种植指南、科学绘本以及手作的材料等。园内人文资源如教师、师幼关系、班级氛围、科研氛围等。与科学教育密切相关的各种活动，如专家讲座、园本教研、参观体验、实验活动、亲子科技活动等。

园外课程资源是指幼儿园以外的组成或补充科学教育课程活动的元素。根据幼儿参与形式的不同，园外课程资源大致分为以下两类：①直接参与体验式的资源，如科技馆、科技类博物馆、动植物园、自然保护区、青少年活动中心、家庭以及社区活动中心等。②间接获得信息和素材的资源，如书报刊等出版物、广播、电视、互联网等大众传媒（如中央电视台的"科技博览""走近科学"等科普类节目），还有一些科普类网站。这些资源能够为教师提供丰富、前沿的科学信息，间接作用于幼儿。

因此，鼓励幼儿教师及相关从业者，在构建学前儿童科学教育课程资源时，立足幼儿和课程活动需要，放眼幼儿园园区内外，充分开发身边所能利用的资源，为科学教育的实现和幼儿的发展提供充足的保障。

（二）自然课程资源和社会课程资源

自然课程资源是指自然界中一切自然现象和物体，包括动植物、微生物、地形、地貌、地势、天气、气候、季节、自然景观等。若条件允许，应尽可能提供户外的自然资源。在户外环境中，儿童能够发现树、灌木丛、苔藓、树叶以及从植物上落下来的花、果、树皮、种子等，还有毛毛虫、蝴蝶、蚯蚓、蜗牛、蚊子、蚂蚁等小动物。户外还有土壤、沙丘、草地、游戏场等，户外环境是幼儿进行科学探究的非常宝贵的资源，也是幼儿进

昂贵的岩石博物馆

行科学探究的首选之地。① 若户外条件有限,应尽可能提供有意义的自然资源。这里的意义指的是,贴合幼儿园实际的,从幼儿兴趣与需要出发,简单的、能引起幼儿好奇的,具有探索价值的自然资源。如案例"昂贵的岩石博物馆",幼儿园虽然花了大价钱为幼儿提供岩石标本,却脱离了幼儿探索的需求和兴趣,特地添置的资源远不如幼儿自己收集的石头更有探索价值。

社会课程资源包括四个方面,即人力资源、物力资源、财力资源和信息资源。② 社会课程资源中的人力资源是课程资源建设的重要途径。人力资源是指能够为学前儿童科学教育课程提供支持和服务的人。在实际操作中,主要指教师、幼儿和家长等。值得注意的是,我们特别重视教师、幼儿与家长的人力资源开发,不仅是因为他们能对科学教育课程资源进行支持和补充(如教师可以利用家长的职业、经验与爱好,邀请家长为幼儿做相关科学教育方面的科普、宣传、展示讲座),更重要的是,他们既是课程资源重要的组成部分,也是课程资源实施、开发的主体。例如,教师本身便有非常重要的双重身份,教师不仅决定课程资源的鉴别、开发、积累和利用,是素材性课程资源的重要载体,而且还是课程实施的首要的基本条件资源。所以,从这个意义上来讲,教师是最为重要的课程资源,教师的素质状况决定了课程资源的识别范围、开发与利用的程度以及发挥效益的水平。③ 但并不能因此忽视幼儿与家长的重要性,教师的作用需要通过对幼儿的确切认识和合理引导来实现,因此要做好教师、家长、幼儿三方面的人力资源的整合,使其成为一个人力资源系统,实现人力资源建设的最优化。物力资源即指幼儿园内外的所有支持学前儿童科学教育的物质资源,包括动植物园、科技馆、社区内的资源以及家庭能提供的资源等。财力资源指的是学前儿童科学教育活动的经费支持,主要有三个来源:一是政府和幼儿园投入的资金;二是家长的资助;三是辖区单位的赞助。④ 信息资源是指社会中的科学文化信息,常见的有图书资料和互联网、多媒体资料。例如,科学绘本《蚯蚓的日记》能够以有趣的方式,给幼儿提供关于蚯蚓的科学信息。值得注意的是,信息资源是相对比较宽泛的概念,不仅包括可获得的信息,也包括环境中的信息,如科技活动、人类社会的生产生活的价值观念、风俗习惯等。

(三)显性课程资源和隐性课程资源

显性课程资源是指明显的、直接呈现出来的资源,可以直接运用于科学教育课

---

① 王冬兰. 学前儿童科学教育. 上海:华东师范大学出版社,2010:127.
② 王冬兰. 学前儿童科学教育. 上海:华东师范大学出版社,2010:131.
③ 吴刚平. 课程资源的理论构想. 教育研究,2001(9):63.
④ 王冬兰. 学前儿童科学教育. 上海:华东师范大学出版社,2010:132.

程，如自然和社会中的物质资源、各类科学活动、活动经费等。作为显性的存在，显性课程资源相对易于开发和利用。

隐性课程资源是指以潜在的方式对科学教育活动产生影响的课程资源，如幼儿园和社会风气、家庭氛围、师幼关系等。隐性课程资源虽然不能构成科学教育活动的直接内容，但是它们是课程资源中常规、有效的一部分，对课程活动起到潜移默化的作用。例如，教师的儿童观和教育观会对幼儿的学习心理产生巨大的影响，从某种意义上说，其影响甚至超过显性课程资源给幼儿带来的感受。由于隐性课程资源具有隐蔽性与潜在性的特点，在开发、利用与评价上不够清晰，易被忽视，因此需要更多地关注和努力地挖掘隐性课程资源。

三、学前儿童科学教育课程资源的建设与利用

学前儿童科学教育课程资源拥有宽泛且复杂的范畴。教师、家长或幼儿等单一主体并不能够独立完成这一资源的建设。学前儿童科学教育课程资源的建设和利用需要多元主体的群策群力，本质上应是多种资源被系统开发的过程。应树立正确的课程资源观念，完善课程资源管理制度，落实课程资源建设保障。

（一）更新课程资源观念，树立正确的课程资源观

只有树立正确的课程资源观，才能真正引起对课程资源的重视，实现对资源建设行为的有效指导。首先，应明确课程资源对学前教育科学课程的重要价值。课程资源并不局限于对课程内容的补充，仅仅将课程资源的作用理解为引起幼儿科学学习的兴趣，减轻教师的演示、操作负担是不够的。实际上，课程资源有更深远的意义，它能够落实课程目标，丰富教学内容，明确教学组织形式和实施办法，影响课程评价模式。课程资源应该是作用于课程活动的各个要素环节之中的，它有利于促进科学教育课程的综合化、多元化，有助于幼儿在科学认知、情感、技能方面的全面发展，更能够拓展教师、家长的科学知识。因此，应进一步明确课程资源的建设主体不仅仅是教师。诚然，幼儿教师在课程资源开发与利用的过程中是主要的实施者，但教师的行为不能脱离幼儿科学学习需求而独立存在。具体地说，教师有关课程资源建设的行为，应该是对幼儿科学探究需要的挖掘以及对课程要素分析的体现。不落实幼儿的主体地位，就没有课程资源的建设基础。同时，独木不成林，没有教学管理者、家长及有关人士的支持，教师也无法独自建设课程资源。明确课程资源的构成主体多元，也是树立正确的课程资源观的重要内容。

（二）强化资源开发意识，完善课程资源管理制度

学前儿童科学课程资源的开发，有赖于建设主体开发意识的提升与强化。资源

开发意识，是指对资源开发与利用的一种意识的自觉状态，明确课程资源的价值及重要性，并能付诸实践。首先，走出课程组织的"舒适圈"，摆脱对教材与已有教案的依赖，以服务儿童科学学习与提升课程质量为首要目的。其次，各类相关人员都要有资源开发的参与意识。例如，家长主动积极地参与幼儿园的科学亲子活动，给予力所能及的物资支持或技术支持；幼儿园管理者能够加大课程资源开发的宣传力度，积极联系园外的社会资源。

同时，课程资源开发是一个复杂的过程，资源开发系统的顺利运作，有赖完整的制度作为保证。首先是落实相关部门的管理制度。管理部门应树立正确的课程资源观，不应将课程资源建设仅仅看作教师完成课程的补充手段，而应该明确课程资源建设是推进课程发展、提高课程质量、便于儿童理解、促进儿童探索、有助于儿童发展的必要前提。支持课程资源开发的管理制度，具体地说是使用管理的方法，明确资源开发的权利，发挥管理的导向作用。例如，建立资源筛选机制、建立科学课程资源库、制定公共课程资源使用制度、制定课程资源开发奖励制度等。其次，改善课程资源的监管制度。评价的主体应多元化，改变评价主体单一的现状，加强自评、互评，使评价成为课程研究者、制订者、管理者、实施者、学习者、家长及其他社会有关人员共同参与的交互活动；评价内容多元化，评价内容应该以促进被评价者发展为基本内容；评价过程动态化，不仅关注被评价者的结果，更关注被评价者有利于工作的过程。[①] 最后，落实教育工作者培训制度。丰富教师的科学理论基础，提高教师科学教育课程资源开发的能力。

（三）重视课程资源质量，落实课程资源建设保障

课程资源建设的常态化，离不开对课程资源建设行为的支持与保障。第一，专项经费方面的保障。科学教育课程资源材料有的来自大自然，有的由幼儿家庭提供，但专门的科学器材还是需要通过预留专项经费购买获得。不仅如此，专项经费还应包括定期更新更换，保证各类配置及时更新的预算，以及专业器材的使用培训、教师教研能力培训的专题培训预算等。第二，时间与精力方面的保障。时间与精力是课程资源建设的操作条件。不仅教师，幼儿园管理者、家长、幼儿等相关人员都需要时间与精力来落实课程资源建设。但在课程资源建设的同时，资源建设者往往还有其他任务或工作。因此，除了有意识地预留时间与精力之外，更为有效的办法是形成课程资源的共同体，获得更多的外部力量支持。建设资源共同体能够有效减少因重复而降低课

常见的科学探究材料

---

① 生青德. 科学课程资源探微. 武汉：华中师范大学，2004：29.

利用社区资源幼儿可能获得的学习机会

程资源质量的情况。例如，共享专家资源或家长资源，活动不以班级为单位单独进行，而是通过合理的安排，组合进行；或是共享园本课程资源，利用本地已开发的科学资源，譬如利用所属地社区已有的资源，重视资源的利用与整合，避免重复建设的资源浪费和舍近求远的成本损失。

单元回顾

⊙ 单元小结

本单元主要讨论了两个问题：学前儿童科学教育的环境创设和学前儿童科学教育的课程资源建设。

首先，关于学前儿童科学教育环境的概念。学前儿童科学教育的环境，作为渗透性的学前儿童科学教育活动的重要组成部分，是指由教师设计、选择并提供给学前儿童的，以促进其科学素养发展的一切条件，包括物质环境和精神环境。学前儿童科学教育环境创设的原则有科学性与启蒙性、教育性与探索性、主体性和选择性、互动性和过程性、安全性和卫生性。学前儿童科学教育物质环境的类型常见有科学发现区、自然角、园地。学前儿童科学教育物质环境创设的实施应注意贴近自然，体现自然科学的特点；激发探索，合理布置活动空间；因地制宜，生成园本代表性环境；强调互动，突出幼儿的主体地位。学前儿童科学教育心理环境的类型包括令人好奇的科学探究氛围、自由宽松的科学探究氛围、浓厚的科学探究气氛。学前儿童科学教育心理环境创设的实施，应注意利用物质环境创设，设置使幼儿感到奇怪的问题情境；重视多元平等开放，打造有效应答的环境。其次，学前儿童科学教育的课程资源，即指实现学前科学教育课程各要素的所有资源。了解学前儿童科学教育课程资源建设的意义：课程资源建设有助于思考学前儿童科学教育中教与学的内涵；课程资源建设有助于保障学前儿童科学教育质量的实现；课程资源建设有助于实现学前儿童科学教育主体的多样化。根据不同分类标准，学前儿童科学教育课程资源的类型可分为园内课程资源和园外课程资源、自然课程资源和社会课程资源、显性课程资源和隐性课程资源。学前儿童科学教育课程资源的建设与利用要注重更新课程资源观念，树立正确的课程资源观；强化资源开发意识，完善课程资源管理制度；重视课程资源质量，落实课程资源建设保障。

⊙ 拓展阅读

1. 王冬兰. 学前儿童科学教育. 上海：华东师范大学出版社，2010.（第五章）

2. 施燕. 学前儿童科学教育. 北京：中央广播电视大学出版社，2007. （第七章）

3. 刘占兰. 学前儿童科学教育. 2版. 北京：北京师范大学出版社，2008. （第六章）

4. 李季湄，冯晓霞.《3—6岁儿童学习与发展指南》解读. 北京：人民教育出版社，2013. （第五章）

5. 高瞻教育研究基金会. 学前儿童观察评价系统. 霍力岩，等译. 北京：教育科学出版社，2018.

⊙ 巩固与练习

一、名词解释

1. 科学教育环境　　2. 科学教育课程资源　　3. 科学教育精神环境
4. 科学发现区　　　5. 社会课程资源　　　　6. 隐性课程资源

二、简答题

1. 简述学前儿童科学教育环境创设的原则。
2. 什么是使幼儿感到奇怪的问题情境？
3. 简述学前儿童科学教育活动评估中常见的自然课程资源，并举例说明。

三、论述题

1. 试论述学前儿童科学教育心理环境创设的实施要点。
2. 举例说明学前儿童科学教育课程资源的建设与利用的方法。

四、案例分析

一位教师在教研活动中说道："原来养蚕，染布，制作杆秤、竹蜻蜓、走马灯可以做成科学课，我一直以为，这只能上民间文化的相关主题课，可是带小朋友探讨走马灯机械工作原理，观察蚕宝宝生活习性、吐丝结茧状态，用杆秤玩买卖游戏进行称重测量，这些都让我知道传统文化课程也可以融入科学的元素。"[1]

运用本单元节所学的相关知识，谈一谈你对案例中教师感悟的看法，说一说有什么启发。教师应该如何利用好科学教育环境和资源，才能有效地促进儿童在科学领域探索？

五、实践活动

尝试为一所幼儿园创设一个科学区角。

---

[1] 范亮. 传统科技融入幼儿园课程研究. 重庆：西南大学，2018：161.

第六单元 学前儿童科学教育活动的观察与评估

导 言

大一班的许老师在进行"溶解"活动时,详细记录了幼儿在实验过程中的各种表现。她记录的内容包括幼儿的实验兴趣、操作方法、操作记录的写作水平以及操作时的集中程度,等等。

大三班的吴老师在进行"溶解"活动时,并没有准备详细的观察表格,只是在幼儿操作时给予指导。在活动快结束时,吴老师总结道:"今天我们学习了溶解,小朋友们都做了溶解的实验,现在跟我一起念溶解的概念……"在幼儿的齐声诵读中,吴老师结束了这次活动。随后,她在教学日志的活动评价栏中写道:"通过这次实验活动,全班幼儿掌握了溶解这个科学概念。"[①]

请问,你认为案例中两位老师的做法都是评估吗?若都是评估,为什么有如此大的差别?你觉得哪位老师的做法更符合你心中科学教育活动评估的概念?你认为科学教育活动评估的是什么?科学教育活动评估的价值取向是怎样的?科学教育活动评估的内容是什么?科学教育活动评估有哪些方法?下面开始进入相关知识的学习。

[①] 王冬兰. 学前儿童科学教育. 上海:华东师范大学出版社,2010:252.

学习目标

了解：学前儿童科学教育活动评估的概况和趋势
一般掌握：学前儿童科学教育活动观察与评估的概念、意义、内容和方法
重点掌握：运用所学理论设计及实施学前儿童科学教育活动观察与评估的方案
学习重点：学前儿童科学教育观察与评估的内容和方法
学习难点：运用所学理论设计及实施学前儿童科学教育活动观察与评估的方案

思维导图

- 学前儿童科学教育活动的观察与评估
  - 学前儿童科学教育活动的观察与记录
    - 学前儿童科学教育活动的观察与记录概述
    - 学前儿童科学教育活动观察与记录的内容
    - 学前儿童科学教育活动观察与记录的方法
  - 学前儿童科学教育活动的评估
    - 学前儿童科学教育活动评估概述
    - 学前儿童科学教育活动评估的内容
    - 学前儿童科学教育活动评估的方法

第一节 学前儿童科学教育活动的观察与记录

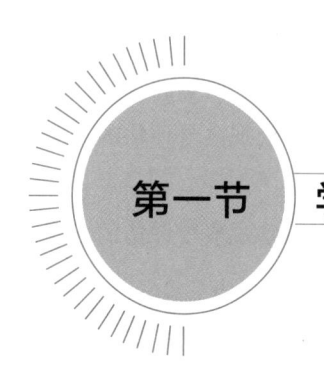

在学习学前儿童科学教育活动评估之前，有必要对学前儿童科学教育活动中的观察与记录做一些适当的了解。观察与记录是幼儿教师最常用的数据收集方式，有助于教师近距离看到学前儿童的行为、情绪和态度，让评估者用"眼见为实"的态度打破传统思维中对学前儿童的臆测，让科学教育的评估更加重视过程的发生，关注个体的差异性，也能够让教师更加直观地反思教学行为，进而提升专业素养。

一、学前儿童科学教育活动的观察与记录概述

（一）作为评估基础的观察体系

"捏"橡皮泥

观察是认识周围世界的基本方法，也是教学评估中的重要手段。评估所涉及的观察分析法、音像资料法、轶事记录法、访谈法、问卷调查法、发展检核表法等，无一不是从观察这一基本行为开始的。因此，拥有合格的观察能力，应是评估得以实施的基本条件。那么，首先需要厘清评估中的观察是什么。观察作为一种从事科学研究的手段，被质性研究者认为不仅仅是人的感觉器官直接感知事物这样一个过程，而且是人的大脑积极思维的过程[1]。观察，不仅是对观察对象有一个感性的认识，更是对个体或事件发生、发展、变化过程的观察。可以这么理解，评估在观察的过程中就已经发生了。同时，儿童作为人的存在和发展中的个体，决定了他们需要的不是像一件件物品那样被客观地观察与评估，而是来自教师的理解。[2] 评估的观察，并非单纯观察的行为，应称之为观察体系，是以理解学前儿童为前提，感知观察对象的过程与结果，结合观察者

---

[1] 陈向明. 质的研究方法与社会科学研究. 北京：教育科学出版社，2000：227.
[2] 赵南. 超越观察评价，理解儿童：基本理念、路径与目的. 学前教学研究，2017（9）：3.

的思考的综合行动模式。如案例"'捏'橡皮泥"所示,该幼儿教师仅看见幼儿的行为,并没有了解幼儿行为发生的原因及过程,甚至阻碍了幼儿对一个新鲜工具进行简单的探索,打断了幼儿的学习行为。这样的观察是值得反思和完善的。

(二)作为观察环节的记录

既然观察是一个体系,那么观察就不再是指单一的行为,而是包含多个环节的复杂行动。其中,记录就是观察中非常重要的一个环节。首先,人的记忆能力是有限的,短时记忆无法记住一定时长以外的内容。甚至已经记住的内容,经过一定时间后,也会有偏差。就算后期通过各种方式回忆,提取出来的也可能是经过加工的感知。其次,记录的过程可以使观察者对观察对象更加熟悉,尤其是通过书写的记录,实际上就是一个归类和加深印象的过程,更方便分析与提取。最后,记录的内容可供反复观察,更有利于观察内容的共享。多个评估者的不同视角,有利于评估跳脱出单一的视野,能够综合更多的思考意见,使观察的结论更具意义。

落实到操作中去,如何更好地实施观察记录?幼儿教师是无法将观察到的所有学前儿童的行为都记录下来的,因此要将那些有助于幼儿教师做出教育决策的行为记录下来,记录时需要进一步聚焦观察内容,掌握合适的观察与记录的方法。

小贴士

通过观察幼儿,教师能够知道什么?
1. 幼儿所有领域的发展能力:社会性、情感、身体动作和认知;
2. 幼儿的个性品质;
3. 幼儿应对困难情境的态度和解决问题的方法;
4. 幼儿解释行为的能力;
5. 幼儿的深层次兴趣和爱好;
6. 幼儿正在构建的信息和知识;
7. 幼儿对于自身文化背景的表达。

资料来源:格朗兰德,詹姆斯.聚焦式观察:儿童观察、评价与课程设计.梁慧娟,译.北京:教育科学出版社,2017:7-8.

二、学前儿童科学教育活动观察与记录的内容

基于对观察与记录的理解,学前儿童科学教育活动观察与记录更加有利于了解动态的教育现象。因此,观察与记录的内容应从教育现象的主体——学前儿童与幼儿教师,以及师幼互动三个方面进行介绍。

(一)学前儿童发展的观察与记录

人们逐渐认识到,学前儿童的科学学习有其自身的特点。学前期科学教育的主要目标是激发学前儿童科学探究的兴趣,培养其科学态度,而不是单纯构建一种客观知识体系让幼儿掌握。[1] 观察与记录关注幼儿发展主要集中在三方面:科学态度的养成、科学能力的培养及科学经验的掌握。

1. 观察与记录学前儿童科学态度的养成

态度因个体而异且不容易被客观标准测量,因此需要仔细观察与记录学前儿童的行为表现,通过学前儿童的行为表现来了解他们科学态度的养成。科学态度是学前儿童行为的倾向性表现,这就要求观察者在观察中注意学前儿童想要怎么做,而不是做了什么。学前儿童科学态度包括学前儿童对周围世界和科学教育的学习具有好奇心与兴趣,[2] 观察与记录学前儿童在科学教育活动中的好奇心和兴趣是了解科学态度养成的重要内容和依据。例如,案例"小班科学区域活动——给小动物找妈妈"的观察与记录,着重观察与记录光光反复尝试放大镜的使用方法,而非光光使用放大镜这一结果。案例中虽然光光一开始遇到挫折,但没有放弃,最终在扬扬的帮助下学会放大镜的使用方法,完成了"给小动物找妈妈"的游戏任务,体现出光光对学习使用放大镜完成游戏任务是很有探究兴趣的。[3]

2. 观察与记录学前儿童科学能力的培养

学前儿童的科学能力具体是指初步探究的能力,包括探究过程和能力两部分:从探究的过程来看,包括提出问题、观察探索、思考猜测、调查验证、收集信息、得出结论、合作交流等基本环节;从探究的能力来看,观察比较、实验验证、调查

---

[1] 王冬兰. 学前儿童科学教育. 上海:华东师范大学出版社,2010(6):255.
[2] 李季湄,冯晓霞.《3—6岁儿童学习与发展指南》解读. 北京:人民教育出版社,2013:116.
[3] 管琳. 幼儿好奇心和学习兴趣的观察与培养策略:基于学习品质的视角. 黔南民族师范学院学报,2017(5):82-85,91.

测量是最基本的方法。①

首先,观察者要对观察的科学能力给出不同层次的操作性定义,并注意对学前儿童科学能力的"最近发展区"的观察,观察与记录学前儿童科学能力的已有水平和可能达到的水平之间的探究过程或困境,比单纯观察学前儿童已获得何种科学能力更有意义。

其次,在观察与记录中需要关注过程性行为发展,而非行为的结果。而过程性行为又应该以观察整体的行为发生经过为主,而非只观察单纯的、局部过程性行为。任何观察与记录都不可能脱离现实生活,因此可以将所观察与记录的幼儿园教育活动中儿童学习、生活的片段看作部分,而整体就是教师或研究者的文化、社会、历史背景以及现实生活情境等。为了更好地解读我们所观察与记录的事物,就必须把它放在社会所认同的教育环境中,否则记录就失去了应有的意义。② 例如,案例"一日生活中的科学活动——'吹泡泡'的观察记录指导",幼儿教师应结合平时的教学环境观察理解幼儿与平时不一样的表现。

一日生活中的科学活动——"吹泡泡"的观察记录指导

3. 观察与记录学前儿童科学经验的掌握

观察与记录学前儿童科学活动主要的价值取向在于形成态度与培养能力。科学知识经验的掌握内容在前一单元已有详述,此处不再赘述。值得注意的是,观察与记录学前儿童是否掌握科学经验,应该避免单纯观察幼儿是否记住某个科学知识这一行为结果,而应该注重观察学前儿童是否理解了科学知识,是否能将科学领域的知识经验迁移到生活和学习中。如案例"C园某大班小朋友的科学经验观察与记录",学前儿童对果子颜色和果子成熟程度之间的关系产生了疑惑。因此,幼儿教师在观察和记录时应关注幼儿虽然初步拥有了关于果子成熟的知识,但这些知识不足以迁移使用,进而带领幼儿进行相关科学知识经验的探究。这样关于学前儿童科学经验掌握的观察与记录才是有积极意义的。

C园某大班小朋友的科学经验观察与记录

(二)幼儿教师的观察与记录

幼儿教师的观察与记录有两种解读。第一种,幼儿教师是观察与记录的操作者,观察与记录是教师实施科学教育活动的必要环节。第二种,

"学前儿童观察评价系统"的使用

---

① 李季湄,冯晓霞.《3—6岁儿童学习与发展指南》解读.北京:人民教育出版社,2013:116.
② 赵一仑.幼儿教育研究中观察与记录的诠释学思考.浙江师范大学学报(社会科学版),2007,32(4):35-38.

幼儿教师是被观察与记录的对象。幼儿教师在作为科学教育组织者、实施者、观察者的同时，也是被观察与记录者。这两种关于幼儿教师的观察与记录，都是学前儿童科学教育活动评估的重要组成部分，对幼儿教师的职业发展有着重要的影响。首先，从教育发展角度来讲，幼儿发展评估是反映幼儿教师教育水平的重要指标。[①]幼儿教师在观察与记录的过程中，分析理解幼儿，其实也是在分析理解自己的教学行为，属于自评的过程。另外，幼儿教师的师德、教学技能、与他人的合作水平、沟通能力等，通过在教育过程中的观察与记录反映出来，可以避免以片面结果作为单一的评估结论，形成有效的形成性评估，推进反思性实践的落实，更好地促进幼儿教师自身职业素养的发展。"学前儿童观察评价系统"正是以幼儿教师的观察与记录作为基础，强调在日常生活中收集学前儿童真实的表现。在此过程中，随着评估经验的增长，幼儿教师会发现轶事记录更像是他们与学前儿童的互动，而不是必须让他们放下重要的事情去做的额外的工作。幼儿教师通过解读自己的观察与记录，获得审视儿童学习的独特"眼光"，进入一种能不断从儿童的学习中发现和捕捉教育问题的研究境界。[②]

（三）师幼互动的观察与记录

师幼互动的观察案例对比

观察与记录的前提是幼儿教师对学前儿童的理解。学前儿童在不同的生长环境、经验储备等因素的影响下，其发展具有极大的差异性。仅仅依靠普遍发展规律下的知识性理解不足以支撑幼儿教师面对现实中的学前儿童。幼儿教师需要掌握学前儿童在实际情境中的表现和变化，凭借实际情况来理解学前儿童。因此，师幼互动才是衡量幼儿教师对学前儿童理解水平的重要内容。通过案例"师幼互动的观察案例对比"，对比两则对于师幼互动的观察案例，可以看到同样的问答环节，第一个案例的师幼互动处于封闭机械的回答状态，幼儿教师没有启发提问，学前儿童也无法深入思考，进而回答。第二个案例中的幼儿教师通过不断追问，引发学前儿童持续深入思考，进而回答。通过日常对师幼互动的观察与记录，可以更为直观地呈现师幼互动的状态，进行分析了解，从而更好地提高师幼互动质量。

三、学前儿童科学教育活动观察与记录的方法

观察与记录常用的手段有文字描述、图片、摄影、录像、录音等，常用的方法

[①] 王冬兰. 学前儿童科学教育. 上海：华东师范大学出版社，2010：259.
[②] 高瞻教育研究基金会. 学前儿童观察评价系统. 霍力岩，等译. 北京：教育科学出版社，2018：12.

有描述记叙法、取样观察法、等级评定法，这三种观察方法又有各自不同的记录方法。

（一）描述记叙法

这种观察方法运用最多，所获资料可长久保存，通常是现场实况详录。在学前儿童科学教育活动中常用的描述记叙法有轶事记录法和档案袋记录法。

1. 轶事记录法

轶事记录法着重记录观察者认为有价值、有意义的资料和信息，一般是记录观察对象的典型行为或异常行为。轶事记录法也可以没有主题，如可以记录一段时间内发生的事情。幼儿教师通过记录学前儿童有关于科学教育方面的表现，了解学前儿童的学习特点和个性需求，从而为学前儿童提供有效指导和支持。例如，"轶事记录法案例"以单一事件的简短描述为主。这可以使事件表述简明扼要，必需的细节记录更充分和准确，使观察到的内容易于解释。①

轶事记录法案例

2. 档案袋记录法

档案袋记录法根据一定的观察目标，有意识地、系统地将学前儿童的作品、资料、信息收集起来，通过建立过程的记录、分析与解释，反映幼儿在一段时间或者某一科学教育方面的发展。

"学前儿童观察评价系统"档案袋记录法

以上两种方法相辅相成，往往配合使用。例如，高瞻课程的"学前儿童观察评价系统"，使用轶事记录法和档案袋记录法记录对幼儿的观察。教师经常会在轶事记录中引用档案袋中的内容作为支持证据。②

（二）取样观察法

这种观察方法可以分为事件取样观察法和时间取样观察法。

1. 事件取样观察法

事件取样观察法是指观察前选定所要观察的行为或事件，过程中只注意观察这些选定的行为或事件。它是在自然情境下，观察行为事件发生的整体经过，以分析行为事件的因果。如案例中所呈现的以某一特定事件为观察对象进行取样分析，就是事件取样。

事件取样案例

---

① 夏靖. 轶事记录法在幼儿评价中的应用. 学前教育研究, 2003 (7): 50-52.
② 高瞻教育研究基金会. 学前儿童观察评价系统. 霍力岩, 等译. 北京: 教育科学出版社, 2018: 8.

2. 时间取样观察法

时间取样观察法是指在统一规定的时间内，按一定时间要求，先确定要观察的行为，并对观察对象进行设置，然后把所观察到的结果记录到事先制定的编码记录表上。该方法常用于确定某种行为是否出现或发生，该行为发生的次数、频率及其持续时间等。如案例中某教师想要观察班级幼儿的亲社会行为，但一个人要了解全班幼儿所有时间段的亲社会行为是不可能的，因此选择时间取样观察法是合适的。

时间取样案例

（三）等级评定法

这一方法要求研究者在观察的基础上，对行为或事件做出判断和评定。特性等级评定在观察前先确定所要观察的行为表现，并按一定的标准将这些行为表现分为几个等级，观察时只注意观察对象的行为表现属于哪个等级。观察后按某特性为某人的行为表现评定等级。等级评定需要在相当一段时间内进行，常经多次观察后做出，最终根据行为表现对预定的特性做出评定。

学前儿童好奇心等级量表

在学前儿童科学教育研究中，最常用的等级评定法是数字等级评定量表法。数字量表上的行为类型以有一定顺序的数字形式确定，观察者只要选择最适宜的数字就能评估被观察的对象。例如，案例中学前儿童好奇心等级量表根据好奇心的操作性定义，分成若干维度，根据在情境中的观察，做出等级评定。

> **小贴士**
>
> 等级评定法还包括图示量表法、标准评定量表法、累计评定量表法等。
>
> 图示量表法：在量表上，一条直线表示某一行为，观察者沿着直线上的刻度从高到低迅速而简单地做出判断。
>
> 标准评定量表法：该量表将观察对象的行为与总体做比较，以标准分数或百分数加以评定。
>
> 累计评定量表法：该量表由一系列评定项目组成，作为全部特征的一部分独立表现。

此外，在运用上述观察法时，一般还会用到以下观察与记录的方法。

1. 连续记录法

运用连续记录法时，可以用笔记，也可以用录音机、录像机等将观察到的情况实录下来，然后再做书面整理。连续记录法一般适用于实况详录观察法、轶事记录法和事件取样法的观察与记录。在进行人工书面连续记录时，应注意把对事实的客观描述与记录者或观察者的主观解释和评价区别开来。

2. 频率记录法

在采取时间取样观察法、图示量表法时，均需记录行为的出现频率。这样，就需要预先制定好记录表格，按照预先规定的行为分类系统及各种行为定义，在观察现场当即做出判断，并记录在表格内。记录时常把观察时间分为若干段，在每一时段中记录某种行为类型。观察工作结束后，可根据从各时段的各类行为频率加以分析。

频率记录法案例

3. 符号记录法

在对某种活动或事件进行连续观察与记录时，如果涉及的对象多，用言语记录比较困难，可用预先指定好的符号系统进行记录。在制定符号系统时，必须首先进行行为分类，考虑好观察中可能出现的行为类型，或选定研究者特别感兴趣的特定行为作为观察记录的目标，然后用不同的符号代表各具体行为。用符号记录，迅速方便，一目了然。

4. 仪器辅助记录法

仪器辅助记录法，就是运用现代仪器（录音机、录像机等）加以辅助，将有关信息保留下来，待事后整理、分析的方法。

第二节 学前儿童科学教育活动的评估

《幼儿园教育指导纲要（试行）》指出，教育评价是幼儿园教育工作的重要组成部分，是了解教育的适宜性、有效性，调整和改进工作，促进每一个幼儿发展，提高教育质量的必要手段。学前儿童科学教育活动评价作为学前儿童科学教育活动实施的重要组成部分，有助于科学教育活动有效开展。学前儿童科学教育活动的评价隶属于学前教育评价，在实际操作中又有其特殊性。本单元使用学前儿童科学教育活动的评估来表述，进一步明确其特殊性，并从以下几方面进行具体介绍。

一、学前儿童科学教育活动评估概述

（一）教学活动的评价与评估

学前教育评价，是教育评价中的一部分，是对学前教育活动有关的各个方面进行科学的价值判断过程。[1] 而教育评估也有对教育现象或教育事实的价值进行判断的意义，只是教育评估更多地注意判断对象的复杂性。供判断价值高低的现象或事实各有特点，有的适宜做严格的、精确的定量分析和判断，有的则适宜做定性与定量结合、客观判断和主观描述并重的分析与判断，如果说评价可以告诉我们"绝对必然地就是如此"，那么评估则告诉我们"估计是如此"。[2] 由于学前儿童科学教育活动评估的对象主要是教学方案、教育机构、教育者和受教育者等，涉及大量社会的、文化的、历史的和人的因素，复杂程度较高，要真正做到通过精确量化价值判断来进行评估是有困难的。目前最为科学、合理的方式是量化与质性评价结合、量化资料与主观描述并重。所以，学前儿童科学教育活动评估，实际上是对有关对象价值的估量和推测，是指对学前儿童科学教育活动中各类内容的考量和评估等活动。因此，本单元以学前儿童科学教育活动的评估为表述方式，来明确这一特点。

学前儿童科学教育活动的评估具体是指以科学教育活动为对象，根据一定的目标，采用相关的评估技术与方法，对学前儿童科学教育活动的教学现象及效果进行估量和推测，以期能够反馈于学前儿童科学教育活动，为学前儿童科学教育活动的设计、组织、实施和采取最佳策略提供服务的价值判断过程。

（二）学前儿童科学教育活动评估的类型

学前儿童科学教育活动评估根据不同的分类依据，可以分为不同类型。在实际操作中，常见的有以下两种分类方式。

1. 根据评估功能分类

根据评估功能，学前儿童科学教育活动评估可分为三种：诊断性评估、形成性评估和总结性评估。

---

[1] 王坚红．学前教育评价：理论·方法·实践．北京：人民教育出版社，1994：1.
[2] 霍力岩．学前教育评价．北京：北京师范大学出版社，2000：17-18.

（1）诊断性评估。诊断性评估旨在提前发现活动中存在的问题，并以此为依据调整和改进活动。因此，诊断性评估通常也称为准备性评估，一般指在开始教学活动前对学前儿童的知识、技能、情感以及其他相关准备进行预测，并以此为依据进行改进或调整。学前儿童科学教育活动的诊断性评估，主体涉及编制活动的幼儿教师、幼儿园活动专业人员、幼儿园行政管理人员或者其他活动编制人员等。应对学前儿童以及园所等准备情况进行了解，以便开展适合的教学计划，实施匹配的教学活动，使幼儿园活动变得更完善。

（2）形成性评估。形成性评估旨在及时发现教和学中的问题，并以此为依据调整或修正活动。形成性评估发生在活动之中，对活动过程中发生的内容加以解释、判断，并在此基础上促进活动取得较好效果。学前儿童科学教育活动的形成性评估，主体涉及参与活动的所有人员，包括幼儿教师、学前儿童、管理人员、家长等。评估过程是所有评估者共同合作、相互支持的结果。特别需要强调的是，幼儿教师在活动过程中的形成性评估对活动具有十分重要的意义。幼儿教师运用专业知识审视活动方案和教育实践，能对活动方案实施的有效性和存在的问题提供真实有价值的信息，对活动的发展和调整起着至关重要的作用。[1]

（3）总结性评估。总结性评估旨在对活动达到的结果进行恰当的评定。总结性评估发生在活动结束之后，对结果进行评定。一个模块、一个单元或一个学期的教学结束后对最终结果所进行的评估，都是总结性评估。学前儿童科学教育活动的总结性评估，主体应是不受评估对象制约或影响的且具有评估知识和经验的人群，如幼儿园活动政策制定者、幼儿教育行政管理人员、幼儿园活动专业人员等。通过对活动实际效果进行评定，做出影响活动的决策。

2. 根据评估主体分类

根据评估主体，学前儿童科学教育活动评估可分为自我评估与他人评估。

（1）自我评估。自我评估是指评估者对自己在活动中的状况或发展情况做出自我评定，通过自我分析，实现自我提高的过程。学前儿童科学教育活动评估的自我评估涉及活动的参与主体，即学前儿童和幼儿教师。

（2）他人评估。他人评估是指由评估对象以外的有专业经验和知识的相关人员实施的评估，如园内领导评估、专家评估、同行评估等。《纲要》中也明确指出"管理人员、教师、幼儿及其家长均是幼儿园教育评价工作的参与者"，"幼儿园教育工作评价实行以教师自评为主，园长以及有关管理人员、其他教师和家长等参与

---

[1] 朱家雄. 幼儿园课程论. 北京：中央广播电视大学出版社，2007：7.

评价的制度"。

值得注意的是，要关注学前儿童自身作为评估者的重要性。在"多元评估"观念的影响下，越来越多的专家和从业者认识到学前儿童自我评估的重要性。不仅《纲要》明确指出学前儿童是幼儿园评估工作的参与者，而且学前儿童的自评也被越来越多地证明能够很好地促进教学质量和幼儿的学习能力。比如，在幼儿认识各种各样的帽子之后，通过让幼儿制作帽子并评估自己的作品，幼儿教师能了解学前儿童相关的认知水平，调整科学活动进度，幼儿自身也能够验证对科学知识的理解并了解自己的科学探究能力。因此，要重视学前儿童科学教育活动中学前儿童的自评。

当然，学前儿童的自评并非水到渠成，而是受自身发展水平和经验的影响，学前儿童的自评需要幼儿教师提供引导，并适当介入、点拨。如案例"'街心花园'幼儿自评"所示，幼儿教师不仅需要与幼儿进行内容丰富、有效的沟通，引导幼儿进行自评，还要帮助幼儿提升和归纳适合他们的语言，丰富幼儿的评价语言储备，真正实现幼儿自评。

"街心花园"幼儿自评观察与记录

二、学前儿童科学教育活动评估的内容

学前儿童科学教育活动评估的内容是指可以对学前儿童科学教育活动的哪些方面进行评估，即"评什么"的问题。分析学前儿童科学教育活动评估内容，是建立学前儿童科学教育活动评估体系的重要环节。只有明确学前儿童科学教育活动评估内容，配合评估标准，才能构成学前儿童科学教育活动评估体系。因此，学前儿童科学教育活动评估内容一直是众多学者讨论的内容。有学者认为学前儿童科学教育活动评估内容分为对教师科学教育工作和效果的评估，包括对科学教育计划的评估和对科学教育活动的评估，以及对学前儿童通过科学学习后，其发展状况的评估。[1] 有学者认为学前儿童科学教育活动评估内容包括对幼儿科学教育活动本身的评估以及对科学教育活动中幼儿发展的评估。[2] 有学者认为学前儿童科学教育活动评估内容涉及各个方面，包括课程评估、学前儿童发展评估和环境评估等。[3] 在综合各位学者观点的基础上，本书将学前儿童科学教育活动评估的内容分为三个方面进行分析。

---

[1] 施燕. 学前儿童科学教育. 北京：中央广播电视大学出版社，2007：286.
[2] 学前教育专业教材编写组. 幼儿园教育活动设计与指导：科学. 郑州：河南大学出版社，2009：92－96.
[3] 张俊. 幼儿园科学教育. 北京：人民教育出版社，2004：312.

（一）对学前儿童科学教育活动准备的评估

对学前儿童科学教育活动准备的评估是指对学前儿童科学教育活动前的方案准备进行评估，具体指在教学活动开始之前对教学活动方案、学前儿童的准备、材料的投放、环境的布置等要素进行提前的估计和预测，大体内容包括：课程观与价值取向是否与当下社会文化背景契合[1]；学前儿童在经验、情感、认知等方面是否准备妥当；材料投放是否有实施的可行性，是否与幼儿园教育实际状况相符；课程实施的各个要素是否统一、协调，成一整体[2]；等等。这里要强调的是，学前儿童科学教育活动包括集体教学活动、科学区角活动、一日生活中的科学教育活动等。

1. 关于教学活动方案的评估

评估教学活动方案，主要需要了解两个方面的内容：①方案以及方案中的各个要素，是否依据科学的原理、原则，是否以先进的活动理论为先引；②活动结构是否合理，各要素之间是否具有较高的内部一致性、是否符合原先的指导思想。[3] 具体地说，教学活动方案的目标、内容、组织方式等都要合理，既要体现我国教育方针和正确、先进的教育思想，符合幼儿教育总目标，又要符合班级幼儿的具体情况，提供适宜的教学内容和组织方式。下面从教学活动方案的活动理念、活动目标、组织内容、组织形式、活动评价方面进行阐述。

（1）对活动理念的评估。幼儿园活动理念是幼儿园活动的主导价值观，包括活动设计的基本理论、核心思想和相应的研究方法。[4] 学前儿童科学教育活动的活动理念直接影响学前儿童科学教育教学活动方案的设计和实施。可以从以下几个方面对活动理念进行评估：

第一，正确性。幼儿园活动理念的正确性是幼儿园课程质量的首要标准，也是活动设计必须思考的首要问题。[5] 正确性指学前儿童科学教育活动理念符合国家学前教育法规和指导性文件的精神，符合当代的儿童发展观和学习观。[6] 例如，当评估科学教育活动"各种各样的桥"的活动方案时，教师会意识到方案的设计对于中班幼儿来说目标过于简单，不符合中班幼儿发展的年龄特点，且缺少基于幼儿生活经验的生成或者生成流于形

中班科学教育活动——各种各样的桥

---

[1] 朱家雄. 幼儿园课程论. 北京：中央广播电视大学出版社，2007：89.
[2] 李克建. 中国托幼机构教育质量评价研究. 北京：北京师范大学出版社，2017.
[3] 王春燕，王秀萍，秦元东. 幼儿园课程论. 北京：新时代出版社，2009：86.
[4] 虞永平，张辉娟，钱雨. 幼儿园课程评价. 南京：江苏教育出版社，2006：49.
[5] 虞永平，张辉娟，钱雨. 幼儿园课程评价. 南京：江苏教育出版社，2006：50.
[6] 王春燕，秦元东. 幼儿园课程概论. 3版. 北京：高等教育出版社，2019：122.

式，缺乏幼儿主动探究的空间。该教学活动方案中的活动理念是不符合《幼儿园工作规程》《纲要》和《3—6岁儿童学习与发展指南》的精神的。

第二，学科性。学科性指的是学前儿童科学教育活动理念需要重视科学教育的学科特点。科学不仅是一种知识，而且是包括科学知识、科学过程与方法、科学世界观三个方面的整体。① 具体地说，学前儿童科学教育理念不仅关注学前儿童体验并积累广泛的科学经验，还重视学前儿童掌握相关的初步技能和技巧，更进一步地帮助学前儿童形成科学的情感和态度。并不是仅要求幼儿说出某些现象、事物的概念，而是强调学前儿童亲历科学发现的过程，获得具体生动的感性经验，培养积极、有效的科学观及态度，为他们的终身发展打下基础。例如，在科学教育活动"动物牙齿大调查"中，该幼儿教师虽然有意识地使用了"自己的方式""喜欢的动物"等指导用词，但在活动设计过程中缺乏对幼儿情感态度的引导，直接导致幼儿表现出无助和迷茫。幼儿园科学教育活动理念的学科性应贯穿于课程方案的整个过程。

第三，清晰性。完善的教学活动方案应该简洁明了、通俗易懂，尽可能明确、清楚地呈现活动理念，并注重逻辑性、层次性和概括性。② 这样才便于后期信息的阅读，又便于活动理念的传播和分享。

（2）对活动目标的评估。学前儿童科学教育活动目标是构成科学教育活动的第一要素和前提，它是教师进行科学教育的指导思想和制订计划的依据。③ 科学教育的活动目标是科学教育的起点，只有具有适宜性、全面性和明确性的目标，才能实现预期的效果。

第一，适宜性。适宜性是指活动目标符合幼儿园实际和幼儿发展的规律，大多数幼儿在科学、合理的环境中和教育作用下可能达到活动目标预设的水平。④ 学前儿童科学教育活动目标在制定时需要考虑多方面因素。首先，活动目标应该高于学前儿童已有水平，又不强求高于学前儿童可到达水平，即符合学前儿童"最近发展区"。其次，活动目标的要求是符合幼儿园实际和幼儿教师操作水平的，是具有可行性的。最后，活动目标要传达的信息是符合当下社会科学文化背景的，也是不断更新、与时俱进的。

第二，全面性。学前儿童的学习与发展具有全面性，任何一方面的发展都依赖于其他方面的相应发展。幼儿园中科学教育活动目标必须着眼于幼儿的全面发展。

---

① 张俊. 幼儿园科学教育. 北京：人民教育出版社，2004：52.
② 王春燕，秦元东. 幼儿园课程概论. 3版. 北京：高等教育出版社，2019：122.
③ 施燕. 学前儿童科学教育. 上海：华东师范大学出版社，2006：53.
④ 王春燕，秦元东. 幼儿园课程概论. 3版. 北京：高等教育出版社，2019：123.

因此，科学教育活动目标一般包括知识经验目标、方法技能目标和情感态度目标三个维度。同时，还应该对科学教育活动的三个维度目标有全面的认识，深刻理解科学教育活动三个维度目标的内在关联。

第三，明确性。明确性是指活动目标基于对学前儿童科学领域的关键经验的了解，才能达到教学活动的目标要求。确定了适宜的关键经验，才能保证通过教育活动实现教育目标与要求。[①] 若欠缺对学前儿童科学领域的关键经验的了解，就缺乏目标预设的依据，活动目标就容易缺乏针对性，甚至犯错误，不能准确引导学前儿童科学领域的发展。如活动"植物是怎样长大的"，要求幼儿了解植物的生长过程，了解不同植物的种子是不同的，了解植物生长的条件。该目标要求过于庞大，措辞含糊，不是一次科学活动就能够实现的。

（3）对活动内容的评估。幼儿园科学教育活动的内容选择是极其广泛的，《指南》中提出的教育建议给幼儿教师的实际教学活动提供了方向，但是选择科学教育内容，还需要幼儿教师根据具体情况按一定原则进行。

第一，一致性。幼儿园活动内容与活动目标相符合的程度直接决定活动方案设计的价值取向能否实现。唯有活动内容与活动目标保持一致，活动目标才能真正落实到具体活动之中。若活动内容与活动目标脱离，会严重影响活动目标的落实，更不利于幼儿的发展。这种情况时有发生，如活动目标通常包括知识经验目标、方法技能目标和情感态度目标三大类，但内容选择过程中常常发生偏重甚至仅注重认知方面的情况。

第二，适宜性。适宜性指幼儿科学教育活动内容难易要适度，从幼儿的生活中来，能作用到幼儿的生活中去，这样才能更有效地服务于幼儿对科学知识的兴趣与需要。同时，科学教育活动内容要严谨并与时俱进，与当下的生活有机联系。例如，在活动"铁钉变磁铁"中，幼儿教师之所以反映幼儿注意力不集中、兴趣不高，是因为活动内容的选择超出了幼儿的认知发展水平和理解能力，不能激发幼儿的好奇心和探索欲望。

科学活动——铁钉变磁铁

第三，整合性。评估科学教育活动内容不仅要关注纵向整合，更要注重横向整合，强调知识的融合以及与幼儿成长的联系。例如，生活中幼儿喜欢吃的橘子，作为大自然的产物，是长在树上的，秋天成熟，橘红色，味道酸酸甜甜的，里面是一瓣一瓣的，它的形状、种类和数量涉及数学方面的内容。幼儿教师利用领域内部知识的自然连接，将自然内容与数学内容有机整合在一起。在评估中既要肯定科学教育活动内容的整合意识，又要考量整合是否合理。

---

① 刘占兰. 学前儿童科学教育. 北京：北京师范大学出版社，2015：105.

（4）对活动评估方案的评估。对幼儿科学教育活动评估方案的评估还没有明确统一的标准，可以参考课程评估方案展开，具体包括评估方案的有无、评估导向的正确性、评估主体是否多元化、评估的方法是否科学、评估方案是否具有可操作性。[1] 依据幼儿园课程评估方案表，以及前文所阐述的原则，做评估表格如表6-1所示，供参考。

表6-1 幼儿园科学活动课程评估方案表[2]

评估对象	评估指标/标准	评分
课程理念	1. 正确性	1 2 3 4 5
	2. 学科性	1 2 3 4 5
	3. 清晰性	1 2 3 4 5
课程目标	1. 适宜性	1 2 3 4 5
	2. 全面性	1 2 3 4 5
	3. 明确性	1 2 3 4 5
课程内容	1. 一致性	1 2 3 4 5
	2. 适宜性	1 2 3 4 5
	3. 整合性	1 2 3 4 5
课程评估方案	1. 评估方案有无	1 2 3 4 5
	2. 评估导向的正确性	1 2 3 4 5
	3. 评估主体的多元性	1 2 3 4 5
	4. 评估方法的科学性	1 2 3 4 5
	5. 评估方案的可操作性	1 2 3 4 5

2. 关于学前儿童准备的评估

学情是所有教学活动准备的依据，教师必须了解所教学前儿童的准备情况。对于学前儿童科学教育来说，教学活动准备包括兴趣准备、已有经验准备等。教学活动方案的评估，必须分析是否符合幼儿所有经验。例如，关于"雪"的科学教育活动，若是在南方幼儿园开展，大部分幼儿，尤其是低龄阶段的幼儿，可能缺乏关于"雪"的直接经验，导致幼儿对该主题的科学教育活动非常有兴趣，但经验准备不足。因此，在教案评估时就应该考虑到这一点，查看教学活动的准备中是否补充了相关环节，并因教学活动时长有限，可以合理地弱化兴趣导入环节。同理，若是在北方幼儿园开展关于"雪"的科学教育活动，由于北方幼儿有大量直观的与

---

[1] 王春燕，秦元东. 幼儿园课程概论. 3版. 北京：高等教育出版社，2019：126-127.
[2] 本表改编自虞永平，张辉娟，钱雨. 幼儿园课程评价. 南京：江苏教育出版社，2006：58，72. 王春燕，秦元东. 幼儿园课程概论. 3版. 北京：高等教育出版社，2019：127.

"雪"有关的经验,因此教案在兴趣导入的安排上需要结合活动内容,做更有趣的安排,在评估中自然要考虑到这一点。只有了解幼儿的准备情况,幼儿教师才能在科学教育活动中做好相应的问题预估(如幼儿的错误概念等),让教学活动取得成效。

3. 关于材料准备的评估

材料是科学探究的重要载体,而材料能否发挥其真正价值的关键在于能否对材料进行合理投放。对材料准备的评估主要是指对学前儿童科学教育方案中有关教具和操作材料的使用和投放的估量和预测。需要评估材料的准备与活动目标以及幼儿经验准备之间是否统一、协调,是否能够支持活动目标的顺利实现,是否能够促进活动内容的组织与实施,是否能够帮助幼儿更好地投入活动与学习。如科学教育活动"蚯蚓的秘密"所示:准备材料应考虑到材料安全、幼儿的兴趣以及经验储备,在此基础上调整教学材料的准备,这样才能有效拓展孩子对蚯蚓的认识。

4. 关于环境的布置的评估

科学教育的环境包括物质环境和心理环境。丰富优美的物质环境和宽容轻松的心理环境是幼儿进行科学探索的行动"土壤"。对环境的布置的评估,不仅包括对幼儿教师根据教学活动专门布置的环境的评估,还包括对幼儿园整体环境的评估,以及对幼儿教师营造的某一教学活动的心理环境的评估。例如,在某幼儿教师组织的一次科学教育活动"水果大比拼"中,幼儿教师在活动之前利用墙面装饰或者展板布置出一个色彩缤纷的果园,为幼儿提供一个较为直观、生动形象的环境。这样的精心准备不仅给幼儿营造了一个良好的氛围,也让幼儿的注意力得以集中,这样的方式比单纯地向幼儿出示图片效果要好得多。[①] 评估学前儿童科学教育活动的心理环境,可以查阅教学方案中与幼儿互动环节的设计,观测支持行为是否具有积极意义、对幼儿有哪些实质性影响,以及指导语是否明确、积极等。

(二)对学前儿童科学教育活动组织过程的评估

评估学前儿童科学教育活动组织过程,要了解的内容就比较多,包括:幼儿在教育活动中的反应(指主动性、参与程度、情绪表现等);教师的教育态度和行为(指对幼儿的控制程度、课堂管理方式、教育机制

[①] 刘玲玲. 幼儿园小班教师科学观察活动知识的个案研究:基于科学领域教学知识(PCK)的视角. 长沙:湖南师范大学,2017.

和技巧等）；师生互动的质量；学习环境的创设与利用；① 课堂文化（指是否公平平等、是否尊重欣赏）；活动组织的效率（指幼儿行为管理、意外事件的处理）；等等。② 在学前儿童科学教育活动中，学前儿童是探究主体，幼儿教师组织指导学前儿童获得知识的过程比教给学前儿童科学知识的结果更为重要。因此，评估幼儿教师如何组织指导学前儿童是评估学前儿童科学教育活动组织过程的核心。活动是否公平平等、是否尊重欣赏等文化因素都从组织过程中体现出来。例如，在科学教育活动"排一排"中师幼互动，通过观察幼儿教师的提问与幼儿的反应，了解活动组织的方式及有效程度，分析师幼互动的质量，进一步评估活动组织过程的质量。

（三）对学前儿童科学教育活动实施效果的评估

活动实施效果内容广泛，需根据具体活动对象具体讨论。活动实施效果有显性的，也有隐性的；有可预测的，也有不可预测的；有长效性的，也有短效性的。③ 对学前儿童科学教育活动实施效果的评估，主要是通过学前儿童的发展评估来确定的，即科学教育活动的方案及活动的组织实施是否实现了活动的目标，是否有效地促进了学前儿童的发展。

根据《指南》明确提出的科学领域幼儿发展的目标，结合《纲要》中对学前科学教育的五点目标，可将科学教育中幼儿发展的评估内容分为科学情感和态度、科学方法能力和科学知识经验三个方面的评估。

1. 学前儿童科学情感和态度的评估

学前儿童科学情感和态度的评估主要评估学前儿童对周围世界和科学教育的学习有好奇心与兴趣，能够主动亲近大自然，好奇好问，愿意探究、乐于探究、保持探究。幼儿的科学教育不能以牺牲兴趣为代价来求取能力的发展和知识的掌握。④ 好奇心和兴趣是学前儿童科学情感和态度评估中首要的内容和依据。具体内容包括：①幼儿是否对周围世界有强烈的求知欲和好奇心，是否对学习科学感兴趣。②是否有尊重事实、实事求是的科学态度；是否有自信、坚持、敢于挑战、务实等对待事物的态度。③是否有动手、动脑的探究习惯；是否喜欢观察、探索自然界，积极参与科学活动，谈论相关话题，并有愉悦的情绪。④是否初步具有环保意识，是否有热爱生命、保护自然、维护周围环境的行为习惯。

---

① 王春燕，王秀萍，秦元东．幼儿园课程论．北京：新时代出版社，2009：86.
② 李克建．中国托幼机构教育质量评价研究．北京：北京师范大学出版社，2017.
③ 朱家雄．幼儿园课程论．北京：中央广播电视大学出版社，2007：89.
④ 李季湄，冯晓霞．《3—6岁儿童学习与发展指南》解读．北京：人民教育出版社，2013：116.

2. 学前儿童科学方法能力的评估

学前儿童科学方法能力的评估主要评估学前儿童是否具有初步的探究能力，包括探究的知识与行为。具体从探究的过程和探究的能力两方面评估。从探究的过程来看，包括提出问题、观察探索、思考猜测、调查验证、收集信息、得出结论、合作交流等基本环节[①]的知识与行为。评估学前儿童是否能够掌握基本的观察方法，对感兴趣的事物是否能够仔细观察；是否能对观察的事物进行简单的推理或预测；是否能够根据推理或预测，尝试寻找答案、解决问题；是否能够使用合理的方式收集信息，得出相应解释或结论；是否能够发展出探究过程中的合作关系，表达探究结论，倾听同伴的意见，进行讨论，最终达成共识。从探究的能力来看，观察比较、实验验证、调查测量是最基本的方法。[②] 评估具体围绕学前儿童在探究中使用观察、比较、分类、概括、分析、实验验证、计划和实施调查、记录和收集信息等方法的多样性和程度展开。

3. 学前儿童科学知识经验的评估

学前儿童科学知识经验的评估主要评估学前儿童在探究中认识的周围事物和现象，具体包括：①是否认识常见的动植物，感知动植物的多样性，感知和发现动植物的生长变化及其基本条件，察觉到动植物的外形特征、习性与生存环境的适应关系；②是否探索并感知常见物质、材料的特性和物体的结构特点，推测和证实它们的用途；③是否了解天气与季节的变化，以及天气与季节对人类及动植物的影响；④是否了解常见的物理现象产生的条件或影响因素；⑤是否了解与感知常用科技产品与自己生活的关系，知道科技产品有利也有弊；⑥是否了解人们的生活与自然环境的密切关系，知道尊重和珍惜生命、保护环境。

三、学前儿童科学教育活动评估的方法

当明确了学前儿童科学教育活动评估的目标、内容及标准等之后，就需要通过合适的评估方法来进行意义和价值的判断。学前儿童科学教育活动评估是指根据一定的评估目标，收集评估资料，对资料进行记录、分析和解释的过程。无论是收集资料，还是解释与分析，都必须坚持科学性，即不能凭借主观臆测，而应根据现实材料描述、理解评估对象。必须有科学依据，有计划、有组织地设计和实施。

---

① 李季湄，冯晓霞.《3—6岁儿童学习与发展指南》解读. 北京：人民教育出版社，2013：116.
② 李季湄，冯晓霞.《3—6岁儿童学习与发展指南》解读. 北京：人民教育出版社，2013：116.

量化评价和质性评价

值得注意的是，学前科学教育活动评估贯穿活动目标、活动方案设计、活动准备、活动组织与实施等整个过程。学前儿童科学教育活动评估的方法与一般的学前儿童教育科研方法相同，大致分为量化评价和质性评价两大类。其中，属于学前儿童科学教育活动评估的常见方法有观察分析法[①]、数码媒介法、谈话法（访谈法）、问卷调查法、发展检核表法、学习故事评价法和马赛克方法等，下面对这几种方法进行详细介绍。

（一）数码媒介法

此处，"数码媒介"引用瑞吉欧教育中的"数码媒介"概念，指的是存于计算机中的任何形式的文件，即使这些文件之后会打印在纸上或录制成录像带。[②] 数码媒介法是一种行之有效的评估方法。随着信息时代的到来，人们使用的手机早已具备较好的录像和摄影功能，数码媒介的使用日趋常态化。摄影、录像技术可以很好地弥补日常学前儿童科学教育活动中幼儿教师无法兼顾观察和记录的遗憾，同时数码媒介能够更好地保留和还原学前儿童行为的真实性和完整性。

值得注意的是，记录和还原只是数码媒介法的第一步，更重要的是对记录事物、事件的分析与解释，这应该是一种超越单纯客观记录的、综合运用主体知识和经验对所观察的客体进行解释和意义建构的叙述形式[③]。

首先，利用数码媒介记录持续性的特点，将数字化视频所记录的生动的、有情节的片段编入数字化视频的索引。从这个意义上说，建立索引的数字化视频方便提供某一情境下学前儿童相关经历的记录，从而展示各种所需内容。[④]

其次，利用数码媒介表现形式多样性的特点，家长可以通过墙面上的告示板，以及打印出来的作品、照片等了解学前儿童进行科学教育活动时的情形。数码媒介的加入可以使家长更好地了解学前儿童在科学教育领域的行为，学前儿童也能观察自己的表现，幼儿教师能从这一过程中更好地了解学前儿童的学习行为和特征，更加接近和了解他们。数码媒介法有助于在学前儿童科学教育活动评估中实现他评和自评。

当然，数码媒介法的最终目的是记录幼儿真实的行为，进行更好的评估。在实

---

① 观察分析法在上一节中详细描述，本单元不再赘述。
② 爱德华兹，甘第尼，福尔曼. 儿童的一百种语言. 罗雅芬，等译. 南京：南京师范大学出版社，2006：353 – 365.
③ 爱德华兹，甘第尼，福尔曼. 儿童的一百种语言. 罗雅芬，等译. 南京：南京师范大学出版社，2006：353 – 365.
④ 张司仪. 瑞吉欧"纪录"与新西兰"学习故事"之比较研究. 教育导刊，2017（9）：90 – 93.

际运用中，要合理、有度地使用数码媒介，扬长避短，使之真正成为科学教育活动评估的助手。

（二）谈话法（访谈法）

谈话法（访谈法）是指评估者直接与评估对象进行交谈，从而获取信息的一种方法。谈话法（访谈法）虽然不能大量获取样本，但获取的资料更为直接、深入，同时还能验证用其他收集方式所收集的资料的真实性，以及弥补其他方式收集资料的不足。

学前儿童科学教育活动评估中的谈话法（访谈法）主要是指通过与学前儿童进行问答来收集信息，一般用于获得认知范畴的信息，包括学前儿童对科学概念的理解、对科学事实的知识经验，以及对科学能力的评估等。如案例"关于'虫子'的谈话"中，幼儿教师使用了谈话法（访谈法），对幼儿心中"虫子"的概念有了大致的了解。

关于"虫子"的谈话提纲

谈话法（访谈法）也可以用于幼儿教师、家长等对象，作为全面评估学前儿童对于科学情感和态度的补充以及对科学教育活动评估的依据。不论访谈的对象是幼儿还是成人，谈话者都需要做好详细的访谈提纲，确定访谈流程，寻找合适的访谈时间和地点等访谈必需的准备。谈话者要对访谈内容非常熟悉，并且需要具备一定的谈话能力和经验迁移能力，这样才能在自由地围绕话题展开的同时，深入交谈，实现谈话法（访谈法）的优势。

科学教育教师访谈提纲案例

（三）问卷调查法

问卷调查法是以一系列问题构成的调查表收集被评估对象认知、行为、态度的评估方法。它的优势是可以在较短的时间内获得大量的数据信息，信息收集的过程经济且易于实施，但获得的信息不够深入和细致。由于学前儿童还不具备文字语言能力，在学前儿童科学教育活动中，问卷调查法多用于对家长和幼儿教师进行调查。

问卷调查法的关键在于设计和编制问卷，以及后期的数据分析。一般来说，问卷的设计和编制要遵循以下原则：①主题鲜明，题目要与研究主题直接相关；②通俗易懂，题目要清楚，使用的术语应该使每个被调查者都能明白；③一题一问，每个题目只准包含一个问题，不能兼问；④避免带有诱导性的题目；⑤卷面设计整齐美观；⑥避免出现意义含糊、涉及隐私的问题；⑦所提问题应该是被调查者能够提供信息的问题；⑧为了便于设计处理，设计问卷时要考虑到易于编码、录入、汇总和数

问卷范例格式参考——大班（上）科学优势组幼儿表现教师评定问卷

199

据处理。[①]

问卷在设计和编制好之后,还要进行试用、信效度测量,再经修订才能定稿。整个问卷实施的过程是相当严谨且具有技术含量的,需要评估者有一定的理论储备和科学调查能力。因此,在一般情况下以使用已有的经典问卷优先。有一个良好质量的问卷内容和结构,且问卷的回收率达到70%以上,有利于后期的数据分析和研究。

若问卷的对象是幼儿,那么问卷中应该尽量避免使用文字,用符号或图像来代替。在问卷的实施中,也需要采用口头沟通来测查。例如,幼儿教师口述问题,幼儿口头回答。如测查幼儿发展情况,应指着图像问"请你按照图片中的内容排序,说说为什么",以此了解幼儿的排序能力。还可以由幼儿教师口述问题,幼儿用符号或图画来表示,如图6-1所示。

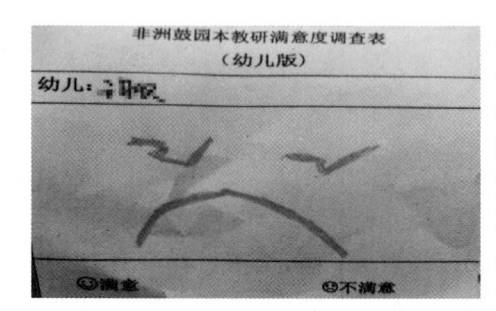

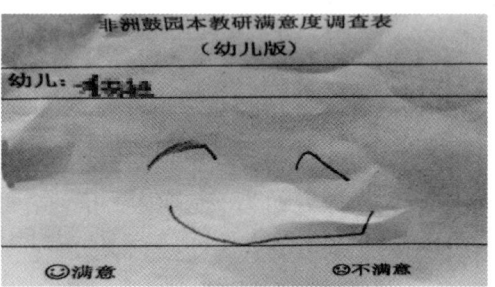

图6-1 幼儿用符号或图画回答问卷问题

(四)发展检核表法

发展检核表法(也叫发展核检表法)是指通过对学前儿童的观察或测查,制定发展检核表,对照表中的各个项目,在符合的条目上做好标记,进行评估的一种方法。学前儿童科学教育中的发展检核表法,即是对学前儿童在科学教育中的发展进行评估,包括学前儿童对科学经验和科学概念的系统评估、对科学方法使用的评估、对科学情感和态度的评估等要素。具体有以下三种操作形式:

第一,发展行为的核对。这是根据观察到的事件或者行为,对照发展检核表中的项目逐条检核,进行评估。例如,某评估者要对学前儿童在科学发现室内的学习情况进行了解,评估者制作了学前儿童科学探究能力核对表。

第二,发展行为的测量。这是对学前儿童在科学教育中发展情况测量评估,以评分为主要体现方式。目前已有的与科学教育有关的经典评估量

[①] 秦金亮,吕耀坚,杨敏. 幼儿教师学做研究:学前教育研究方法新视野. 北京:新时代出版社,2008:125-126. (略有改动)

表有中国儿童发展量表（3—6岁）、韦克斯勒学前儿童智力量表、中国比纳智力测验表等。

第三，发展行为的记录。这是使用文字记录的方式，对照表中的各个项目水平进行评估的方式。较检核和评分而言，这种方式涉及能力水平评估，但更加注重收集学前儿童重要的行为和活动信息。如高瞻课程的学前儿童观察评价系统（科学与技术）量表就使用了这一方式。

（五）学习故事评价法

学习故事评价法是一种以叙事的方式对儿童学习和发展进行评价的方法。[1] 学习故事评价，有时又称叙事性评价，其倡导在不同的、真实的、具体的情境中观察儿童个体的学习表现，提倡对儿童个体的结构性观察与连续性评价。一般从描述、记录、讨论、决定四个方面进行表述。[2] 也可以使用较为简洁的格式，目前常用的格式一般包括以下三部分内容：第一，观察（发生了什么——儿童实际行为和情境描述）；第二，评价（学习什么——解读、评价和回应儿童的学习行为）；第三，计划（对儿童下一步指导的计划）。[3] 如案例"有趣的智高玩具"中的学习故事，其结构是完整的。第一段是观察，幼儿教师描写了陌陌在具体情境中的表现：当其他学前儿童向幼儿教师求助时，研究材料的陌陌把材料掰断了。第二段是评价，幼儿教师根据对陌陌的了解，分析了陌陌的行为表现。在这一环节，不仅可以分析学习内容和表现，还可以分析学习兴趣、品质或倾向等。第三段是回应，即接下来幼儿教师可以如何做。案例中幼儿教师明确指出会根据陌陌的性格和需要，多引导陌陌观察事物变化，提高陌陌的语言表达能力，进行家园合作，促进陌陌的同伴交往。

学习故事评价三结构要素详解

有趣的智高玩具

⊙ 学习活动

请观察教学活动中的真实情境，根据以上案例格式，记录一次学习故事。本活动需要大约60分钟的时间。

---

[1] 周菁. 走进"学习故事"：来自新西兰幼教课程改革的启示. 学前教育（幼教版），2014（3）：7.
[2] 周欣，黄瑾，华爱华. 学前儿童数学学习的观察和评价：学习故事评价方法的应用. 幼儿教育，2012（6）：13.
[3] 周欣，黄瑾，华爱华. 学前儿童数学学习的观察和评价：学习故事评价方法的应用. 幼儿教育，2012（6）：14.（略有改动）

（六）马赛克方法

马赛克方法的多种渠道

马赛克方法为我们倾听学前儿童、理解学前儿童，尤其是聆听与了解低幼儿童提供了方法上的可能性。马赛克方法是一种为倾听5岁以下幼童创设的具体框架，组合使用传统研究方法（如观察法、访谈法）和以参与式工具（如让幼童使用相机拍照、旅行、绘图、进行角色扮演等）的使用为特征的新方法，以解决幼儿参与研究的方法难题。[①] 马赛克方法的实施为三个阶段：第一个阶段，运用参与式的方法和传统方法搜集学前儿童和成人的观点，形成一片片的马赛克；第二个阶段，将一片片的马赛克拼成一幅有关学前儿童看法的整体图画，并就此展开讨论。这种讨论可以在不同的主体（如学前儿童、家长、研究者等）之间进行。第三个阶段，决定哪些领域维持现状，哪些需要改变，也就是一个根据结果做出有关实践的决策阶段。[②]

马赛克方法与学习故事评价法有不少相通之处，如观察、记录、识别等，但马赛克方法更加强调多渠道聆听幼儿的心声。聆听的过程是一个积极参与的过程，不仅是成人的积极参与，更要体现幼儿参与的主体地位，如照片的使用，研究者或实践者可以用照片记录下幼儿的日常生活，也可以由幼儿使用一次性相机拍下环境中他们认为重要的人或事物，"表达"他们看事物的角度以及他们对周围环境的"评价"；这些照片又会成为研究者与幼儿交流的平台，把幼儿拍摄的照片交给本人，请他们描述照片，或让他们选择自己认为重要的照片放进他们所做的"书"里，这个过程又会"告诉"我们一些他们的想法，从而了解幼儿对于环境的经验，达到借助口头或书面语言的工具所难以达成的效果。[③] 值得指出的是，马赛克方法中的这些信息采集渠道并不是固化或封闭的，而是无限开放的，因而在马赛克方法中始终会留有一个空白的马赛克单元，供不同的研究者做新的方法开创。[④]

单元回顾

⊙ 单元小结

本单元主要讨论了两个问题：学前儿童科学教育活动的观察与记录、学前儿童

---

① Clark. How to listen to very young children: The mosaic approach. Child Care in Practice, 2001, 7 (4): 333 - 341. // 刘宇. 儿童如何成为研究参与者："马赛克方法"及其理论意蕴. 全球教育展望, 2014, 43 (9): 69.
② 刘宇. 儿童如何成为研究参与者："马赛克方法"及其理论意蕴. 全球教育展望, 2014, 43 (9): 72.
③ 刘宇. 儿童如何成为研究参与者："马赛克方法"及其理论意蕴. 全球教育展望, 2014, 43 (9): 71.
④ 苗曼. "马赛克方法"与幼儿教育改革. 教育发展研究, 2018, 38 (22): 8.

科学教育活动的评估。

首先，关于学前儿童科学教育活动的观察与记录。观察，并非单纯观察的行为，应该称之为观察体系，是以理解学前儿童为前提，感知观察对象的过程与结果，结合观察者的思考的综合行动模式，记录就是观察中非常重要的一个环节。观察与记录的内容从教育现象的主体——学前儿童与幼儿教师，以及师幼互动三个方面进行介绍。观察与记录是学前儿童科学教育活动中有效的评估方式，常用的手段有文字描述、图片、摄影、录像、录音等，常用的方法有描述记叙法、取样观察法、等级评定法三种。

其次，关于学前儿童科学教育活动的评估的概念。学前儿童科学教育活动的评估具体是指以科学教育活动为对象，根据一定的目标，采用相关的评估技术与方法，对学前儿童科学教育活动的教学现象及效果进行估量和推测，以期能够反馈于学前儿童科学教育活动，为学前儿童科学教育活动的设计、组织、实施和采取最佳策略提供服务的价值判断过程。学前儿童科学教育活动评估的内容分为对学前儿童科学教育活动准备的评估、对学前儿童科学教育活动组织过程的评估、对学前儿童科学教育活动实施效果的评估。学前儿童科学教育活动评估常见的方法有观察分析法、数码媒介法、谈话法（访谈法）、问卷调查法、发展检核表法、学习故事评价法和马赛克方法等。

⊙ 拓展阅读

1. 张俊. 幼儿园科学教育. 北京：人民教育出版社，2004.（第九章）
2. 王冬兰. 学前儿童科学教育. 上海：华东师范大学出版社，2010.（第八章）
3. 施燕. 学前儿童科学教育. 北京：中央广播电视大学出版社，2007.（第十章）
4. 高瞻教育研究基金会. 学前儿童观察评价系统. 霍力岩，等译. 北京：教育科学出版社，2018.
5. 王坚红. 学前教育评价：理论·方法·实践. 北京：人民教育出版社，1994.

⊙ 巩固与练习

一、名词解释

1. 学习故事评价法　　2. 学前儿童科学教育活动评估　　3. 自我评价和他人评价
4. 观察与记录　　　　5. 马赛克方法　　　　　　　　　6. 档案袋记录法

二、简答题

1. 简述学前儿童科学教育活动的观察与记录的内容。
2. 哪些内容在学前儿童科学教育活动评估中不可或缺？

3. 简述学前儿童科学教育活动评估中常见的轶事记录法，并举例说明。

三、论述题

1. 试述学前儿童科学教育活动观察的内涵。
2. 举例说明学前儿童科学教育活动的评估方法。

四、案例分析

在 A 幼儿园的一次区域活动中，豆豆、浩浩和露露等几名幼儿围在科学桌边拆装手电筒，装好后又用手电筒的光照射活动室的墙面和地面。这样玩了一会儿，浩浩放下手中的手电筒，从桌上拿起另一个手电筒试着要打开，但是没有成功，于是放了回去，又重新拿起了一个……这时，站在一旁看着幼儿拆装手电筒的老师说道："好了，浩浩，会了就行。"浩浩拿着手电筒的手停了下来，看了看老师，于是将手电筒放了回去，跑到了益智区。过了一会儿，可能是看见老师离开了科学桌这个区域，他又跑了过来，继续拿起桌上的手电筒拆开后又装上……①

请运用所学的相关知识，对案例中老师的行为进行分析，说一说存在什么问题。老师应该如何观察与记录，才能有效地促进学前儿童在科学领域中的探索活动？

---

① 钟玉芝. 大班幼儿科学观察行为的研究：基于非集体教学活动的情境. 南京：南京师范大学，2009.

参考文献

一、专著

[1] 陈向明．质的研究方法与社会科学研究．北京：教育科学出版社，2000.

[2] 马丁．建构儿童的科学：探究过程导向的科学教育．杨彩霞，等译．北京：北京师范大学出版社，2006.

[3] 高瞻教育研究基金会．学前儿童观察评价系统．霍力岩，等译．北京：教育科学出版社，2018.

[4] 霍力岩．学前教育评价．北京：北京师范大学出版社，2000.

[5] 金环．孩子的科学：智慧在游戏中迸发．杭州：浙江教育出版社，2016.

[6] 爱德华兹，甘第尼，福尔曼．儿童的一百种语言．罗雅芬，等译．南京：南京师范大学出版社，2006.

[7] 夏洛，布里坦．儿童像科学家一样：儿童科学教育的建构主义方法．高潇怡，梁玉华，孙瑾，译．北京：北京师范大学出版社，2006.

[8] 李季湄，冯晓霞．《3—6岁儿童学习与发展指南》解读．北京：人民教育出版社，2013.

[9] 李克建．中国托幼机构教育质量评价研究．北京：北京师范大学出版社，2017.

[10] 刘涛．走向高品质学校：幼儿园卷．四川：四川教育出版社，2020.

[11] 刘占兰．学前儿童科学教育．2版．北京：北京师范大学出版社，2008.

[12] 马云鹏．教育科学研究方法．长春：东北师范大学出版社，2001.

[13] 国家研究理事会．美国国家科学教育标准．戢守志，等译．北京：科学技术文献出版社，1999.

[14] 凯兹，查德．开启孩子的心灵：项目教学法．胡美华，译．南京：南京师范大学出版社，2007.

[15] 赫尔姆，凯兹．小小探索家：幼儿教育中的项目课程教学．林育玮，洪尧群，陈淑娟，等译．南京：南京师范大学出版社，2004.

[16] 穆莫．早期STEM教学：科学、技术、工程与数学的整合活动．李正清，译．南京：南京师范大学出版社，2017.

[17] 秦金亮，吕耀坚，杨敏．幼儿教师学做研究：学前教育研究方法新视野．北京：新时代出版社，2008.

[18] 瑞吉欧儿童国际中心．除了蚂蚁，什么东西都有影子．周菁，译．南京：南京师范大学出版社，2015.

[19] 施燕．学前儿童科学教育．上海：华东师范大学出版社，2006.

[20] 施燕．学前儿童科学教育．北京：中央广播电视大学出版社，2007.

[21] 唐华，王玥．学前儿童科学教育．北京：中央广播电视大学出版社，2017.

[22] 汤志民．幼儿园环境创设指导与实例．上海：华东师范大学出版社，2013.

[23] 屠美如．向瑞吉欧学什么：《儿童的一百种语言》解读．北京：教育科学出版社，2002.

[24] 王春燕，王秀萍，秦元东．幼儿园课程论．北京：新时代出版社，2009.

[25] 王春燕，秦元东．幼儿园课程概论．3版．北京：高等教育出版社，2019.

[26] 王春燕，秦元东，黎安林．探究·体验·发现：幼儿园科学教育理论与实践．南京：南京师范大学出版社，2010.

[27] 王冬兰．学前儿童科学教育．上海：华东师范大学出版社，2010.

[28] 王坚红．学前教育评价：理论·方法·实践．北京：人民教育出版社，1994.

[29] 王丽萍．学前儿童科学教育环境的创设与利用．北京：现代教育出版社，2015.

[30] 王振宇．学前儿童发展心理学．北京：人民教育出版社，2004.

[31] 夏力．学前儿童科学教育活动指导．3版．上海：复旦大学出版社，2014.

[32] 徐学福．探究学习教学模式．北京：人民出版社，2018.

[33] 学前教育专业教材编写组．幼儿园教育活动设计与指导：科学．郑州：河南大学出版社，2009.

[34] 虞永平，张辉娟，钱雨．幼儿园课程评价．南京：江苏教育出版社，2006.

[35] 张俊．幼儿园科学教育．北京：人民教育出版社，2004.

[36] 张俊．幼儿园科学领域教育精要：关键经验与活动指导．北京：教育科学出版社，2015.

[37] 张俊．幼儿园领域课程资源：科学．北京：教育科学出版社，2014．

[38] 张琳．幼儿园教育活动设计与指导．北京：高等教育出版社，2016．

[39] 中华人民共和国教育部．幼儿园教育指导纲要（试行）．北京：北京师范大学出版社，2001．

[40] 中华人民共和国教育部．3—6 岁学前儿童学习与发展指南．北京：首都师范大学出版社，2012．

[41] 周淑惠．幼儿教材教法：整合性课程取向．南京：南京师范大学出版社，2006．

[42] 周淑惠．幼儿自然科学概念与思维．台北：心理出版社，2003．

[43] 朱家雄，高一敏．幼儿园科学教育与活动设计．北京：高等教育出版社，2014．

[44] 朱家雄．幼儿园课程论．北京：中央广播电视大学出版社，2007．

二、专著中的析出文献

[1] 周竞，张杏如．幼儿园活动综合课程教学指导用书：小班//朱家雄．幼儿园课程概论．上海：复旦大学出版社，2015．

[2] 李雅琴，周晓霞．主题·融合：幼儿园区域活动设计//李建军．幼儿园课程概论．南京：南京师范大学出版社，2018．

[3] 赖以蓉，王为国．幼儿园科学活动设计：多元智能与学习环取向//洪秀敏．学前儿童科学教育．北京：北京大学出版社，2015．

三、连续出版物中的析出文献

[1] Clark. How to listen to very young children：The mosaic approach. Child Care in Practice，2001，7（4）．333 – 341．

[2] 邓进红，秦元东．幼儿同伴嬉戏行为的年龄特点与性别差异．学前教育研究，2013（1）：19 – 23．

[3] 管琳．幼儿好奇心和学习兴趣的观察与培养策略：基于学习品质的视角．黔南民族师范学院学报，2017（5）：82 – 85，91．

[4] 黄英．幼儿园科学教育中问题环境的创设．幼教博览，2014（9）：28 – 29．

[5] 胡恺岩，王祖浩．开启新一代的科学教育：美国《K – 12 年级科学教育框架》述评．化学教育，2012（9）：123 – 125．

[6] 刘宇．儿童如何成为研究参与者："马赛克方法"及其理论意蕴．全球教育展望，2014，43（9）：68 – 75．

[7] 马玲亚．幼儿园师幼互动中存在的问题及对策．学前教育研究，2005

（4）：54-55.

［8］苗曼．"马赛克方法"与幼儿教育改革．教育发展研究，2018，38（22）：7-15.

［9］穆慧．让自然角成为幼儿园教育的有效资源．东方教育，2014（7）：154.

［10］苏维，游玉琪，刘华．在早期STEM教育中促进幼儿的深度学习．宁波教育学院学报，2020（6）：89-92.

［11］陶纪秋．幼儿园科学教育环境创设的原则与策略．学前教育研究，2010：63-65.

［12］王琼．时间取样观察法在幼儿园中的运用．齐齐哈尔师范高等专科学校学报，2013（2）：30-32.

［13］吴刚平．课程资源的理论构想．教育研究，2001（9）：58-63.

［14］夏洁．与幼儿一起创设公共环境．幼儿教育（教育教学版），2009（3）：19.

［15］夏靖．轶事记录法在幼儿评价中的应用．学前教育研究，2003（7）：50-52.

［16］张海雯．从"操场"到"游戏场"的变迁：浅谈幼儿园户外游戏环境创设策略．上海教育科研，2014（9）：71-72.

［17］张司仪．瑞吉欧"纪录"与新西兰"学习故事"之比较研究．教育导刊，2017（9）：90-93.

［18］张亚红．浅析幼儿园科学活动中心理环境的创设．甘肃教育，2011（13）：44.

［19］赵南．超越观察评价，理解儿童：基本理念、路径与目的．学前教学研究，2017（9）：3-13.

［20］赵一仑．幼儿教育研究中观察与记录的诠释学思考．浙江师范大学学报（社会科学版），2007，32（4）：35-38.

［21］周菁．走进"学习故事"：来自新西兰幼教课程改革的启示．学前教育（幼教版），2014（3）：34-38.

［22］周欣，黄瑾，华爱华．学前儿童数学学习的观察和评价：学习故事评价方法的应用．幼儿教育，2012（6）：12-14.

［23］刘德华．西方科学教育价值取向的历史演变．教育探索，2003（10）：38-40.

四、学位论文

［1］范亮．传统科技融入幼儿园课程研究．重庆：西南大学，2018.

［2］傅思颖．大班科学区活动教师指导的行动研究．金华：浙江师范大学，2018.

［3］刘玲玲．幼儿园小班教师科学观察活动知识的个案研究：基于科学领域教学知识（PCK）的视角．长沙：湖南师范大学，2017.

［4］刘文婷．幼儿科学教育活动中的师幼互动研究．大连：辽宁师范大学，2012.

［5］生青德．科学课程资源探微．武汉：华中师范大学，2004.

［6］钟玉芝．大班幼儿科学观察行为的研究：基于非集体教学活动的情境．南京：南京师范大学，2009.